国家社科基金
GUOJIA SHEKE JIJIN HOUQI ZIZHU XIANGMU
后期资助项目

区域产业与生态环境协同效应度量系统构建与动态评价研究

——以京津冀产业协同发展为背景

张健 著

天津出版传媒集团
天津人民出版社

图书在版编目（CIP）数据

区域产业与生态环境协同效应度量系统构建与动态评
价研究：以京津冀产业协同发展为背景 / 张健著．
天津：天津人民出版社，2025. 1. —— ISBN 978-7-201
-20913-5

Ⅰ. F127.2；X321.22

中国国家版本馆 CIP 数据核字第 20253GY749 号

区域产业与生态环境协同效应度量系统构建与
动态评价研究：以京津冀产业协同发展为背景
QUYU CHANYE YU SHENGTAI HUANJING XIETONG XIAOYING DULIANG XITONG GOUJIAN YU
DONGTAI PINGJIA YANJIU : YI JINGJINJI CHANYE XIETONG FAZHAN WEI BEIJING

出　　版　天津人民出版社
出 版 人　刘锦泉
地　　址　天津市和平区西康路 35 号康岳大厦
邮政编码　300051
邮购电话　（022）23332469
电子信箱　reader@tjrmcbs.com

责任编辑　吴　丹
装帧设计　汤　磊

印　　刷　天津新华印务有限公司
经　　销　新华书店
开　　本　710 毫米×1000 毫米　1/16
印　　张　14.25
字　　数　200 千字
版次印次　2025 年 1 月第 1 版　　2025 年 1 月第 1 次印刷
定　　价　68.00 元

国家社科基金后期资助项目
出版说明

　　后期资助项目是国家社科基金设立的一类重要项目,旨在鼓励广大社科研究者潜心治学,支持基础研究多出优秀成果。它是经过严格评审,从接近完成的科研成果中遴选立项的。为扩大后期资助项目的影响,更好地推动学术发展,促进成果转化,全国哲学社会科学工作办公室按照"统一设计、统一标识、统一版式、形成系列"的总体要求,组织出版国家社科基金后期资助项目成果。

全国哲学社会科学工作办公室

前　言

2014年2月,党中央提出京津冀协同发展战略,它是国家的三大区域发展战略之一,因此对京津冀区域协同发展战略的研究意义重大。2015年,《京津冀协同发展规划纲要》印发实施,对京津冀整体定位概括为:"以首都为核心的世界级城市群、区域整体协同发展改革引领区、全国创新驱动经济增长新引擎、生态修复环境改善示范区。"本书认为京津冀区域产业与生态环境协同效应能够有效地促进能源生产和消费革命,大力推进绿色循环低碳发展,加大生态环境保护和治理的力度,扩大区域生态空间范围,着力加快产业转型升级,积极打造立足区域、服务全国、辐射全球的优势产业集聚区。

本书首先对区域产业与生态环境协同效应度量系统构建途径进行了研究。针对中国在区域建设和发展历程中取得的成绩和存在的问题进行深入剖析,对区域与传统工业园区建设区域产业与生态环境协同效应度量系统的特点、方法进行了比较研究。从产业共生网络、水系统、能源系统和信息系统等四个方面,提出了构建区域产业与生态环境协同效应度量系统的途径:构建技术平台型和总部经济型两种产业共生网络模式;构建以新鲜水耗最少、用水费用最小和污染物排放最低为目标的多目标优化水系统;构建基于低碳视角的低碳能源集成系统,并分析给出各种类型技术所能够产生的节能、减碳效果;构建基于系统集成和地理信息系统(GIS)的区域产业与生态环境协同效应度量系统的信息系统,系统数据涵盖空间信息数据、生态环境信息数据、生态工业信息数据、环境管理信息数据和环境模型信息数据。

其次,建立了一套区域产业与生态环境协同效应度量系统的综合评价体系。针对区域生态工业系统构建途径,运用主客观方法,包括德尔菲法、层次分析法、相关分析法等,建立了一套综合评价指标体系,涵盖经济结构、科技创新、物质减量与循环、污染减排、环境管理、信息平台、公众认知等领域,并创新性地将科技创新指标作为评价考核区域产业与生态环境协同效应度量系统的依据之一,科学评价区域产业与生态环境协同效应度量系统的可持续发展水平。

再次,建立了一套区域产业与生态环境协同效应度量系统的动态评价方法。运用系统动力学,建立了由人口、经济、资源、能源和环境等五个子系统共同组成的区域产业与生态环境协同效应度量系统仿真模型,动态模拟预测区域依据规划在系统构建过程中和建成后的发展趋势;结合本书建立的综合评价指标体系,对仿真结果开展动态评价。这套动态评价方法使区域产业与生态环境协同效应度量系统规划,由传统的三维规划转变为增加了时间维度的四维规划,实现对规划和管理的动态指导。

最后,选取天津滨海高新技术产业开发区华苑科技园(以下简称"华苑科技园")为例进行实证研究,将系统构建、系统动力学动态仿真模型和综合评价体系、评价方法,综合运用于华苑科技园区域产业与生态环境协同效应度量系统规划,检验动态评价体系及方法的有效性。

本书共分九个部分:绪论、第一章基础理论及内涵研究、第二章文献综述研究、第三章区域产业与生态环境协同效应度量系统构建、第四章区域产业与生态环境协同效应度量系统综合评价指标体系研究、第五章区域产业与生态环境协同效应度量系统动态规划仿真模型、第六章区域产业与生态环境协同效应度量系统的应用分析、第七章区域产业与生态环境协同发展的建议、第八章新时代背景下生态文明建设的研究进展。

目　录

绪　论

本部分主要介绍了区域产业与生态环境协同效应度量系统构建与动态评价研究的时代背景与研究价值、现实中提出的问题、研究对象及框架、主要内容及创新点、研究方法与技术路线等。

第一节　时代背景与研究价值

一、时代背景

在经济飞速发展的今天,环境污染问题也开始日益显现。环境污染主要是指人类向环境排放过度的物质或能量时产生的一些对生活环境有害的物质,排放方式可能是直接的也可能是间接的。过度的物质或能量排放会使环境无法完成自净,最终大大地降低了环境的质量,反过来极大地威胁了人类正常的生活与发展,甚至对生存系统也造成严重影响。水污染、噪声污染、大气污染和一些放射性污染共同组成了这些污染。中国的环境污染问题有着污染范围广、污染程度高的特点,固体废弃物污染、水污染、大气污染是中国环境污染中最主要的污染问题。

第一,固体废弃物污染。固体废弃物按来源大致可分为生活垃圾、一般工业固体废弃物和危险废物三种。此外,还有农业固体废弃物、建筑废料及弃土。固体废弃物如不加妥善收集、利用和处理处置将会污染大气、水体和土壤,危害人体健康。目前,中国的固体废弃物生产得越来越多,每年以约7%的速度增长,每年的废弃物和城市垃圾增长率为4%左右,固体废弃物的处理能力有待增强。通过简单地储存或城市生活垃圾无害化处理率只有20%左右。

第二,水污染。放眼整个世界,中国的水资源占到第六位,但人均水资源的占有量比较低,只有世界平均值的1/4,根据世界银行的连续统计,在

153个国家中排在第88位。中国的河流和湖泊,受污染的范围比较广,富营养化的现象出现在全国75%的湖泊中;90%的城市存在非常严重的水域污染情况,南方城市60%~70%的水资源短缺是由于水污染造成的;通过调查中国118个大中型城市的地下水情况,水污染的情况覆盖115个城市,污染严重的城市占40%左右。水体使用功能因为污染而大打折扣,未来一段时间内,中国依然面临水资源短缺的严峻形势。

第三,大气污染。目前,全球大气污染问题主要集中在三个方面:温室效应、酸雨和臭氧消耗。中国的大气污染情况非常严重,主要表现为城市大气环境中的悬浮颗粒物浓度严重超出规定的标准;二氧化碳和二氧化硫的污染是高水平的,而来自汽车的废气排放总量增长趋势迅猛;氮氧化物的污染正在增加,出现颇具代表性的酸雨区,包括华中、西南、华东、华南等,而华中的情况是最为糟糕的。煤炭资源是中国主要的能源消耗品,煤炭资源的消耗意味着二氧化硫排放总量的不断增加,酸性面积也在不断扩展,对土壤、水体、农作物和森林都会造成很严重的破坏,甚至导致人类患呼吸系统疾病的概率加大,导致人群的死亡率增高。许多电厂使用低效除尘器,导致空气中烟尘、粉尘含量居高不下。由于机动车拥有量的不断增多,造成机动车尾气排放的增加,即一氧化碳、碳氢化合物及氮氧化物大量排放到空气中,此外机动车尾气排放中的铅也造成了空气中的主要污染。

"三废"中的空气污染问题尤为突出。2012年底以来,雾霾问题使得社会各界对环境保护与经济发展关系的关注达到了前所未有的高度,相关研究也骤然增多。中国气象局数据显示,2013年全国雾霾天数为中华人民共和国成立64年来之最。全国三大经济区域中,珠三角空气质量超过标准20%~30%;长三角超标约60%;京津冀最为严重,超标180%左右。根据绿色和平组织发布的中国74个城市2013年PM2.5年均浓度排名,污染最重的前10名当中,邢台、石家庄、保定、邯郸、衡水、唐山依次排在前6位,廊坊第8位,天津第11位,北京第13位。连续的雾霾天气敲响了警钟,令人们充分认识到发展经济与保护环境协同发展的重要性和迫切性。

计划经济时期,中国出现了经济发展政策与环境保护相脱节的现象。曾经带动中国经济大踏步向前发展的小企业布局,因为规模不合理、落后的生产工艺对环境和生态造成了严重的破坏。相关数据表明,中国在不断推进工业化快速发展的过程中,对环境的重视程度不够,没有把环境保护作为发展经济之外所考虑的一个重要因素,与之相反,许多企业却通过对环境资源的不断榨取换来经济利益的增长,造成了环境污染状况的不断加重。不容忽视的一个事实是,虽然发展经济是必需的,对环境的保护也是刻不容缓的,对于它们之间关系的协调,是摆在人类面前一个重要的课题。怎样消除二者此消彼长的态势,达到协同发展的效果,是当今中国甚至全球都必须给予重点考虑的问题。在衡量地区发展水平时,要以兼顾经济发展与生态环境质量为目的,经济与生态环境的协同发展是可持续发展的一个核心。随着经济不断发展,许多专家学者不断提出区域经济、区域产业、区域一体化战略的概念,区域研究逐渐走入人们的视野。区域发展的科学协同关键在于区域一体化的落实,同时只有在区域产业的协同发展基础上才能建立区域的科学协同。虽然相关学者做了大量研究,但是研究的范围相对有限,基本基于协同理论,单纯地研究如何通过产业之间、产业内部的合理分工与协作,不断进行产业优化升级,进而达到经济不断增长的目的,而较少在追求经济效益的同时着重考虑产业发展对生态环境的影响。而在当前经济发展与资源环境矛盾日益加剧的形势下,如何积极主动地进行产业结构调整,实现经济与生态的可持续发展,是更为重要的。必须清醒地认识到,当前中国区域产业经济发展非常不平衡,导致各区域的环境污染的差异程度非常显著。因此在充分考虑区域产业分布特点及自然环境特色的基础上,实现区域经济与环境的协同发展,进一步探讨区域产业发展对环境造成的影响,这是实现区域产业与环境协同发展规划的重要步骤。实现产业发展与生态环境的协同,就是要在发展的同时,既要达到经济目标,又要达到环境目标,探索协同效应的度量方法和测度标准,研究影响区域产业与环境发展协同效应的因素的作用机理,构建合理的定量分析模型来作为协同度的理论研究,形成产业与生态环境良性互动,"既要金山银山,也要绿水青山"。

通过对国内外区域产业与生态环境协同发展的成功案例进行分析,对区域产业与生态环境协同效应度量系统具有较强的借鉴意义。从20世纪70年代丹麦建立第一个生态工业园区卡伦堡生态工业园区后,世界各地不断出现许多涉及物质交换与废物循环的共生体项目和计划,先后宣布自己的为生态工业园区。生态工业园区是许多国家工业园区完善和发展的方向。

生态工业园区是一种新型工业组织形态,它是在循环经济理论和产业生态学原理上建立起来的。在充分借鉴自然生态系统的基础上,生态工业园区在产业生态系统中构建"食物链""食物网",形成互利共生网络连接,实现物质闭路循环模式,能够最大化地利用物质能量,促进工业生产对自然生态环境的危害程度得到有效缓解。目前,全球生态工业园区的构建逐渐受到重视,许多发达国家在设计工业园区时已经逐渐将环境保护因素考虑在内,在管理理念方面加强了创新,陆续建成了生态工业园区。从20世纪90年代中期开始,北美逐渐兴起了生态工业园区的研究与实践,欧洲的一些发达国家在这方面得到了较快发展。其中美国的研究和实践比较活跃,工作开展得也较为系统。此外发展中国家也在陆续开展筹建生态工业园区的工作,比如泰国、菲律宾、印度尼西亚等国家。1992年,里约热内卢联合国环境与发展大会之后,全球掀起了可持续发展的浪潮,逐渐明确了可持续发展的核心问题,即缓解和排除生产生活与资源环境的矛盾。在此背景下,1993年,靛蓝开发团队在"卡伦堡共生体系"的模式基础之上,提出了生态工业园区(Eco-Industrial Parks,EIP)的概念。之后世界各地的工业园区均不同程度地致力于园区的生态化改造和生态工业园区的建设,试图将生态学理念运用于工业、农业、服务业等产业,按照生物链的网络形成方式来构建工业生态网络。

中国的生态工业园区建设始于2001年,主要由政府推动建设,因此发展非常快,生态环境部批准创建了30家国家级生态工业示范园区,顺利通过验收的国家级生态工业示范园区达3家,从空间上广泛分布于中国东、中、西部,其中尤以东部地区作为中国工业发展的先进地区,因其交通便捷、生态环境良好、经济发达,成为生态工业园区发展规模较大、速度较快的区域。从类别上而言,33个园区中综合类园区23个,占总数的70%;行业类园区9个,占总数的27%;静脉产业类园区1个,占总数的3%。中国的生态工业园区已经基本形成了自己的分类体系、政策、标准和规划体系,为世界生态工业园的发展提供了较好的理论和实践经验。当前中国生态工业园区推动的重点是在经济技术开发区和高新技术产业开发区(以下简称"高新区")的基础上,通过技术、产业升级改造来推动生态工业园区发展,同时也提升这两类园区的整体竞争力。经济技术开发区和高新区作为中国的第一代和第二代工业园区,通过对资金的原始积累,但其发展受到不断增加的资源环境的制约,部分基础条件较好的园区已从注重经济增长总量逐步转向提高经济增长质量。园区的生态化改造逐渐作为一种新的发展理念被越来越多的工业园区普遍接受,通过启动生态工业园区的建设,这些园区开始二次创业。为解决中国的工业园区和工业集中区经济发展与资源环境之间的矛盾,园区的生态化改造和生态工业园区的建设将是一个明智的选择。

二、研究价值

从理论上讲,相关学者对生态环境与产业发展关系开展一些研究,研究的范围涉及产业类型、产业结构优化、产业空间布局、产业技术升级等方面,从多角度对经济发展问题进行研究,一些研究涉及产业发展对生态环境的影响;有学者从环境规制与资源环境约束视角,研究环境对产业竞争力、产业结构、产业绩效、产业发展等方面的作用,并认为生态环境与产业发展之间具有双向性、互动性的影响关系。然而通过对相关资料整理可见,以往学者的研究具有高度的集中性,主要集中在论证生态环境与产业发展之间是否存在相互影响的问题上,而缺乏深入系统地研究产业发展如何对生态环境产生影响,如何对区域产业与生态环境的协同现状做出评价,如何对区域产业进行调整以实现产业与环境协同共生的理想水平。本书在协同学、循环经济、可持续发展等多种理论指导下,把产业与环境的协同效应与产业自身相结合,进一步与所在区域相结合,强调区域特征以及资源环境承载力的约束对于协同效应的影响。从三个方面分析并最终建立区域产业发展与环境协同度的度量模型,对于以定性为主的协同理论研究,从定量的角度进一步丰富和完善,使研究更直观,更有针对性。根据模型输出,能够对区域产业的协同效应进行更好的分析辨别。除了从区域产业的整体上进行协同度评价外,也可以进一步细分展开模型的研究,分别从不同方面研究每一个产业对于区域协同的贡献,从而为更深层的影响机理研究提供理论参考。

针对中国坚持稳中求进、又好又快的经济发展要求,和日趋严重的环境问题,本书为区域产业的发展与调整提供了新参考,在实践中为区域的低碳发展、可持续发展提供科学、实用的分析工具。通过区域产业发展与环境协同度的度量模型,直观、形象地展示了研究区域产业与环境的协同状况、产业发展的偏向、区域资源的利用情况以及资源环境承载力、环境规制等多种政策的约束收效。通过模型的推导,大大提升了区域产业规划与环境管理决策的水平和效率,为区域决策者提供科学有效的分析工具,获得最优的改进方案来进一步提升区域产业与环境的协同度,真正从产业发展与环境发展相互影响关系的根本上解决发展与污染的矛盾问题。既要关注产业的调整与发展,也要关注产业与区域资源环境的匹配度,还要关注资源环境的约束。协同效应的描述在过去的方法中主要通过指标体系的构建来实现结果的准确性。在本书的模型中,直接纳入区域的影响因素,减少了实际操作中指标体系的不完整不全面而带来的结果误差,使模型更适合实际应用。为区域协同治理提供参考,使决策有所依据,更好地实现治理目标,实现经济发展与环境保护、生态改善的统一,在循环经济中更好地发展产业。

第二节　现实中提出的问题

一、京津冀协同发展重大实践战略

2015年,中共中央、国务院印发实施了《京津冀协同发展规划纲要》(以下简称《规划纲要》)印发实施。《规划纲要》的起草主要是出于疏解北京非首都功能和促进京津冀协同发展的战略目标,并对具体的实施方案进行了深刻探讨,提出了北京、天津和河北的明确定位,并将其概括为:"以首都为核心的世界级城市群、区域整体协同发展改革引领区、全国创新驱动经济增长新引擎、生态修复环境改善示范区。"

二、京津冀协同发展的重点领域

《规划纲要》将交通、环保产业置于优先升级的地位。在交通方面,着手构建一体化的交通网络,以轨道交通为重点,打造多节点、网格状、全覆盖的格局。以建设高效密集轨道交通网为重点,打造更加完善、便捷、通畅的公路交通网,将国家高速公路的"断头路"打通,将跨区域国省干线"瓶颈路段"得到有效改善,加速津冀港口群现代化发展,将航空枢纽打造成国际一流的水平,加速建设北京新机场,注重城市交通的公交化发展,注重交通管理的智能化发展,注重运输服务的区域一体化发展,注重交通的安全绿色可持续发展。

在环保方面,打破区域行政壁垒,进行能源生产及消费的革命,积极推进绿色循环低碳发展,着力推进生态环境保护和治理,注重区域生态空间的扩展。将联防联控环境污染作为行动的重点,注重推行一体化发展,积极建立环境准入和退出机制,不断加强对治理环境污染的重视程度,大力开展清洁水行动,大力推进循环经济的发展,将生态保护放在优先考虑的位置,对气候变化采取积极有效的行动,围绕首都建设一批国家公园和森林公园。

在推动产业升级转移方面,着力打造优势产业集聚区,要立足区域、服务全国、辐射全球,积极促进产业转型优化升级。将明确产业定位和方向放在重要的地位,加快产业转型升级,积极推动产业的转移对接,加强京津冀三省市的产业发展规划衔接,制定三省市的产业指导目录,加快津冀承接平台的建设,加强京津冀产业协作,等等。

三、区域协同互动与协同效应

在经济全球化的背景下,区域经济一体化被纳入国家发展战略。继长三角之后,京津冀经济一体化也是国家发展战略的重要主题。近20年的经济增长,京津冀的社会经济得到飞速发展,同时造成自然资源的过度消耗和环境退化,高消耗、高生态负荷的传统开发模式不会长久。新资源的经济模式、创新的动力、经济结构调整是必然趋势。新资源的经济模式需要政府、企业、公共组织和公众作为利益相关者的参与,它们扮演不同的角色并具有各自的责任分工。企业、大学和研究院所支持的区域创新体系将成为新资源开发的重要力量。在京津冀经济一体化的大背景下,要注重协同利用高质量知识资源,注重创新区域的合作机制,提高区域创新水平和促进经济的可持续发展。

四、区域协同的重点和难点

就区域协同作用而言,主要问题是资源环境。当前的环境问题不是独立存在的,北京、天津、河北无法独立解决,这将是一个多利益主体相互协调的过程。在利益协同作用的框架内,产业协同发展是所有利益相关者最感兴趣的领域。从各方的态度可以看出,在协同作用过程中,北京旨在加速疏解非首都功能,加速转移和人口分布,而天津和河北主要目的在于进行功能和产业转移。

第三节　研究对象及框架

一、研究对象

通过研究来自产业、区域、环境不同方面的影响因素对于区域产业与环境协同效应的影响,结合京津冀区域产业的具体发展状况,进行整体性探究,分析协同的来源及影响因素,构建区域产业发展与环境的协同效应度量模型,以便在今后的研究中通过具体数据的收集,使用其他研究方法对模型进行验证,完成相关理论的构建。

二、研究框架（见图1）

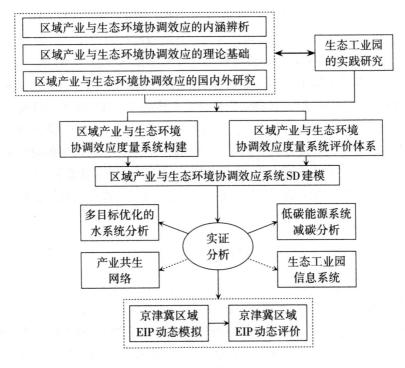

图1　研究框架

第四节　主要内容及创新点

一、主要内容

本书共分九部分，各部分内容安排如下：

绪论。本部分主要阐明了研究的时代背景和价值、现实中提出的问题，确定了研究的对象、框架、主要内容及创新点，并简要介绍了本书的研究方法与技术路线。

第一章基础理论及内涵研究。本章主要探究区域产业与生态环境协同效应度量系统的理论基础、基本理论和内涵研究。涉及的理论基础主要有生态学、产业生态学、生态经济学、环境科学、信息科学和系统工程学等，基本理论包括区域可持续发展理论、循环经济理论、清洁生产理论、低碳经济理论和协同理论等，基本方法有生命周期评价（LCA）、工业代谢分析(IM)、系统集成和地理信息系统(GIS)、区域分工与合作理论等。研究内涵主要涉及主体、特点以及内外部动力等,共同构成了系统运行的内在机理。

第二章文献综述研究。根据本书的研究构思,本章的研究主要有区域产业与生态环境关系的研究、区域产业与生态环境协同效应度量系统实践研究,高新区区域产业与生态环境协同效应度量系统实践研究,京津冀区域产业与生态环境协同效应度量系统实践研究。

第三章区域产业与生态环境协同效应度量系统构建。本章重点针对区域产业与生态环境协同效应的特点,研究适用于区域产业与生态环境协同效应建设的区域资源利用的协同度系统构建、资源环境约束的协同度系统构建、区域产业发展与环境协同度度量系统构建、高新区生态产业共生网络模式研究、基于构建多目标优化的高新区区域产业与生态环境协同系统水系统构建、基于构建低碳视角的高新区区域产业与生态环境协同系统能源系统构建、基于GIS的高新区区域产业与生态环境协同系统信息系统构建。

第四章区域产业与生态环境协同效应度量系统综合评价指标体系研究。本章结合区域产业与生态环境协同效应特点,在区域产业与生态环境协同效应度量系统建设标准的基础上,提出了适用于区域产业与生态环境协同效应度量系统的综合评价指标体系,并给出了可持续发展度分级标准。

第五章区域产业与生态环境协同效应度量系统动态规划仿真模型。本章采用vensim系统动力学模型,构建由人口、经济、水资源、环境和能源等五个子系统构成的区域产业与生态环境协同效应度量系统动态仿真模型。

第六章区域产业与生态环境协同效应度量系统的应用分析。以华苑科技园为例,对其区域产业与生态环境协同效应度量系统的多目标优化水系统、系统动力学动态仿真模拟预测以及动态评价进行分析研究。

第七章区域产业与生态环境协同发展的建议。本章根据以上各章的研究提出区域产业与生态环境协同发展的几点建议。包括构建促进区域产业与生态环境良性协同的机制,构建区域产业与生态环境良好协同的组织构架,努力配置区域产业与生态环境的多元化市场协同主体,做好区域产业与生态环境协同系统的保障工作,提高区域产业与生态环境的协同程度并扭转生态环境恶化趋势,实现区域产业与生态环境的可持续发展。

第八章新时代背景下生态文明建设的研究进展。本章立足于中国新时代发展特点,着重探讨了新时代背景下生态文明建设的研究进展。

二、创新点

从产业结构、区域特征中优势资源的利用程度、资源环境承载力的约束这三方面展开分析,结合京津冀区域产业协同效应发展状况,分别建立不同分析视角下的区域产业发展与环境协同度度量模型,并对模型加以描述。最后整合以上三项关键影响因素,构建整体上的区域产业发展与环境协同度度量模型,并对协同度的评价等级进行划分,使模型更有参考价值。同时基于模型及各影响因素的作用机制,提出区域产业与环境协同发展的优化路径。

第五节　研究方法与技术路线

一、研究方法

本书主要进行的是基础性研究。通过文献分析法,对已有的理论研究成果进行查阅、梳理、归纳和总结,建立起后续研究的理论基础与研究框架,为研究的进一步展开提供理论依据。综合运用循环经济、生态学、产业生态学、运筹学、信息科学等相关的理论与方法,注重理论研究与实践相结合,定性分析与定量分析相结合,研究高新区有别于传统工业园区的产业共生网络模式、水资源优化配置、能源集成利用及环境信息管理系统建设等适用于高新区创建区域产业与生态环境协同效应度量系统的模式和架构,并提出适用于高新区区域产业与生态环境协同效应度量系统建设水平的评价体系。主要采用以下研究方法:

(一)文献研究方法

关于区域产业与生态环境协同效应度量系统的研究文献相对较少,确定本书的研究选题、切入点、撰写研究内容参阅了大量文献资料。在对国内外相关文献资料综述的基础上提出了本书的研究重点,在后续的研究过程中,参考了大量的生态学、环境科学、信息学、系统工程等方法论资料及相关文献,这些文献不但为本书提供了理论基础,在研究方法上也具有重要的启示与借鉴意义。

(二)调查研究与案例研究相结合的方法

本书的研究基础是在华苑科技园这样一个典型的高新区,是在掌握大量高新区的环境、信息、生态、企业、能源、水资源、固体废弃物等第一手调查数据的基础上开展的,与此同时,对张江高新区、昆明高新区、南昌高新区、苏州高新区等四个国家已批准的高新区区域产业与生态环境协同效应度量系统建设规划案例进行了详尽研究,文中的产业共生模式、评价体系的构建等均是在大量实地调查研究和案例研究相结合的基础上完成的。

(三)多学科交叉研究方法

区域产业与生态环境协同效应度量系统的学科基础——产业生态学,本身是一门交叉性边缘学科,本书在研究过程中,基于生态学领域的食物链、食物网理论提出了适用于高新区的产业共生网络模式,基于多目标规划的水系统优化模式,基于低碳经济的能源集成利用模式,基于环境管理的信息平台构建模式,并将系统动力学运用于高新区区域产业与生态环境协同效应度量系统规划的动态模拟评价。

(四)理论与数学模拟仿真分析相结合方法

本书在对区域产业与生态环境协同效应度量系统规划研究的基础上,总结提炼适用于区域产业与生态环境协同效应度量系统的构建途径和综合评价指标体系,建立了区域产业与生态环境协同效应度量系统的动态仿真模型,并以华苑科技园为例,运用系统动力学对规划进行了系统仿真模拟验证和动态评价。做到了理论与实证相结合,理论与数学模拟仿真分析相结合。

二、研究技术路线（见图2）

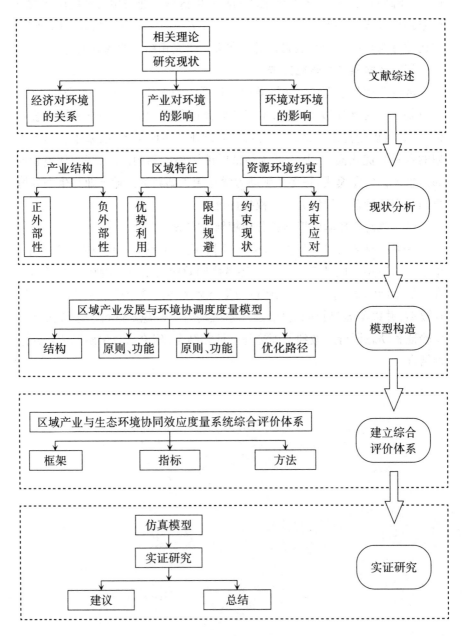

图2　研究技术路线

本章小结

本章为全文的绪论部分,主要探讨了区域产业与生态环境协同效应度量系统提出的时代背景与研究价值,并进一步明确了现实中提出的问题,确定了研究对象及框架,在此基础上介绍了本书研究的主要内容及创新点,最终阐明了研究方法与技术路线。

第一章　基础理论及内涵研究

本章着重开展区域产业与生态环境协同效应度量系统的基础理论和内涵的研究,在对其理论基础和基本理论进行介绍的前提下,对区域产业与生态环境协同效应度量系统的内涵进行辨析。

第一节　区域产业与生态环境协同效应
度量系统的理论基础

区域产业与生态环境协同效应度量系统的核心理论基础是产业生态学,而产业生态学的研究对象主要集中在人类的自然生态系统和社会经济系统及其之间的关系上。产业生态学的学科基础有生态学、生态经济学、系统工程、信息科学和环境科学等,是一门新兴的综合性学科。其主要研究的理论包括区域可持续发展、循环经济、清洁生产、低碳经济、协同理论等。其主要的研究方法涵盖了生命周期评价、工业代谢分析和地理信息系统等。

一、生态学

1869年德国生物学家赫克尔(Ernst Heinrich Haeckel)最早提出"生态学"的概念,他将生态学定义为一门研究动物与有机环境和无机环境的相互作用关系以及动物与其他生物之间的利害关系的学科。在此之后,赫克尔将"生态系统"的内涵赋予生态学,并将生态学作为生物学的重要的分支学科。生态学开始研究生物与其生活环境之间的物质流动以及能量交换的相互作用关系,在20世纪70年代被进一步阐述为研究生物与环境的物质流、能量流和信息流之间的转换关系。

生态学中的环境被定义为个体或者群体生物及其所处地的一切事物的总和,不仅包括直接影响生物生存和发展的要素,间接的因素也是环境的涵盖范围。

生态系统在现代生态学观点中被认为是生命系统和环境系统相互作用的共同体,是一个整体意义上的系统。放眼整个生态系统,不管是生物还是非生物及外界环境,营造密切的关系,物质交换和能量交换同时也在进行着。而区域产业与生态环境协同效应度量系统的出现,就是生态系统的观点运用于工业共生网络的结果。

根据生态学的观点,大自然的生态系统主要有四个基本原则,分别是循环性、多样性、地域性和渐变性。"循环性"是指自然界的生物、非生物将彼此联结在一起,主要通过一张食物链网的方式,旨在实现物质的循环和能量的梯级利用,从而达到零排放的效果,这也是区域产业与生态环境协同效应度量系统要努力的方向和实现的目标。"多样性"是指在自然界生态系统中的生物、非生物以及环境和作用关系的多样性,多样的群体之间相互作用形成稳定的生态体系,而区域产业与生态环境协同效应度量系统要保持稳定性,同样需要企业、水资源、能源资源、信息资源等方面的多样性。自然界生态系统的地域性表现为生物、非生物以及资源等具有地方性,或受地方的局限拥有某些特定资源,同时也形成地方特色。对于区域产业与生态环境协同效应度量系统来说,就是要充分利用当地的资源打造具有地方特色的产业。"渐变性"是指自然界的生态系统依据自然规律运行,随着季节、时间变换,通过繁殖衍生新一代。区域产业与生态系统协同效应度量系统也应顺应规律,循序渐进地发展。

二、产业生态学

20世纪80年代,美国物理学家罗伯特·福罗斯彻(Robert Frosch)等学者提出的产业生态学,出现在模拟生态系统和循环过程时所进行的工业代谢的研究中。产业生态系统和产业生态学的概念是由伽劳布劳斯(G.N. Gallopoulos)等人从生态系统的角度出发,在进一步的研究中提出来的。1991年,美国举办了产业生态学论坛,由美国国家科学院和贝尔实验室联合举行,并取得不错的效果,全面且系统地总结了产业生态学的概念、内涵、方法和应用领域、前景。产业生态学是生态学的一个重要分支学科,也应遵循自然界生态系统普遍规律,包括循环性、多样性、地域性、渐变性这四个基本原则,并按照工业发展的客观规律循序渐进地实现工业可持续发展。

关于工业系统的观点,产业生态学认为工业系统是人类社会的一个子系统,同时也是自然界生态系统的一个部分。因此工业系统不是孤立的、与外界毫无关联的存在,也并非资源交换、能源流动的简单组合;而是有着类似于自然生态系统的运行机理,物质循环流动、能量相互转换的复杂的共生网络,目标是达到理想中自然界生态系统的"零排放"。基于这种理念,在工业系统中没有完全意义上的废弃物,上游企业产生的副产品能够作为下游企业生产的原材料或者能源。产业生态学在局部、区域和全球的层面上,主要的研究内容是关于产品、产品部门、经济部门以及工艺设备等之间的物质能量的流动。

产业生态学为社会各部门和各个学科共同解决工业发展与自然界生态系统稳定之间的矛盾提供了可行的方案,并且为进一步研究人类社会加速工业化进程与自然环境发展的协同问题提供了全新的思维方法和理论框架。产业生态学作为一门综合学科,为协调人类社会中经济、社会和环境发展提供了重要的理论支持。

三、生态经济学

生态经济学顾名思义与生态学和经济学相关,即生态经济学既要遵循生态系统的客观规律,同时也要受人类社会客观经济规律的制约,是一门自然科学中的生态学和社会科学中的经济学交叉影响而形成的边缘学科,有着明显的生态学和经济学的协同特征。生态经济学同时又是一门研究人类社会经济活动与自然环境之间的作用关系的学科,旨在探究二者之间的客观规律,以有效地解决生态问题与经济发展的矛盾,最大限度地实现经济与生态效益的统一。生态经济学的核心理论是生态与经济协同发展理论。

生态经济学主要有四个特点,即整体性、协同性、综合性和持续性。生态经济学的理论基础主要是生态经济系统、生态经济平衡以及生态经济效益。其最主要的研究对象是人类一切社会活动的载体——生态经济系统,因而不断更新人类在生态经济系统中的地位这一认知是生态经济学的重要任务;生态经济平衡是工业发展与生态环境稳定之间的目标,指明了人类社会发展需要不断努力的方向;而生态经济效益是指经济效益、社会效益、生态效益三者的有机统一。这三大理论相互联系又相互制约,共同成为人类社会有效地进行经济活动,同时保持生态系统的平衡的强有力理论。

除了经济发展和生态平衡之间关系的内容外,生态经济学还研究生态退化、环境污染、资源浪费方面的问题及解决办法,以及经济活动下的环境效益、环境污染后的治理及其评估等。不仅如此,生态经济学还在人类社会经济活动的基础上展开对经济与生态系统之间相互影响、相互作用的研究,探究其中的客观运行规律,发现其过程中的复杂问题和矛盾,提出解决人类社会与生态环境之间矛盾的路径,以及人类社会解决环境污染、资源浪费等问题的有效对策,提供正确制定战略和经济政策的理论工具。关于生态经济学和传统的经济学之间的不同之处,可以总结为生态经济学将经济和环境看作一个有机的整体,不同于传统的生态经济观点,它更新了人们的观念,提高了人们的生态意识,更有利于社会的发展。

在区域产业与生态环境协同效应度量系统的构建过程中,在生态经济学理论的支持下取得了一定的成果:逐步形成了生态经济评价,保障生态经济资源的可持续利用;构建了能够反复进行评估的经济系统评估指标体系;指出了经济发展与环境污染之间的关系;积极探寻了生态经济系统量化方法。

四、环境科学

环境科学主要研究的是人类社会与自然环境相互作用的联系和内在规律,是现代社会经济发展和人们环境意识提高的产物,是一门在研究经济和环境内部结构的基础上逐渐发展起来的综合性现代学科。它包括宏观和微观两个层面的内涵。在宏观层面上,环境科学的研究主要是探究人类社会经济发展与生态环境保护之间的内在规律,在二者相互影响、相互作用的过程中寻求社会与生态环境之间的平衡;在微观层面上,环境科学以对物质的研究为主,不管是人类社会排放的污染物、有害颗粒物等,还是生态环境中的分子及微小粒子在人类社会和生态环境中交换、沉淀、循环等相互影响的过程,都是环境科学探讨的内容。

区域产业与生态环境协同效应度量系统在环境科学的指导下的发展成果体现在以下四个方面:

一是,揭示全球范围内环境的演化规律,指导经济健康发展。工业园区是工业系统中物质和能量密集流动的区域,是经济活动高度集中的区域。在这个区域里,环境科学的作用就是指导工业园区内生态体系的构建,建立绿色的物质能量循环的工业生态网络,延长生态产业链,促进经济发展和生态保护工作的开展。

二是,探究人类的经济活动与自然环境的关系,研究工业园区的运作会给生态环境带来怎样的影响,使生态环境发生变化后又是如何影响人类生存和发展的。为了经济与环境的协同发展,环境科学旨在研究控制工业园区内物质的消耗和排放,探索最大限度地降低对环境和资源的危害的方法和策略。

三是,改进控制工业区域污染排放的综合防治技术并改善管理方法。从区域环境的角度出发,通过综合运用技术措施、工程措施和管理措施等多种方法,寻找环境问题的最优解决方案,协调人类社会与生态环境的关系。

四是,研究人类活动与环境之间的相互影响的结果。一方面环境污染主要由工业园区过度开发和严重污染造成,另一方面因环境的污染和生态的破坏给人类的生存和发展带来的压力也不容忽视。由此通过进行环境科学的研究,逐步增强社会的环保意识,促进环保工作不断发展和完善,保障当代人和子孙后代的健康和安全是环境科学研究的根本目的。

五、信息科学

信息在区域产业与生态环境协同效应度量系统的构建中发挥着不可替代的作用。而信息科学主要研究信息的传递和交换等过程的内在规律,旨在拓展人的信息功能。而所谓的智力功能就是指全部信息功能组成的有机整体。

一是,信息资源是企业赖以生存和发展的要素。只要是有物质存在的地方,即有信息。企业在计划生态化建设时,必须时刻关注市场与环境的变化情况,了解企业周边的资源、寻找信息资源,以掌握整个市场的运行机制和供求关系,充分利用环境优势把握主动权,从而争取企业生存以及不断发展的机会。

二是,信息资源具有无形化的特点,对加快传统产业结构的转型和升级发挥着不可替代的作用。在区域产业与生态环境协同效应度量系统建设中,信息共享、信息平台的建设有着重要的意义,尤其是技术信息可促进园区开展生态化改造,物流信息促使企业寻求资源再生机会,实现成本最小化和利益最大化。

三是,信息化是提升竞争力的有效途径。利用现代信息技术促进区域产业与生态环境协同效应度量系统实现精细管理,降低成本、提高效率、优化生态产业链条、提升管理水平。

四是,充分利用信息科技和提高信息技术水平是企业降低经营风险的有效做法,比如充分利用虚拟制造技术,通过计算机完成试制、中试和工业化的过程,企业能够减少大量的硬件投入以节约成本,并缩短新产品的开发周期以节约时间成本。可以说,信息科学技术给我们的沟通交流带来了极大的变化,革新了传统方式,打破了以往沟通的局限性,实现了信息交流的共享性、实时性、远程性和交互性。

五是,信息价值的本质体现即交换价值,生态产业链、生态产业共生网络的形成正是信息使用价值的不断体现,共生网络越稳定,则信息在其中的价值体现得越高,区域产业与生态环境协同效应度量系统则越稳定。

六是，信息是推动科学技术与区域产业与生态环境协同效应度量系统之间呈波浪式前进和螺旋式上升的不竭源泉。对科技的需求促进高新技术研发，进而促进园区不断向着更为生态化的方向发展，随着园区生态化水平的提高，又不断提出新的科技要求，进而促使科技不断向前，形成一种相互影响、相互作用、波浪式前进和螺旋式上升的过程。

六、系统工程学

系统工程学是以系统工程理论、系统工程方法论和控制论为基础理论，它的技术基础包括控制工程、系统工程、信息处理技术和计算机模拟技术，以复杂系统发生作用和演化模式为研究内容，主要研究复杂信息反馈和要素之间作用的动态过程和趋势的一门学科。系统工程学通过构建系统工程学模型以展开对系统内部结构、功能属性和行为模式的研究，旨在寻求系统的最优结构、发挥最大功效。系统工程学认为系统内部的信息传递和反馈机制决定系统的行为模式。思想方法上的整体化，资源如科学技术、知识、物质等利用的综合化和管理的科学化，可以总结为系统工程的基本观点。系统的基本观点通常被用于系统工程学处理问题的情况下，即在研究时把要研究的对象及研究过程看作是一个整体。从整体与部分、整体与环境相互联系、相互制约、相互依赖的关系来揭示研究对象的本质和运动规律。全面综合考虑某一部分可能产生的多方面的后果，统筹兼顾，综合考虑，防患于未然。

辨识环境、确立目标、价值度量、构成系统概念、系统分析、系统开发求解方案和决策等基本程序构成了系统工程学的方法内涵，实际上是将具体问题与可行的技术联系起来加以解决。

运用系统工程的理论和方法使生态工业的系统集成得以实现，从整体的角度关注区域系统的物质流、能量流和信息流，以形成高效率、低污染的工业共生网络和构建良性工业生态系统。

第二节 区域产业与生态环境协同效应度量系统的基本理论

区域产业与生态环境协同效应度量系统是一个涉及多学科、理论支撑广泛的复杂系统工程，该系统与区域可持续发展理论、清洁生产理论、低碳经济理论、循环经济理论、工业生态系统理论等相关理论联系得非常紧密。

一、区域可持续发展理论

"可持续发展"(Sustainable Development)这一理念的提出主要源于挪威著名的环保人士布伦特兰夫人(Mrs. Brundtland)在1987年向联合国提交的一份研究性报告——《我们共同的未来》(*Our Common Future*)。在报告中,布伦特兰夫人提出我们要密切关注气候变化问题,保护资源和环境。同时布伦特兰夫人在《我们共同的未来》中扩大了可持续发展的内涵,不仅包括环境问题,还包括社会和经济方面。这一理念在1992年的联合国环境与发展大会上得到明确的定义和世界各国的认可。会上将可持续发展定义为在满足目前社会发展需要的情况下,实现自然、社会和经济协调发展,当前人们对资源和环境的保护和使用能够有效地满足各种经济社会活动并且不损害子孙后代的利益。而区域可持续发展就是可持续发展理论在不同尺度区域上的落实,即在某一个区域内实现可持续发展,要求在该区域内实现资源的合理利用和生态环境保护并进,在促进区域协调发展的同时不仅提高当代人们的生活水平,也对后代有益。

在同一年的里约热内卢地球问题首脑会议上,新的重点放在让产业在特定的环境下进行生产活动发挥的作用和产生的影响,使之有利于可持续发展。此外,在研究可持续发展的社会属性、经济属性和环境特征时,其重点是以人口、社会和经济因素为基础的地区体系的经济利益和社会正义得到实现。资源环境和环境平衡、补偿科学技术进步的进展或克服投资下降的极限,并在安全之间达成合理的平衡。环境和经济发展并将其作为可持续发展和执行措施的基础。在设计方案过程中对区域复杂系统进行整体性分析以发现问题,及时制定相应的整改方案和法规政策,协同系统和内部的良性发展。在社会经济发展的政策分析和制定过程中,改变经典的评价准则,不仅要注重经济发展,还要关注资源的利用情况及环境保护的成效,与此同时展开可持续发展的方法应用研究。环境的可持续发展问题作为制定政策的关键,越来越成为一个不容忽视的关注点。

区域是一个不断变化发展着的、多层次的复杂系统。而区域可持续发展系统是系统的一个特定的内涵,同样具有关联性、功能性、层次性、整体性、集合性和动态性等特点。

区域可持续发展系统是一个庞大的系统,它的内部构成也极其复杂,不仅包含人类社会,也涵盖与人类社会相关的各种元素、各种关系和行为。根据不同部门、单位的不同需求和目标,可以将区域可持续发展系统分为成百上千乃至成千上万个单位和要素。但是根据过去这种模式,把不同的、彼此之间相差很大的部分、单位和要素容纳在同一个体系下是不合理的。因此按照不同部门、单位和要素的特点，可以把含有相同内容的部门、单位和要素归纳在一个体系下，进而可以把区域可持续发展系统概括为人口、资源、环境、经济和社会五大内容体系。其中，人口子系统是关于人口的数量和质量的体系，是区域可持续发展系统的主体，它的变化和发展关系到整个系统的可持续发展；作为区域可持续发展系统的物质基础，资源子系统更多地关注资源的合理利用和资源的节约，是经济可持续发展的前提；环境质量的好坏是衡量区域是否处于可持续发展阶段的重要依据，因此环境子系统是区域可持续发展系统不可或缺的一部分；区域可持续发展系统的第一要义是发展，因而经济子系统是区域可持续发展系统的核心，经济的发展可以保证保护环境和资源的工作顺利开展，即经济的发展是社会和生态发展的前提；社会子系统是人口、资源、环境和经济子系统发展的体现，实现社会系统的可持续发展是区域发展追求的最高目标。良好的政治体制、稳定的社会人文环境，以及优良的社会风气伦理道德、文化传统历史积淀是区域可持续发展系统健康发展的重要条件。

李忱（2004）等基于对系统科学和系统自组织理论的研究，认为可持续发展是经济与社会系统演化和发展的序参量。通过构建协同管理的概念模型，揭示了协同管理在区域复合系统实现可持续发展中的重要作用。张达（2015）等以景观可持续发展为出发点，构建了科学概念框架，综合利用单要素评价法和多要素评价法，综合评价了京津冀地区资源和环境限制性要素以及区域本底特征。

二、循环经济理论

循环经济（Cyclic Economy）是将资源、产品和废弃物再利用纳入一个闭合型环路的经济模式，区别于传统经济的资源—产品—废弃物的单一线性模式，要求经济主体在从事生产活动时降低物质的消耗、最小化废弃物产出，并对废弃物实施有效管理，最大化其再生效用。为了实现资源消耗和废弃物排放最小化，提高资源利用效率，避免产能过剩造成工业浪费、工业废弃物再生利用和减少生产重复环节是实现循环经济的主要任务。循环经济实际上是注重社会和生态环境的协调发展，避免人类的生产活动对生态造成不利的影响。

《中华人民共和国循环经济促进法》规定企业在生产、运输和使用等过程中必须遵循"Reduce、Reuse、Recycle"的"3R"原则，即减量化、再利用、资源化原则。"3R"原则可以通过减少资源的消耗、废弃物的排放和重复利用资源的方式实现。减量化原则就是在生产、流通和消费等环节的源头上减少资源消耗量,避免重复环节的重复浪费,并在此基础上一并实现降低废弃物排放的目标。再利用原则就是一方面企业生产的产品包装、容器等能够再次回收利用;另一方面企业生产制造产品所剩余的废料能够再次被翻新、修复,或者与其他材料组合,变废弃物为消费者能够使用的产品。要求再利用的材料和产品对人体无害、性能良好。资源化原则指企业通过创新技术将排出的废弃物再次投入生产线,作为产品生产或者另一种产品生产的原料。如在开采业中企业对煤渣、煤灰的处理,农林业中企业对秸秆、落叶的处理等。

循环经济与可持续发展理论相似,同样是产生于生态学观点与人类社会经济活动相结合的研究过程中,20世纪60年代美国密歇根大学经济学教授肯尼斯·布尔丁(Kenneth E. Boulding)提出"宇宙飞船经济理论",这是循环经济思想的萌芽。循环经济就是在原材料投入、产品生产和消费以及使用完毕的一系列过程中采用物质循环利用的模式,转变传统的资源消耗型经济增长模式为资源循环利用的绿色经济增长模式的经济。

在过去的十几年中,循环经济的概念和发展模式在全球范围得到了越来越多的关注,到目前为止,学者们已经发表了许多不同的案例、评论、报告等的研究。在中国,循环经济被提升为自上而下的国家政策;而在其他国家或地区如欧盟、日本和美国,它是一个自下而上的环境和废弃物管理政策的工具。西方发达国家主要是在四个层次上进行循环经济模式的探索和实践:第一个是社会整体大循环层面,基于经济学和社会学的相关理论对合理的制度进行探讨;第二个是产业之间或者企业之间合作构建的工业生态体系,其典型的代表就是丹麦卡伦堡的生态工业园区;第三个是企业内部的循环发展模式,其最具代表性的模式来自美国杜邦化学公司;第四个是废弃物回收和循环利用体系。

促进循环经济的最终目标是环境压力与经济增长脱钩,但是世界各国的循环经济实施似乎仍处于早期阶段,主要集中在回收而不是再利用。尽管在一些活动部门已取得了重要成果,如废弃物管理方面,某些发达国家实现了较高的废弃物回收率。阿尔特姆·戈列夫(Artem Golev)(2016)等基于价值链的观点,定量研究澳大利亚电子废弃物中的金属价值,指出在澳大利亚发展"变废为宝"的产业的阻碍和机会。循环经济意味着在产业层面采用更清洁的生产模式,提高生产者和消费者的责任心和意识,尽可能使用可再生技术和材料以及采用合适、清晰和稳定的政策和工具。不应忽视的是,循环经济的可持续发展模式不仅需要创新的概念,更需要创新的参与者。总之循环经济转换在全球来说才刚刚开始,支持循环经济的跨学科框架为逐步改进既有的生产和消费模式展示了良好的前景。

选取有效的评价指标,建立合理的区域循环经济系统的评价体系,观测和评价区域循环经济系统的现状和发展前景,既为中国制定循环经济发展目标、推进循环经济发展提供理论依据,又能通过与其他良好的区域循环经济体进行比较而找出自身的不足,从而制定更为有效的对策措施,更有力地推进循环经济发展。黄和平(2009)以江苏省1990~2005年循环经济发展状况为例,结合层次分析法和"3R"原则构建区域循环经济评判模型,对江苏省的循环经济发展状况进行了研究。

三、清洁生产理论

进入20世纪70年代后,人们对污染的认识从末端治理上升到一个新的层次,即在污染物形成之前控制排放,这种"防患于未然"的思想就是清洁生产理论的萌芽。清洁生产有三个层面的内涵:清洁生产要求使用环保的原材料和能源,使用对环境更加友好的或者能有效减少废弃物的原材料,选择清洁能源减少废气、废弃物的排出;在清洁的生产过程中采用改进的生产工艺和高效的生产设备,利用先进的技术提高效率减少废弃物排放,或者对废弃物进行无害化处理,最大限度地减少生产活动对环境的影响。从原料的投入、加工到产品的成型出厂的各个环节均是降低污染的节点,得益于良好的运行,某个环节偏离规划量也可及时采取措施补救。对生产流程和产品进行评估,确保生产过程符合清洁生产的要求,产品有质量且性能好,不会对人体产生危害,结束使用后可回收,包装处理便利并可重复使用。清洁生产不是一成不变的,是随着具体生产要求实现动态发展的内容。

四、低碳经济理论

"低碳经济"这一理念产生于21世纪初,最早是由英国学者提出来的。低碳经济是指在合理的制度体系中,利用先进的科技和清洁的能源推动产业结构转型和升级,节约不可再生资源和减少二氧化碳等温室气体的排放,最终目标是实现经济、社会和生态效益的统一。制度创新、技术创新、产业结构升级和人们观念的革新是低碳经济的核心内容。基本特征主要可以概括为"三高"与"三低",即"高效率、高科技、高产出"与"低消耗、低排放、低污染"。陈志峰等(2015)从分析低碳经济的定义和低碳经济形态发展过程出发,提出"低消耗、低排放、低污染"的顺序,结合生产实际对相关内容进行合理量化和科学评价。路易斯·蒙达卡(Luis Mundaca)(2016)重点研究了绿色经济、低碳能源系统和治理之间的相互关系,指出不仅从环境的角度,更从社会、经济的角度来说,绿色能源经济的转型需要加速,而且需要彻底地转变。

低碳经济旨在实现低消耗、低排放和低污染,最终达到经济、社会和生态的可持续发展这一目标。实现低碳经济的前提是技术的提升,如节能技术、清洁生产技术、减排技术等,技术的创新有助于"低碳化"生产过程和产品,节约成本的同时保护生态环境。不同于过去的高消耗发展模式,低碳经济已经成为新时期经济增长方式的新模式。

中国向不同行业推行低碳经济模式,其发展低碳经济主要是优先发展具有低碳性质的产业。在农业方面,发展有机、高效和生态农业,促进农业的可持续发展;在城市建设方面,鼓励建设低碳型的基础设施,城市逐渐向低碳型城市转变;在社会文明建设方面,倡导低碳的生活方式,提高人们的低碳意识。鼓励发展低碳经济的政策措施有节约能源、提高能源的利用效率等方式。一方面,淘汰消耗资源能源较高的产业、企业和生产工艺、设备;另一方面在高强度使用资源能源的行业加快技术改进和创新,如工业电动机、工业锅炉、照明家用电器设备等领域,提高资源能源的使用效率。在源头上控制资源能源的耗损,是减少温室气体排放的重要手段,大力开发可再生能源、清洁能源,制定激励制度和政策,鼓励低碳创新,建立国家碳交易机制。

五、协同理论

德国著名科学家哈肯(Haken)教授是最早研究协同理论(Synergetics,又称为协同学)的学者。"协同"一词是在20世纪70年代由哈肯教授提出来的,在1978年由哈肯教授所著的《协同学导论》《高等协同学》中被系统阐述。哈肯教授从物理激光方面阐释,许多子系统的作用有着共同的作用机理,但是本质的属性不同,联系到各个学科就是通过不同学科之间的共性找到一般规律。协同理论作为横断科学的"新三论"之一,主要研究的是在一个不平衡的开放系统中,在与外界进行物质和能量交换的状态下,系统内部如何能够通过协同效应,自行将无序的状态组织成在时间、空间和功能上的有序形态。在基于控制论、系统论、信息论等理论的前提下,协同论又借鉴了耗散结构理论的优点,从动态的角度对不同学科和不同的系统进行比较,提出了多维多相空间理论,同时还建立了相应的数学模型。从微观到宏观层面,协同理论又阐述了不同特征的系统及其内部从无序转变成有序的共性。

区域经济学和产业经济学领域理论的一个重要成果是产业协同。特别是近年来,国内外学者对产业协同进行了越来越多的研究,研究范围主要集中在产业协同的内涵、途径、测量和效应等方面。王传民(2006)从时间和空间两个角度出发,收集县域经济产业协同发展的资料信息,并进行了相关分析。他站在循环经济系统可持续发展的高度上,选取县域经济协同发展成熟度评价指标并构建评价模型,在递阶结构和协同发展指数模型的基础上,建立对应的县域产业协同发展综合评价指标并提出合理的评价方法。王建峰(2012)根据区域产业转移的转移机理、效应,通过分析空间经济经典模型,将产业承接力、产业梯度差、产业互补性、信息畅通程度和交通便利性等因素为参数,建立了区域产业转移综合协同的效应模型,并实证研究京津冀区域的产业转移。此外肖普拉(Shauhrat S. Chopra)(2014)等人将产业与生态系统相联系,提出产业共生网络,基于网络度量和情景模拟的方法,建立废弃物、水和能量的交换方式,以发展协同网络,增强产业可持续性。

六、区域分工与合作理论

区域产业与生态环境协同发展得益于区域产业之间的良好分工与合作。古典经济学家亚当·斯密率先提出的"绝对成本优势"理论,蕴含的基本观点是一个国家能够输出的产品必然是相对于进口国具有生产优势和较低成本的产品。之后大卫·李嘉图提出"比较成本优势"理论,在其理论中倡导遵循"两优取其重,两劣取其轻"的基本原则。1848年约翰·穆勒承上启下,补充了李嘉图的比较优势理论,进一步提出了"相互需求论",它能够很好地解释发生在贸易双方利润分配中的配比问题。1919年,瑞典经济学家赫克歇尔提出了要素禀赋论的基本论点;俄林(Ohhin)对国际贸易产生的原因进行了深入的分析,并提出了要素禀赋论。在一些地方,要素禀赋论又以要素比例学说出现在人们的视野里,俄林认为,各地区要素禀赋的差异性是最终导致区域分工产生的主要原因。要素禀赋论能够有效地补充斯密和李嘉图理论中的不足之处,但它有一个基本前提,即各要素的生产效率没有差异,需求、贸易以及政府影响等与现实不相符的问题没有被完全考虑进去。

20世纪30年代以后,新的区域分工理论产生了,进入50年代后逐步发展成为独立的新学科。新的区域分工理论是对古典区域分工理论的假设条件的进一步拓展,进化出新的形式,同时扩大了对影响条件的考虑,将资本、人力要素之外的影响条件纳入其中。理论范围涉及基于产品生命周期和区域生命周期变化的动态比较优势理论、基于规模经济和需求偏好相似的产业内贸易理论、要素替代理论、技术差距理论和波特的竞争优势理论。

要素替代理论是在 1956 年由沃尔特·艾萨德(Walter Assad)提出的。要素替代理论适用范围比较明确,适用于区域间的分工合作问题,普遍存在研究发展水平和结构类似或相近的情况。要素替代理论强调在分析区域生产成本优势时,应该将各区域最佳投入组合方式计算出的成本作为分析的重点工作,而不是仅仅对统一的项目成本进行比较。要素边际替代率和要素在不同区域的价格共同决定了要素是否可以替代。

1961 年,美国学者 M.V.波斯纳(M.V.Bosner)提出技术差距理论,对技术的重要性给予了充分的重视,并将技术因素设置为一个独立的要素,探讨技术在国际贸易中的重要地位,技术差距理论被认为是 H-O 理论的进一步拓展。波斯纳指出,具有创新技术和生产新产品的区域能够在生产方面表现出一时的优势,这种优势具有有效期,当其他区域对新技术和新产品进行模仿时,如若无法保障技术创新的延续性,原有创新区域的优势将会慢慢地丧失,市场的主导地位将会消失。因此除去区域经济开放程度或相关政策的影响,保持继续创新力是区域可持续发展的重要的途径。

1966 年,产品生命周期理论第一次被美国学者雷蒙德·弗农(Raymond Vernon)提出。同年,汤普森(Thompson)提出了区域生命周期理论。美国是规模经济理论的发源地,阿尔弗雷德·马歇尔、张伯伦、罗宾逊、贝恩等是其主要的代表人物。该理论认为禀赋相同的区域基于规模经济的原因而逐渐降低了成本,这就导致新的比较优势的产生,充分揭露了批量生产的经济性规模效应。

哈佛大学商学院教授迈克尔·波特(Michael Porter)于 20 世纪 80 年代提出了竞争优势理论。他认为影响区域产业竞争优势的重要因素涉及的范围比较广,包括生产要素、需求状况、相关产业以及企业战略和组织等。该理论以钻石结构系统中的诸多因素为基础,解释了造就并保持可持续的相对优势的条件。

总之区域分工与合作是在遵循市场机制的前提下,积极推进以区域合作共赢,打破区域的行政壁垒,以资源共享、优势互补和互利互惠为基础而形成的一种区域互动方式,对促进区域经济发展的整体性和协调性非常有效。区域分工与合作理论充分认识到了区域内各产业都应该找到并明确自身的比较优势的重要性,并积极鼓励依托各自的比较优势参与区域的分工与合作,大力推进区域产业间的良性互动和一体化发展,并最终实现区域产业与生态环境的协同发展。

第三节 区域产业与生态环境协同效应度量系统的内涵

通过寻找和发现区域产业与生态环境协同效应度量系统的来源,进一步探索其内涵。因此,对区域产业与生态环境协同效应度量系统主体、特点以及内外部动力的研究有助于了解它运行的内在机理。

一、区域产业与生态环境协同效应度量系统的主体

本书研究的区域产业与生态环境协同效应度量系统的主体是指在协同效应度量系统里可以承担并实现生态环境协同效应度量系统发展目标的具有代表性的因素,包括政府、企业、高校科研院所、中介机构、非营利组织和居民等。

(一)政府

区域产业与生态环境协同效应度量系统中不可或缺的行为主体就是各级政府,其参与方式主要有以下三种:一是,通过直接参与区域产业与生态环境协同效应度量系统,进而谋求自身辖区利益的最大化;二是,通过贯彻执行中央或上级政府制定的相关法律法规,大力搞好生态环境管理和公共配套设施的建设,为区域产业与生态环境协同效应度量系统提供政策、组织、公共咨询服务等方面的支持和帮助,积极营造和维护良好的区域产业与生态环境协同效应度量系统的外部环境;三是,政府能够通过潜在的号召力在各主体之间构建联系,方便交流和互通,积极利用一些援助、补偿、激励、法律等方面的调节手段,配合上级政府做好区域产业与生态环境协同效应度量系统各类主体间的协调和规范的工作。

(二)企业

区域产业与生态环境协同效应度量系统过程中流动最为广泛、最重要的经济活动主体就是企业。企业在区域产业与生态环境协同效应度量系统网络中有着不同的地位,涉及原材料或半成品的生产供应商、分包制造商、销售商以及信息咨询、设备维护等服务型的企业。国有企业、合资企业、民营企业等各种类型和不同规模的企业借助市场机制作用日渐明显,为了实现各自利润最大化的目标,踊跃加入区域产业与生态环境协同效应度量系统的构建。企业参与进来的方式主要有资本合作和技术合作两种。

(三)高校、科研机构

在知识经济背景下,推进区域产业与生态环境协同效应度量系统不断完善的重要力量就是创新能力,而区域产业与生态环境协同效应度量系统的创新能力与区域内高校、科研机构的发展水平和科技基础的相关性非常大。高校、科研机构是培养科技人才的主要场所,同时它也是促进区域产业与生态环境协同效应度量系统中高科技产业和技术发展的重要基地。高校和科研院所在研究方向、仪器设备、技术、人才等方面各有特点、相辅相成。随着产业和企业在区域内聚集,将会有大量高水平的先进实验室和研发中心在区域内落地建设,这些高校、科研机构为区域产业与生态环境协同效应度量系统提供了有力的技术支持和长效的内在推动力。

(四)中介机构

中介机构通常是指活跃在政府、企业、个人之间,通过专业人员的知识和技能依法提供服务,按照一定的规则进行交易,在协调过程中收取费用的组织。它具有一定的社会服务作用,比如支持相关政策法规、自律、沟通协调、监督等。中介机构与国家信用管理体系的联系非常紧密,可以在整个协同效应度量系统过程中发挥其有效的作用,并能够积极有效地加速因子流动,有利于社会经济活动公平、公正等。不同的中介机构具有不同的模式和特长,而且种类繁多,有公正性中介、代理性中介、信息技术服务中介、科技中介、金融中介、营销中介、证券中介等。不过,中国的中介机构也存在许多缺点,例如起步晚、发展慢、独立性差、相关法律规范不健全、规章准则混乱和可靠性低等弊端。在区域产业与生态环境协同效应度量系统运行过程中,科技中介相对于其他中介存在更加严重的问题。科技中介机构主要业务范围包括从事创业或系统投资、发布科技消息、进行技术评价和成果转移、转化等方面的服务。

(五)非营利组织

通常情况下,非营利组织也称为第三部门和独立部门,它也是区域产业与生态环境协同效应度量系统的参与主体。非营利组织一般的表现形式有发展联合会、产业协会、相关社团等。它们参与区域产业与生态环境协同效应度量系统的过程主要有三种形式:一是,提供一些公共服务给其他参与区域产业与生态环境协同效应度量系统的主体,通过充分发挥自身的特点弥补政府和市场存在的缺陷;二是,非营利组织可以参与政府关于区域产业与生态环境发展议题的商讨,充分发挥政府资金的作用,在有限的范围内提供公共服务;三是,非营利组织可以作为谈判代表与政府和其他组织商讨,在维护区域产业与生态环境协同效应度量系统过程中保护既有利益,并积极争取更多的好处。值得注意的是,非营利组织参与区域产业与生态环境协同效应度量系统的行为会间接地加速二者协同效应度量系统的过程。不过,通过目前的情况来看,中国大多数非营利组织无论是内部管理还是发展水平都不算太高,通常受到政府的严格管理并对政府部门具有很强的依赖性,因此非营利组织在推动区域产业与生态环境协同发展进程中的作用是非常有限的。

(六)居民

在区域产业与生态环境协同效应度量系统的构建中,往往忽视了对市场上处于相对弱势的居民的诉求的满足。一般而言,民众的个体决策行动比较分散且相对弱小,而民众通过自发的或居民代表团体、业主委员会等寻求民众"集体"利益最大化的"集体行动",很可能导致区域产业与生态环境协同发展在土地使用、基础设施供应等方面发生矛盾,进而影响民众的根本利益和生态环境协同效应度量系统的整体利益。应该把政府、城市经济组织及居民的整体利益放在区域产业与生态环境协同发展的首位,合理运用有效的手段,实现更全面、更均衡地协同发展。

二、区域产业与生态环境协同效应度量系统的特点和形式

(一)协同效应度量系统的特点

区域产业与生态环境协同效应度量系统具有综合性、制约性、分级性和开放性的特点。

区域产业与生态环境协同效应度量系统的综合性。区域产业与生态环境协同效应度量系统是一个综合性的概念,它不仅仅指一个方面的协同效应度量系统,而是区域产业及生态环境间各种关系、各个主体的总和。既包括区域产业与生态环境协同效应度量系统过程中经济总量、经济结构和经济关系的协同效应度量系统,还包括社会、空间、文化等方面的协同效应度量系统。

区域产业与生态环境协同效应度量系统的制约性。在区域产业与生态环境协同效应度量系统发展的过程中,每一个因素的变化和发展的前提应该是不损害对方或给对方发展造成障碍,并且使区域产业与生态环境协同效应度量系统形成互利共赢的条件。也就是说,为了实现区域产业与生态环境协同发展,系统的所有构成要素都要以维护共同利益为基本出发点,坚决以不能损害其他利益作为基本的约束条件,并在此约束条件下积极地进行自我调整和改变,在搞好自我发展的同时适应和促进其他领域的发展,使区域产业与生态环境协同效应度量系统彼此之间能够形成相互依

赖、相互促进的良好氛围。

区域产业与生态环境协同效应度量系统的分级性。所有的体系都应该有一定的层次和等级，根据区域产业与生态环境协同发展的程度不同可以将其划分为不同的层次。区域产业与生态环境协同效应度量系统大体可以分为两个大的层次：一是区域产业内部各活动主体之间的协同发展；二是区域产业活动主体与生态环境要素之间展开分工与合作，注意由单纯的经济协同效应度量系统向社会层面的协同效应度量系统转化。这两个层面是相互影响、相互制约的。

区域产业与生态环境协同效应度量系统的开放性。综合性、制约性和分级性决定了区域产业与生态环境协同效应度量系统应该具有开放性。为了实现区域产业与生态环境协同良性地发展，需要注重各参与主体之间、子系统之间、系统与外界环境之间都存在着动态的要素流动和互换。在区域产业与生态环境协同效应度量系统中，任何一个主体或要素的细微变化均会直接或间接地影响与其具有关联性的其他要素的状态。因此应将区域产业与生态环境协同效应度量系统的体系视为开放性的。

（二）协同效应度量系统的形式

协同效应度量系统的形式主要包括以下四种。

1.触发式协同效应度量系统

触发式协同效应度量系统常发生在区域产业和生态环境协同效应度量系统初期，它主要是指区域产业和生态环境之间偶然发生的合作关系，通过在不定时的触发式协同效应度量系统关系中寻求彼此的合作机会和合作伙伴。由于区域产业与生态环境协同效应度量系统的外部环境会随着时间、空间的变化而不断变化，这就导致前期寻找触发对象时并不具有明显的指向性，这就在一定程度上导致了触发式协同效应度量系统形式的随机性和不稳定性。又因为区域产业与生态环境间只存在某种资源或信息的交流，参与协同效应度量系统的介质比较少，所以触发式协同效应度量系统过程相对简单，具有短暂性、一次性的特点。随着区域产业与生态环境间交流次数的不断增加，发生触发式协同效应度量系统的双方会逐渐走向断续式协同效应度量系统。

2.断续式协同效应度量系统

当触发式协同效应度量系统的累积次数达到一定限度时，即构成了断续式协同效应度量系统，如区域产业与生态环境协同效应度量系统可基于各自的发展需求而形成较为松散的协同效应度量系统关系。双方在有需求的时候展开协同效应度量系统，在协同效应度量系统关系结束或者未形成之前,彼此之间都不享受和承担相应的权利和义务。严格来讲,断续式协同效应度量系统并非由触发式协同效应度量系统简单地积累而成,断续式协同效应度量系统比触发式协同效应度量系统表现出更好的稳定性、更强的目标性而且随机成分少。断续式协同效应度量系统往往涉及多种协同效应度量系统介质,包括产业链、社会关系、资金技术等,由于地理空间上相邻,区域产业与生态环境协同效应度量系统可有效地减少双方的机会主义倾向,促成双方能够维持稳定的协同关系,发生断续式协同效应度量系统的双方会逐渐走向连续式协同效应度量系统。

3.连续式协同效应度量系统

连续式协同效应度量系统产生的目的是促进区域产业与生态环境协同效应度量系统的关系能够更加持续、稳定地保持下去。连续式协同效应度量系统可以促进区域产业与生态环境之间多方面的交流协作,包括物流、信息流、资金流、价值链等,促进彼此成为一个具有凝聚力的、稳定的协同效应度量系统整体。区域产业与生态环境间的连续协同效应度量系统关系的介质必然不会是单一的,不同介质也往往体现出互补的功能。因此相比较而言,连续式协同效应度量系统比触发式协同效应度量系统和断续式协同效应度量系统具有更高的稳定性、持续性和高效性。

4.一体化协同效应度量系统

区域产业与生态环境的一体化协同效应度量系统分为水平型协同效应度量系统和垂直型协同效应度量系统。水平型协同效应度量系统主要是指发生在具有竞争关系或互补关系的要素、企业等各主体之间;垂直型协同效应度量系统是指发生在产业链上下游之间的各个主体之间。相对于连续协同效应度量系统,一体化协同效应度量系统在介质和界面方面具有更好的稳定性和更多的可选择性。

三、区域产业与生态环境协同效应度量系统的动力

本书主要研究影响区域产业与生态环境协同效应度量系统的各种有利因素或力量,包括内部动力和外部动力。

(一)内部动力

区域产业与生态环境协同效应度量系统的内部动力主要涉及协同要素的汇入与流出、区域企业的整合与重组、产业结构的合理化布局等三个方面。

1.协同要素的汇入与流出

协同要素的汇入与流出是指在一定区域空间内,协同要素和部分中间

经济活动产品集中和分散的流动过程,这些协同要素包括原材料、人力、资金、信息和科技等。有些学者研究认为区域产业与生态环境协同效应度量系统的根本内在动力就是要素的汇入与流出。客观地讲,区域产业与生态环境协同效应度量系统的整个过程和各个环节中都渗透着协同要素的汇入与流出,它们之间最大的不同在于不同的经济发展时期内,汇入与流出的要素种类、数量和作用强度表现具有差异而已。

2.区域企业的整合与重组

区域企业的整合与重组主要表现在两个方面:一是区域中企业的兼并组合,二是基于区域产业链展开的、吸引其他企业的资源和能力。区域企业的整合与重组涉及横向、纵向和混合三种类型。首先,区域企业的横向整合与重组主要发生在产业链中,以企业进行汇集、扩大市场份额和提高利润率为目的,是对各个环节的企业合并重组。其次,区域企业的纵向整合与重组主要是指纵向处于产业链上、中、下游环节的企业,以实现更高的利润为目的,采取控制产量和价格的手段。最后,区域企业的混合整合是横向整合与纵向整合两者的结合,是指对与本产业紧密相关的企业进行了一体化。区域企业的整合与重组过程一方面具有促进区域内企业集聚发展的作用;另一方面,为推进区域产业与生态环境之间的协同效应度量系统的构建创造了条件,对于区域产业与生态环境协同效应度量系统之间的关联性发挥了很好的串联作用,加速推动了生态环境保护一体化发展的进程。

3.产业结构的合理化布局

产业结构主要是指各类产业的构成和彼此之间的联系和比例关系,产业结构的合理化布局彰显了产业结构趋向合理化和高层次的发展过程。产业结构的合理化布局可以使区域产业与所处生态环境系统中各个产业之间展开分工与合作,进而有效地提高保护生态环境的整体产业结构的系统功能。在实施区域产业结构布局时,应该注重发挥高新技术产业或新兴产业的带动作用,激发区域产业功能布局的有效调整,最终形成合理的产业布局,为区域产业与生态环境协同效应度量系统的形成提供有力的产业基础。

(二)外部动力

区域产业与生态环境协同效应度量系统的外部动力主要包括政府行为、经济环境、文化环境和科技环境等四个方面。

1.政府行为

政府在区域产业与生态环境协同效应度量系统构建中能够发挥比较明显的带动作用。相关学者指出政府主要通过三种途径干预区域产业与生态环境协同效应度量系统的构建,即提供公共设施和服务、制定诱导性政策和行政强制干预。其中,政府调控区域产业与生态环境协同效应度量系统的主要手段是制定政策和颁布法律法规。区域产业与生态环境协同效应度量系统涉及的主体和关系复杂多样,仅仅依靠市场机制来调节是远远不够的。为有效降低或消除阻碍市场配置资源的各种制约因素,政府应该积极营造良好的政策和法律环境,进而驱动区域产业与生态环境协同效应度量系统的构建。相关学者的研究表明,政府在区域产业与生态环境协同效应度量系统的构建中发挥积极有效的方面主要表现在信贷优惠政策、税收优惠政策、市场相关政策等。此外,制度完善与创新等政府行为在区域产业与生态环境协同效应度量系统中也发挥一定的作用。很显然,财税、金融、教育、户籍、就业、社保等制度的完善与创新都与区域产业与生态环境协同效应度量系统有着密切的联系。例如,政府主导财税制度的改革和创新是促进资源要素自由流动的有效手段。此外政府主导优化配置的制度能够刺激劳动力、资本、技术等生产要素在区域产业中进行更高效地流动和重组,在区域产业与生态环境协同效应度量系统的构建中形成良性的协同效应度量系统关系。

2.经济环境

区域产业与生态环境协同效应度量系统的外部经济环境的构成要素主要包括经济周期、国民生产总值趋势、能源供应、资源分布和配比、生产成本等。通常情况下,区域产业与生态环境之间的经济发展存在不均衡的现象,存在经济要素禀赋差异,这就需要通过彼此的分工与协作来缩小差距,努力实现区域产业与生态环境间的"经济一体化"发展目标。区域产业与生态环境的协同效应度量系统对于外部经济发展状况具有很强的依赖性,而二者的协同发展能够提高资源的配置效率,有助于降低区域间的运输和交易成本,从而回馈于相关产业和区域,进而形成区域产业与生态环境协同效应度量系统的经济循环体系。

3.文化环境

导致区域产业之间文化与观念差异的客观存在是区域发展水平的差异。在价值观念、创新意识、团队合作能力和企业经营理念、模式等方面表现出差异性。经济发展水平虽然受到不同文化程度的影响,但有一点值得肯定,即和谐互助的社会文化环境有助于区域产业与生态环境协同效应度量系统的构建。区域产业与生态环境协同效应度量系统均要培育和营造"开放、守信、诚实、合作"的社会文化环境,消除协同效应度量系统各个参与主体间的文化差异和认知隔阂,推动区域产业与生态环境协同效应度量系统在各个方面顺利展开。

4.科技环境

区域产业与生态环境协同效应度量系统的科技环境主要涉及科技水平、科技力量、科技政策和科技立法等。相关学者对科技创新的重要性给予充分的认识，认为科技创新能够促进创新者与周围的区域空间分化出不同的层级，优良的外部科技环境能够在促使产业升级和企业的技术创新、转化、扩散等方面发挥积极的作用，进一步刺激区域内不同企业、不同产业间的分工与协作，最终消除这种技术差异，达到促进区域产业与生态环境协同效应度量系统的目的。

（三）动力因子间的作用机理

区域产业与生态环境协同效应度量系统是在内、外部动力相互作用下的综合体现，只有各种动力因子协同合作才能实现区域产业与生态环境间的良性协同和可持续发展。区域产业与生态环境协同效应度量系统的外部基础动力是市场经济环境和开放体系，完善的政策法律环境是外部保障动力，社会文化的融合和科技进步是区域产业与生态环境良性协同效应度量系统的外部催化剂。在市场、政策等外部动力的拉动下，区域产业与生态环境协同效应度量系统的内部驱动力量也在发挥着重要作用。由于要素禀赋和经济发展状态的差异性，土地、资本、劳动力等生产要素开始了在生态环境间的集聚和扩散，企业、产业进行优化整合，空间协同效应度量系统结构呈现网络化，制度体制的创新会进一步提升区域产业与生态环境协同效应度量系统的协同效应度量系统效率。

从区域产业与生态环境协同效应度量系统的构建历程来看，政策力将逐渐弱化，市场和技术创新等动力将逐渐在区域产业与生态环境协同效应度量系统中慢慢起到主要作用。因此区域产业与生态环境协同效应度量系统的构建不能单纯地依靠或者营造一种或几种作用力，而是要考虑内外部动力因素集合产生的综合力，并根据生态环境发展的进程对内外动力进行适当的补充和调整。

综上，在完成文献梳理和再认识的基础上，从协同效应度量系统的层次、主体、特点以及协同效应度量系统内外部动力等方面对区域产业与生态环境协同效应度量系统发展的内涵进行探讨。深入分析区域产业与生态环境间的协同效应度量系统的关系后，我们通过研究发现，区域产业与生态环境协同效应度量系统具有开放性的特点，它的发展过程既受到外部经济、政治、法律、文化和科技环境等宏观因素的拉动，又需要协同要素的汇入与流出、区域企业的整合与重组、产业结构的合理化布局等一些内在动力的强力支撑。在复杂系统理论的基础上,指出了区域产业和生态环境协同效应度量系统的发展具有综合性、互制性、动态性、层次性和开放性等特征。区域产业与生态环境在内外部动力共同作用下沿着触发式协同效应度量系统、断续式协同效应度量系统、连续协同效应度量系统和一体化协同效应度量系统的演进方式运行,政府、企业、高校、科研机构、中介组织、非营利组织和居民等多个主体都参与了区域产业与生态环境协同效应度量系统的发展过程。对区域产业与生态环境协同效应度量系统内涵的研究有助于了解两者相互作用的内在机理。

本章小结

区域产业与生态环境协同效应度量系统是一门新兴的综合性学科,学科理论基础有产业生态学、生态学、生态经济学、系统工程、信息科学和环境科学等。区域产业与生态环境协同效应度量系统主要的研究理论包括区域可持续发展、循环经济、清洁生产、低碳经济、协同理论、区域分工与合作理论等。区域产业与生态环境协同效应度量系统的内涵主要涉及主体、特点以及内外部动力等,共同构成了系统运行的内在机理。

第二章 文献综述研究

本章是文献综述研究,收集文献资料的范围,包括区域产业与生态环境关系的研究、高新区区域产业与生态环境协同效应度量系统实践研究、京津冀区域产业与生态环境协同效应度量系统实践研究等三个部分。

第一节 区域产业与生态环境关系的研究

一、产业经济增长与生态环境质量的关系

西方经济学家关于产业经济增长与生态环境质量关系的研究和梳理,从整个研究发展的脉络和框架来看,主要可以分为以下三种观点:

第一种观点认为,生态环境的恶化与产业经济的增长有一定的相关度,经济的发展和环境的保护是处于相对立的状态,经济的发展必然要以牺牲环境的保护为代价,否则在考虑环境因素的情况下,经济发展就会受到限制。经济发展状况与环境质量之间属于此消彼长的矛盾关系。其中最具代表性的是学者德内拉·梅多斯(Donella Meadows)提出的说法,该观点在 20 世纪 70 年代出版的《增长的极限》(*Limits to Growth*)一书中被阐述为,随着产业的发展,经济增长会对环境造成污染,影响了人们的生活质量,又反作用于经济,影响产业的顺利推行与继续发展。二者相互矛盾,通常情况下不会出现随着经济的发展环境质量最终出现好转的现象。

第二种观点认为,产业经济增长与生态环境质量是一种相互促进的和谐关系,产业发展有益于环境改善,经济的发展能够从环境的改善中受益,二者的目标是一致的。代表人物是经济学家科勒(Coeller)、温伯格(Weinberg)(1976)等人,他们认为在不对环境造成损害的前提下,能够实现经济的增长。随着经济不断增长,特别是遇到自然资源受到限制的情况下,这时候价格机制将发挥它的作用,出于缓解环境压力的目的,迫使生产者和

消费者寻求替代物品并投入使用;同时技术的革新将帮助企业有效地利用和节约资源并减少废料的排放,采用循环利用有限资源的方式,这在一定条件下能够起到有效地缓解经济增长带来的环境压力的作用。

第三种观点认为,随着产业经济的增长,生态环境通常会呈现出先恶化再改善的过程。20世纪90年代,格罗斯曼(Grossman)、克鲁格(Krueger)(1995)等运用实证研究分析方法,分析环境污染水平与社会经济增长之间的关系,认为对于大部分种类的污染来说,经济增长与环境污染的关系呈现出倒"U"形,即环境库兹涅茨曲线(Environmental Kuznets Curve,EKC)。在经济发展水平较低时,人们生产活动的规模比较小,对环境的影响程度比较小;当经济处于快速发展阶段时,人们对资源的攫取超过了资源其再生量,并导致环境的恶化;而当经济发展层次更高时,产业发展结构发生变化,污染产业被勒令停止生产或者迁移到其他地方。随着人们环境意识的加强,经济发展带来的积累被用来治理环境,很多企业也主动承担起环境保护的责任,于是环境状况开始改善。环境库兹涅茨曲线刻画的是经济活动总量对环境影响的一般表现,虽然此种观点遭受一定的质疑,总体而言,学术界普遍认可这种倒"U"形的关系,学者们分析经济活动与环境状况关系时,通常会对这种关系加以着重考虑。随着学者研究的逐渐深入,从总量的角度考察经济增长与环境的关系的探讨表现出一定的局限性,从而更多地从经济发展的内涵因素,即从产业发展的角度进一步展开分析。

二、产业发展因素对生态环境的影响

(一)产业类型与特征对生态环境的影响

周景博(1999)认为三大产业对环境的影响程度表现出明显的不同,相对而言,第一产业对生态环境的影响比较小,而第二产业对生态环境的影响最大,并且由于第二产业内各行业的所需资源类型、资源分布、资源消耗量以及使用资源的方式不同,因而对环境的影响程度也不同。一般而言,劳动密集型或技术密集型行业的能耗、物耗和污染要小于资本密集型行业。第三产业对环境资源的依赖很小,但其中旅游业、集体运输业、餐饮业等行业的发展通常对环境质量会产生直接的影响。彭健(2005)等学者通过构建不同产业对生态环境的影响系数和区域产业结构对生态环境影响的指数,采用定性的方法分析不同产业对环境影响的差异。傅京燕(2009)认为对于政府和企业来说,把握产业特征与污染物排放之间的关系非常重要。通过对影响污染物排放的相关因素进行探究,发现能源耗用、人力和物力投入与污染物排放的强度成正比,与企业效率、企业规模和科研支出呈现正相关的关系;污染排放强度与资本支出呈现负相关的关系,但统计上并不显著。

(二)产业结构对生态环境的影响

1.产业结构的改变对生态环境的影响

一些国外学者认为,在生产力水平逐渐提高的背景下,生态环境通常会受到产品的升级、技术的革新、产业结构的改变的影响。一方面,产品升级需求致使老工艺被淘汰,技术的进步提高了资源的使用效率,减少资源耗费量和污染物的排出;另一方面,产业结构重心向第三产业转移,即从资源集中型产业向技术导向或知识导向的产业转移,减少了对环境的污染。产业结构转变应该建立在提高生态效率的前提下,使污染达到最低,进而提高资源的有效利用率,增加社会产出。环境库兹涅茨曲线是规模和技术相互权衡的产出。国内学者认为,产业结构是影响环境的重要变量,对于评估产业排出的废弃物和对整个生态系统的影响有着举足轻重的作用,因而探讨产业结构演变的环境效应十分必要。如王海建(1999)构建了产业结构变化影响产业污染物排放的模型,主要基于投入产出的基础。贾惠婷(2013)通过利用省际面板的数据进行实证分析,得出两个比较重要的结论:作为调节变量的产业结构升级能够降低经济发展对环境表现出的负面影响;伴随着不断提升的能源效率,经济活动对环境的影响反而表现出不断加深的态势;技术反弹效应是导致这一现象的主要原因,能源的使用效率提升和降低投入后产能有所增大会减速经济结构的转变。齐园(2015)等证明了京津冀三次产业演变与工业二氧化硫排放关系存在显著的差异,主要是通过区域面板数据的固定效应系数模型和对京津冀时间序列的实证分析得出的。产业结构的高级化在工业化初、中级以及大气污染排放增加时期的减排效果显著;第二产业内部结构升级在不同阶段都能够有效促进减排,以二者具有协同关系作为前提。

2.产业结构演变过程对环境的影响

针对美国工业的发展情况,国外学者毫无避讳地指出,一个严峻的考验摆在美国工业的面前——环境污染问题不能得到有效解决的话,美国在21世纪的竞争力将会大打折扣,直面新挑战的能力也会受到负面的影响。李文君(2002)等认为环境保护、开发产能潜力的最根本的路径是产业结构的优化升级,同时指出那不是短时间内能够完成的任务。董锁成(2007)等指出,对于面对严峻的经济、社会、资源和环境各方面综合型问题的资源型城市,它的经济结构调整需要多元化的产业结构优化和生态工业系统建设。李智(2008)等研究认为只有社会经济发展到很高水平,产业结构的优化升级才能够促进经济环境全面地表现出良好的态势;如果经济发展的水平不够高,产业转型、结构优化对环境所表现出的正面作用也是不足的。唐德才(2009)以工业化进程作为研究基础,构建了面板模型,包括产业和区域发展情况两项指标,得出结论认为工业过程可能对环境污染程度也有一定的影响,并提出产业内部结构的差异是不同产业对生态环境的影响程度不一的结果。王瑞(2013)等的研究发现,城市化的进程、产业结构的整合程度以及环境污染的程度三者相互之间有着一定较长时期的平衡发展关系。魏燕(2013)等研究认为产业结构上的调整对于生态安全发展的影响只能在一定程度上,但这不是全部肯定式。陈林心(2016)等基于 Arc GIS 和 Geo Da 软件平台,探讨了金融集聚、产业结构优化对生态效率的提升作用,对于生态效率中存在的空间自相关性,通过构建空间模型实证产业结构优化对生态效率能够表现出明显的提升作用,具有较高的贡献度。

3.产业空间布局对环境的影响

在产业集聚上,产业的空间布局对于生态环境的发展产生的影响非常突出。产业在地理位置上的转移和聚集对污染物的处理和扩散影响较为显著,对周边的生态环境有着直接的影响。在全球范围内,生态环境恶化和产业集聚的问题逐渐加重,产业集聚发展逐步产生和带来的对环境的影响逐渐引起了国内外学者的注意。从经济学的研究角度而言,这样的影响其实就是产业集聚发展状态下产生的环境外部性效应,环境外部性效应的产生是产业集聚不可避免的问题。有些学者指出,工业规模大幅度扩张的一个重要的标志是产业集聚,除去发达国家,剩下的大多数国家基本上是制造业集群,这就造成排放大量污染物,这是负环境外部性的集聚发展造成的影响和危害。弗兰克(Frank)(2001)认为欧盟 200 个城市密集区环境质量恶化。相反,一些学者认为,产业集聚会加剧企业之间的竞争,企业的技术和管理水平亟待优化同时开展环境保护行动,降低对环境的污染,来提高竞争优势占据有利位置,这也就是正环境外部性的集聚发展带来的优势。鉴于此,闫逢柱(2011)等利用 2003~2008 年中国两位数代码制造行业的数据和面板误差修正模型实践证明产业集聚在短时间内对环境保护有正外部性效应,而长期外部性效应很难确定,不具有必然的因果关系。另外产业集聚的强度也对环境有着不同程度的影响。李勇刚(2013)等选取中国 1999~2010 年 31 个省、市、自治区的面板数据作为分析样本,从全国层面和东、中、西部三大地区层面上,实证考察了产业集聚对环境污染的影响关系,指出产业集聚有助于降低污染程度,产业集聚并不是近年来环境污染和生态破坏加剧的原因;对外开放程度越高,对环境的污染越严重;整体而言,"污染避难所"的假说不适用于中国;产业集聚对环境正外部性效应存在明显的地区差异,一般来说,东部地区大于中西部地区。稳健性检验后发现产业集聚对环境污染具有"U"形影响,且产业集聚和环境污染二者关系处于"U"形曲线左方的下降阶段,因此可以得出产业集聚达到一定程度时将有助于改善环境污染的结论。

4.产业技术升级对生态环境的影响

逯元堂(2011)等以环境作为出发点,将基尼系数和因素分解相结合以对结构整合带来的环境效应进行研究,并且指出虽然逐步增加了对产业结构的整合力度,但是带来的收效并不明显,存在于各个产业之中的污染排放不公平的现象依然存在,而且不同产业之间的差距也较大。相对于此,研究者对减排影响因素分解比对而得出结论,通过技术创新和技术提升将污染减量排放的办法卓有成效。从广义上来说,技术带来的成效能够大大地减少因为工业生产发展带来的规模扩张而产生对于环境更严重的危害,而且甚至可以远超出此种负面影响。郭子琪(2015)等利用中国1991~2010年的省际面板数据,测算中国省际之间相关经济因素对环境污染地区间不平等的重要性,实证结果显示,在环境受不同程度影响这一情况下,经济发展的水平、产业结构的状况是造成这一差异最为重要和突出的因素。

(三)区域产业专业化及地方保护对生态环境的影响

白重恩等(2014)采用动态面板估计的方法研究了中国区域产业专业化的决定因素,特别关注地方保护主义。在过去利润率和国有股份占比都很高的行业,地理集中度较低,反映出地方政府对这些行业的保护力度更大。这些证据也支持区域产业专业化的规模经济理论。最后,发现中国区域产业专业化在20世纪80年代中后期出现了显著的增长趋势。区域产业专业化与区域内频繁的贸易交流是分不开的。贸易促进了专门化,而专门化反过来又使贸易获得更多的好处。要了解区域产业之间的贸易模式,需要研究区域产业专业化的决定因素。因此,生产中的区域聚集研究一直是区域经济学研究的一个重要领域。然而,关于这个主题的许多实证文献都是使用地方数据完成的,因此重点关注经济活动的区域产业专业化情况。这种方法有两个优点:一是地方单位更容易获得可比数据,二是它避免了在国际研究中控制不同国家机构差异的困难。

人们提出了一些理论来解释经济活动的区域产业专业化。一种理论首先强调了不同区域之间资源禀赋的差异。其次,对于那些按规模回报不断增加的行业来说,存在一种自然趋势,即生产集中在少数几个地方,而不是分散在许多地方。最后,即使对于那些按规模计算回报持续增加或减少的行业来说,一个公司的生产成本(或其引进新产品和服务的能力)也有可能由于同一行业中其他公司在同一地区的存在而降低(或提高)。这种溢出效应或外部经济可能会导致生产的区域集中。虽然大家都很清楚贸易和专业化的好处,但实现这些好处的一个先决条件,即跨区域和国家的货物和服务的自由流动,并不总能得到满足,因为国际和国内地方可能存在保护主义。保护主义造成了贸易壁垒,使贸易更加困难,专业化带来的益处减少。因此保护主义对专业化程度产生显著影响。

中国区域产业专业化与国际专业化有许多共同特征,在国际贸易和区域经济学研究中受到了相当大的关注。第一个区域产业专业化理论是国际专业化资源禀赋理论的自然延伸(俄林,1933)。不同的地区拥有不同的自然资源和人力资源。当不同区域之间的贸易成为可能时,每个区域都专注于生产商品和服务的一个范围。专业化的模式是由资源禀赋和技术能力共同的区域比较优势所决定的。然而需要注意的是,这一理论是建立在一个重要的假设基础上的,即生产要素是不可移动的。因此对固定资源的大量使用的产业具有区域集中的特点。区域产业专业化的第二个理论来自国际贸易的规模经济理论(克鲁格曼,1991)。在一个行业有一个显著的固定生产成本或减少平均可变成本的生产,公司将享受较低的平均生产成本生产或提供大量的商品和服务,从而提高公司的竞争力和增加对其产品的需求。积极的反馈最终导致生产的高度集中。因此区域集中度更可能出现在按规模回报递增的行业中。第三个区域产业专业化理论是外部经济理论(马歇尔,1920)。同一行业内其他公司在同一区域的存在会产生积极的溢出效应,主要有三个途径:产业集群吸引专业供应商、劳动力市场集中、促进知识溢出。前两种渠道意味着公司的生产成本通过在同一行业的其他公司集群而得到降低,而第三种渠道则表明公司更有可能通过集群开发新产品和服务。在这三个渠道下,都产生了积极的反馈,最终促进了工业生产的区域产业专业化。因此拥有重要外部经济的产业区域产业专业化程度更高。

以上三种传统的区域产业专业化理论的前提都是商品和服务跨区域自由流动。如果每个区域都是孤立的岛屿,那么各区域的工业生产就不会有任何专门化,即使存在规模经济或外部经济,或资源禀赋方面的显著差距。一般来说,区域间存在货物和服务贸易,但是这种贸易的便利程度取决于地方保护主义的严重程度以及其他因素。因此,区域产业专业化的程度取决于地方保护主义的程度。应该指出的是,几乎每个国家的地方政府,无论其经济发达与否,都有保护本国工业的动机。这是因为地方政府依靠地方产业来获得税收。此外地方产业一旦赢利,就会为当地人提供稳定的就业机会,这对于经济发达经济体的产生和转型经济体的社会稳定至关重要。为确保稳固的税基和保持就业,地方政府可以设立各种贸易壁垒,以保护地方产业不受区域间竞争的影响。这个问题类似于国际贸易中的保护主义。然而与国家间的国际贸易相比,确保区域间贸易的顺利进行应该更容易,因为中央政府确实对地方政府拥有制约的权力。事实上,在美国,宪法禁止征收州际关税。这大大地促进了商品和服务的区域间贸易,并导致了工业生产的区域产业专业化。

在中国过去几十年的经济转型过程中,尽管地方保护主义不时成为一个严重问题,但各地区间的商品和服务仍有大量流动。地方保护主义产生的主要原因是改革时期经济政策的不匹配。改革开放前,中国实行高度集中的财政制度。所有的税收收入都必须首先上缴中央政府。国家计划委员会有权决定地方政府的支出和中央资金的收入。这种制度将税收和支出与地方政府脱钩,对地方保护甚至地方生产几乎没有激励作用。自1978年以来,实行了财政分权,使地方政府能够保留所收税收的一部分,从而使地方政府有强烈的动机保护地方产业。很难直接衡量中国地方保护主义的程度。保护不是通过对区域间贸易征收关税或设定配额来进行的,而是通过颁布地方性法规,从实际利益上对地方工业进行保护。例如,上海市政府根据当地生产的乘用车的技术规格制定了环保法规,从而保护了当地的汽车行业,有效地将其他地区生产的汽车拒之门外。这些保护手段在性质上是特殊的,很难制定出一种适用于所有行业的措施。

区域产业专业化及地方保护的现象普遍存在,对生态环境的影响是正反两方面的。有利的方面,区域产业专业化及地方保护能够在一定程度上保障区域内同质产业的聚集,容易形成强大的聚集效应,能够促进区域产业与生态环境的协同发展的可控性;不利的方面,区域产业专业化及地方保护由于过分聚集同质产业,不利于形成不同产业间的互补利用,无法实现产业间的合理优化布局,有可能会造成某一生态资源被过度利用,导致区域产业与生态环境间的不均衡发展。

三、生态环境因素对产业发展的影响

(一)环境规制对产业发展的影响

1.环境规制对产业竞争力的影响

"污染避难所假设"(Pollution Haven Hypothesis,PHH)是关于环境规制对产业竞争力、区域产业转移的影响最著名的理论。污染避难所假设主要阐释了高污染企业往往倾向于在环境规制、对环境保护要求较低的国家建厂生产,而一般来说发展中国家的环境约束较小,环境政策较为宽松,因此对于高污染企业或者具有生产污染密集型特点的产业具有比较优势。格里莫(Grimaud,2005)构建了经济发展和技术进步与环境污染的关系模型,研究发现制定环保政策并不会阻碍经济的增长,并且有助于转变经济增长方式。傅京燕(2010)等人通过研究指出,中国不是发达国家高污染企业的承接地,"污染避难所"的说法在中国很难有立足之地。进一步通过计量分析得出,环境规制对产业竞争优势的影响呈"U"形,现在中国的环境规制水平还处在"U"形曲线的左端,但是不能因此而降低环境规制的水平,不去实现发展方式的转变。魏玮(2011)等人构建了一个解释"污染避难所"效应的理论模型,证实了"污染避难所"效应对国内区域之间的产业转移有影响。在中国相对于西部产业而言,环境规制对中部地区的产业影响则更大。相对于低污染企业而言,环境规制对高污染企业的影响更大,并且这种影响会随企业资本密集程度的增大而减小。王文普(2013)通过空间杜宾模型(Spatial Durbin Motel)检验了产业竞争力与环境规制的关系,指出环境规制有较高的正空间溢出。徐敏(2013)等在基于"波特理论"效应的前提下,通过研究有可能引发区域之间的环境竞争行为,发现严格的环境规制将会阻碍产业集聚的发展这一悲观结论不成立。严格的环境规制和政策带来的压力能够刺激重度污染产业进行技术、管理等各方面的创新,但是即便如此创新效应仍然难以抵消产业集聚下降给竞争力带来的损失;环境规制对中度污染产业产生的创新效应不是很显著,但是由于产业集聚效应的相对增强,提高了中度污染产业的竞争力;环境规制激发轻度污染产业的创新效应和产业集聚效应都不显著,对产业竞争力的影响也比较疲软。创新驱动效应和产业集聚效应的有机结合,才能达到环境质量和经济发展双赢的目标。

2.环境规制对产业结构的影响

弗朗西斯科·里科(Francesco Ricco,2007)通过对影响污染物排出多少因素的研究,发现污染排放、减排的投入以及相应弹性值的大小是决定性因素。同时指出技术创新和物质资本积累在一定程度上有助于减轻因严格的环境规制带来的压力,从而实现经济和环境共同发展的目标。李强(2013)以鲍摩尔(Baumol)模型为基础,构建了一个环境规制和产业结构调整的关系模型,根据统计年鉴查找信息的方式,查找了2002~2011年中国30个省、自治区、直辖市的面板数据,在利用这些信息的基础上研究环境规制对产业结构的影响,指出愈发严格的环境规制和环境政策会加快经济结构的调整和升级的速度,降低第二产业的占比,提高第三产业的占比。同时指出不同的环境政策对产业结构的影响有区别,影响程度由大到小依次是城市环境基础设施建设、"三同时"环保投资、工业污染治理。徐开军(2014)等分析了环境规制影响产业结构调整的传导机制,通过动态面板模型,指出环境规制有利于促进产业结构的调整,愈严格的环境政策愈有利于产业结构的升级。张成(2012)等利用中国工业部门1996~2006年的数据,总结出环境规制对产业集聚程度的影响,指出适度强化环境规制水平,不仅有利于保护环境,优化资源配置,淘汰落后产能,解决结构性产能过剩,还有利于提升产业集中度,增强中国企业在国际上的竞争力。

3. 环境规制对产业绩效的影响

对于环境规制对产业绩效的影响这一问题国际上仍然存在异议。第一种观点流行于20世纪70年代初至90年代初的美国,认为环境规制不利于产业绩效的提高。以新古典经济理论为代表阐述了产业绩效下降是实施环境规制的必然结果。学者格雷(Gary,2005)收集了1958~1980年美国450个来自制造业企业的增长率数据,提出环境和安全规制均不利于提高生产效率和产能。第二种观点源自"波特假说",认为合理的环境规制和环境政策能够驱动企业创新,积极研发新技术、完善管理机制,从而提高产业效率产能和国际竞争力,弥补甚至获取的利润超出了企业因治理污染额外承担的成本。这一观点在2006年浜本(Hamamoto)对日本制造业的分析中得到了进一步的支持。第三种观点认为环境规制对产业绩效的影响具有不确定性,可能产生正面效果也可能是负面的影响,由于受到除环境规制以外如产业结构等因素的影响,该结果具有不确定性。马辛达(Majumdar,2001)等对美国150个电力企业进行实证分析得出结论:合理的环境法规有利于提高效率,反之则不利于提高效率。薛伟贤(2010)等对环境规制在中国的应用进行评估,指出"命令—控制"型环境规制工具在节约成本方面具有较多的优越性,但缺乏技术激励的效果;严格的环境规制可以促使企业进行技术创新,但会抑制外商投资资金和技术等要素的流入,但是将对产业绩效产生的影响目前还不能确定;就中国当前的环境规制水平来看,无论从效果角度还是从效率角度来看都不是很高,而且省域之间的差距较大,但从长远来看,区域对环境治理的要求呈现出逐年上升的趋势。

(二)资源环境约束对产业发展的影响

迪迈(Dumais,2002)分析了区域产业分工中产业集聚的动态过程和自然资源的作用。孟昌(2012)认为资源、能源耗费太高是中国产业发展所面临的一个最为突出的问题,中国与其他国家相比,在国家的自主创新能力和管理水平方面还有很大差距。李超(2011)等在充分利用中国城市层面数据的基础上,对可能造成现阶段产业发展形成的空间差的影响因子进行了验证,并指出我们国家现阶段的经济产业发展的空间集聚特点非常明显,产业集聚差异十分明显地表现在东、中、西部。朱英明(2012)等基于新经济地理学框架得出结论,中国现在一些城市所出现的水土资源短缺问题,大多是在各地城市化、工业化的建设过程中,基于需求主导而带来的市场性短缺,而不是我们所担心的资源型水土资源枯竭。在现阶段的中国,经济不断发展、日新月异,而同时带来与资源环境之间的矛盾日益严重,怎样积极主动地进行产业结构调整、优化以及协调经济、资源、环境三者的关系,从根本上来消除矛盾的对立局面,实现国家经济的可持续发展,这个棘手的问题需要更多深入的研究来提供解决方案。

四、绿色环保条件下区域产业创新管理研究

(一)提高环境保护认识

区域产业与生态环境协同发展需要提高工业企业对环境保护的认识。工业和工业产品在通过原材料的发现和提取、转化为产品、能源消耗、废弃物的产生、消费者对产品的使用和处置的全过程中,不可避免地会对自然资源产生一定的影响。这些影响可能是积极的,即提高资源的质量或扩大其使用范围,也可能是消极的,因为生产过程可能会导致产品污染以及资源消耗或退化。工业活动对环境的负面影响最初被认为是区域内的空气、水和土地污染问题。第二次世界大战后,工业的扩张并没有引起人们对环境的太多关注,进而导致了污染的迅速严重。德拉米尼(Dlamini,2001)对这方面的问题做了认真考虑,并对未来趋势进行了预测,认为需要大大加强能够控制和防止工业污染的措施。如果不这样做,由于区域产业与生态环境发展不协调而导致的污染将会对人类健康造成严重的损害,并可能在某些区域变得无法容忍。与此同时,区域产业与生态环境发展的不协调对贫穷和生态系统的威胁将继续增加。它承载着广泛的社会责任,必须认识到生态环境保护的重要性。为此,所有工业企业和行业协会应制定全公司或全行业的资源和环境管理政策,包括遵守国家的法律和要求。

目前,各行业对区域产业与生态环境协同发展的重视程度越来越高。企业在其管理战略中,除了重视资产负债表或盈利能力等财务事项外,还加强了对声誉、诚信、组织、团体或整个社区利益等概念的重视程度。当今世界,对生态环境破坏的整体敏感性使得工业企业对环境认识更加深刻。企业在环境污染中扮演着重要的角色,由于人们的敏感性,企业有义务关

注环境保护,并将其作为一种竞争手段。一个存在的事实是,环保企业因其环保资质和环保奖项而获得消费者的好评和赞赏。简而言之,实业家和商人应减少对其生产活动有害的技术研发和推动。因此在可持续发展过程中,区域产业需要有一个共同的目标,而不是卷入经济发展和环境保护之间的冲突的漩涡。

(二)推进绿色创新管理

区域产业与生态环境协同发展需要推进绿色创新管理。2015年10月29日,中共十八届五中全会第二次全体会议明确提出了创新、协调、绿色、开放、共享五大发展理念。新发展理念符合中国国情,顺应时代要求,对破解发展难题、增强发展动力、厚植发展优势具有重大的指导意义。区域产业与生态环境协同发展,需要在绿色环保理念下,通过有效的管理手段,促进二者的协同发展。随着区域产业结构的不断优化升级,创新的环境影响受到关注,生态创新、环境创新等新兴创新范式纷纷涌现,成为驱动社会迈向可持续发展的重要因素。伴随创新与经济活动的外部性等影响,全球越来越重视环境与生态议题以及其危害所带来的挑战。以中国为例,改革开放40多年的高速经济发展产生了越来越多环境污染、经济外部性、发展不平衡等社会问题,国家创新驱动发展与制度转型正在面临经济发展与生态环境保护的双重目标。从20世纪80年代末期开始,中国环境保护与可持续发展政策经历了五个方面的转变:将环境保护作为基本国策转向以可持续发展为国家战略,从污染控制转向生态保护,从末端处理转向源头控制,从污染源节点处理转移到区域环境治理,从行政管理手段治理污染转向经济与法律手段结合治理的方法。

绿色环保条件下区域产业创新管理主要包含可持续创新、生态创新、绿色创新、环境创新等四方面的核心概念。在1980年世界自然保护联盟全球自然保护策略报告中最早出现可持续创新,认为其是通过保护与发展相结合,以确保全球所有人的生存福祉。可持续性同时强调人的现代发展需要不应当以牺牲后代人的利益为代价,可持续创新需要通过创新的手段实现社会可持续发展与人类需求的满足。1996年,学者福斯勒(Fussler)和詹姆斯(James)的研究中最早出现生态创新,他们认为研究与实践应当重视那些为顾客与业务创造价值的新产品和新工艺,这些新产品和新工艺同时能够显著降低本身对于环境的影响。2007年,著名学者坎普(Kemp)和皮尔森(Pearson)进一步认为,生态创新是那些与产品、生产工艺、服务、管理手段、商业模式相关的生产、吸收、开发行为,这些创新行为在其整个生命周期之中能够显著降低对环境的危害与污染,减少资源使用的负外部性。2002年,德里森(Driessen)和希勒布兰德(Hillebrand)认为绿色创新的本质不在于面向可持续发展的创新活动降低环境压力,而在于创新活动本身对于环境创造积极意义与价值,比如由技术创新所产生的能源节省、污染保护、废弃物循环利用、绿色产品设计,抑或公司环境管理改进等。2009年,奥尔特拉(Oltra)和圣吉恩(Saint Jean)最早提出环境创新的概念,他们认为环境创新包含新的与改进的工艺流程、创新实践活动、创新系统及产品,它们最终有利于环境并对环境可持续产生价值。

绿色环保条件下区域产业创新管理,其在原有的产品和流程等维度的基础之上,进一步延伸了创新活动与创新行为的内在维度,包括设计维度、用户维度、产品服务维度、治理维度。

1.设计维度

环境与生态创新的设计维度决定了创新活动整个生命周期中对于环境的影响,其包含组件增量、子系统变革及系统变革三个方面。组件增量也即在创新产品开发过程中通过增加部分产品功能与产品组件,提升产品创新本身的环境质量,从而最大限度地降低产品、流程、系统创新所产生的负向环境影响。譬如对于汽车的尾气排放污染影响,技术创新开发了汽车内部的尾气排放催化转化器,嵌入汽车尾气排放滤化装置,实现碳氧化合物、一氧化碳、碳氢化合物的排放控制与减排。子系统变革同样通过设计改进实现环境的减弱效应,并提升人员对生态环境与能源的高效利用。系统变革是对创新产品与流程体系的重新设计,以使形成的产品与流程创新满足生态友好的发展需要。譬如产品废弃物的回收再利用,新能源汽车等突破式创新的社会推广,太阳能设备的产品创新与市场普及等,都强调了能源利用、节能减排、绿色友好、可持续发展等系统变革背后的环境与生态创新设计理念。

2.用户维度

用户维度包含用户开发与用户接受两个方面。用户开发强调用户在产品定义、设计改进、研究与开发中的重要作用。企业应当重视从创意产生到产品商业化全流程各个阶段用户的重要作用,尤其是领先用户的重要价值,并有效地与用户开展产品开发各个阶段的协同合作,用户在此既是产品的开发者,也是产品的使用者。然而这种用户参与开发的模式,一方面有利于提升产品功效的改进,但无法较大程度地满足企业突破式创新的需要,因为用户受到现有产品使用的思维限制,并对复杂的产品与工艺缺少知识储备,也对突破式的创新有所排斥。由此,企业利用用户实现创新产生到新产品商业化,需要平衡探索与利用的关系,有效激发用户作为创新源对于创新的重要价值,并通过用户对环境与生态议题的反馈,实现环保条件下的创新管理。用户接受关注创新应用对于用户行为、用户实践行为等方面的变革影响。通常快速与规模化的用户使用是创新成功的重要标志,且用户对于创新的接受很大程度上受到社会价值观与社会规范的影响。譬如社会对健康的追求就有利于绿色食品、绿色蔬菜等获得利基市场的创新成功。

3.产品服务维度

产品服务维度包含产品与服务的交付方式改革、产品与服务所嵌入的流程与关系的价值链改革。产品与服务的交付方式改革强调产品与服务与客户的互动以及在客户消费关系中的感知。绿色环保作为一种理念与生活方式嵌入客户认知与消费习惯,这有助于企业环保创新行为的市场回馈以及企业持续环保创新行为的动力与战略提升。譬如企业从卖产品转向卖服务包,提供产品的租赁,产品使用环境的维护与废弃物的回收等,实现客户对于环保意识的嵌入以及企业长期的关系互动。产品与服务所嵌入的流程与关系的价值链变革主要聚焦于产品与服务的价值网络,价值网络能否创造一个绿色环保的正向资源循环,并同时实现企业及其利益攸关者的可持续发展,是环保条件下创新管理的核心。例如有资质的环保企业通过绿色产品与服务的价值宣传获得利基市场的垄断优势,从而实现企业环境与生态创新向持续竞争优势的转换。

4.治理维度

环境与生态创新的治理维度涉及所有制度层面和组织层面的环境创新解决方案,以实现企业层面竞争优势提升与社会层面环境正向效益反馈的双重目标。这其中环境法律、环境规范、环境评估标准等行政干预手段以及环保补贴、环保创新优惠等激励手段,有利于实现企业以及全社会对于绿色环保条件下创新活动的重要审视与战略重视。

(三)实施绿色营销策略

实现区域产业与生态环境协同发展的目标需要大力实施绿色营销策略。随着工业化的进程,环境问题已经成为全世界关注的焦点。工业化伴随着快速的城市化和人口增长,提高了福利水平;另一方面,过多的生产和消费等因素导致了自然资源的减少和环境的迅速污染。为了尽量减少这种污染的影响,今天人们表现出对环境的兴趣更加敏感。当商品对环境是否有害的标准被纳入影响消费者购买决策的因素时,企业开始为市场提供环保产品,即绿色产品。可见环境友好型生产增加了竞争力,降低了成本,有利于克服立法障碍。市场营销是社会背景下公司与市场之间的桥梁,以盈利的方式满足顾客的需求是营销思想的主要关注点,也是市场经济的核心。绿色营销的一些优势是确保持续的长期增长和盈利能力。环境营销或绿色营销被视为实现可持续发展和满足不同利益相关者的工具。基于对相关文献的回顾,波隆斯基(Polonsky,1994)指出了企业采用绿色营销的几个可能原因。绿色在商业上是有意义的。凯勒(Keller,1987)、希勒(Shearer,1990)指出绿色营销被视为实现组织目标的一种手段,将绿色营销描述为"负责识别、预测和管理的整体过程"。从长远来看,它节省了资金,尽管初始成本更高,它帮助公司推销产品和服务,并牢记环境因素。它有助于进入新市场并享有竞争优势,大多数员工也对在一家环境责任公司工作感到自豪和负责任。但是当一些企业自愿为环境采取预防措施时,另一些企业则在一些压力集团(消费者、利益相关者、雇员、政府等)的推动下,实现了自我和谐。在当今世界,环境友好型企业越来越受到欢迎,它们可以有效地使用自然资源,并且有效地阻止把固体废弃物、水污染等排放到自然环境中。这些企业通常非常重视地球宝贵的自然资源,认识到自然资源逐渐走向枯竭,并提高了回收或再利用废弃资源的敏感性,不仅仅是为了遵守环境保护法律,更是出于主动寻求变化的目的。虽然有学者认为,企业面临的环境保护和对环保产品和服务的需求日益增加的挑战。绿色营销对于产业企业来说是一个非常重要的问题,因为工业企业面临着有限的自然资源。所以他们必须开发新的或替代的方式来满足这些无限的需求。最终绿色营销着眼于营销活动,主要涉及如何利用这些有限的资源,同时满足消费者的需求,无论是个人还是行业,以及实现销售组织的目标。

(四)制定可行的环境政策

实现区域产业与生态环境协同发展,要求相关部门制定可行的环境政策。全球环境问题、生态失衡、自然资源逐渐匮乏等事实,迫使各国必须开展区域和国际合作。然而环境问题的负面影响不仅影响到当前一代,也影响到下一代。这个问题的重要性已经逐渐被认识到了。许多国家大力呼吁在生产过程的开始就减少和防止浪费和污染,并通过使用清洁技术促进环境友好的生产和产品。解决浪费问题的最佳途径是采取一种从源头上减少和防止浪费的方法。为了实现这种方法,需要改变生产和消费的模式,甚至改变原有的生活方式和习惯。从比较广泛的角度来看,环境政策应该致力于积极为全人类提供积极有效的环境及预防措施,并构建组成人类生活基础的原则。虽然每个国家在环境政策方面都有不同的目标,但每个国家也都有共同的目标。这些目标包括确保人们生活在一个健康的环境,维护和发展社会环境价值观,以及确保合规地执行环境政策与正义的原则等。在执行既定目标的环境政策时,出发点无疑是找出整个社会追求的环境质量的程度。在这一点上,环境政策的主要目的是最大化地提供社会福利,使环境质量从社会方面保持在最有效的水平上。因此在制定环境政策以促进区域产业与生态环境协同发展时,必须意识到环境质量对社会的效率有多高,这是一件非常重要的事情。因此识别社会对环境的重视程度和对环境的价值判断可以作为制定环境政策目标的出发点。此外,需要执行的政策还需要遵循一些环境政策的原则。

五、区域产业与生态环境协同发展研究

通过以往的研究可以看出,区域产业与生态环境协同发展的问题,主要集中在区域产业与土地环境、大气环境和水环境协同发展的问题。纵观以往的发展模式,区域产业的发展往往以牺牲环境为代价,对生态环境保护的意识较弱。如何保障区域产业发展的同时顾及生态环境的可持续发展,是需要重点考虑的问题。

(一)区域产业与土地环境协同发展研究

土地生态系统是一切资源与环境的载体,但随着经济的快速发展,土地生态的恶化已威胁到土地安全,这是国家安全的重要方面之一。中国水土流失土地面积356万平方千米,占国土面积的37%;荒漠化面积达262万平方千米,是耕地面积的两倍,并且每年以2400平方千米的速度递增。据专家估计,土地污染造成的经济损失为125亿元人民币,土地沙漠化造成的经济损失为540亿元人民币。面对如此严峻的现实,保障土地生态系统的安全,是关系到人类生存和发展的重大问题,也是我们十分需要关注的科学领域。近年来,有关土地生态安全的研究大多集中在生态脆弱、敏感的山地、丘陵、沙地等地区,而对人口众多、耕地较少的发展地区关注较少。为了促进社会的可持续发展,有必要对开发区进行土地生态安全研究。

土地生态安全是一个新概念,源于近年来兴起的"生态安全"。土地生态安全、区域土地生态环境安全、区域土地生态安全、土地资源生态安全等相关概念尚未达到统一,但具有基本一致的含义。区域土地生态安全概念整合为一个区域均衡、健康、可持续、无污染、少污染的土地资源状况。土地生态安全评价是指对土地生态系统健康风险或破坏状态的评价。土地生态安全评价是土地生态环境安全研究的基础和核心,是土地生态环境安全分析、预测预警、土地规划与建设的重要保证。其目的是定量评价土地生态环境系统的功能及其对社会经济和农业可持续性的影响。一方面,土地短缺成为城市发展的瓶颈;另一方面,工业化和城市化使土地短缺和退

化更加严重。在区域经济增长过程中,由于耕地占补不足、土壤污染、过度开发等现象,不仅使土地质量和生产力下降,而且对生态系统造成威胁,进而影响其和谐与持续发展。

此外曹伟等(2000)、欧国良等(2015)认为"土地污染"由来已久,但是引起重视的时间比较晚,主要是由于不同原因受到污染的土地,容易对人体和环境造成潜在的危害,有历史遗留的原因,也有城市化进程所带来的产业规模及结构设置不恰当的因素。过去,主要由于生产力发展水平有限,致使人们对土地资源的使用不科学不规范,造成一定的破坏和污染。现在,主要由于工业化进程中,过分强调或看重经济利益而忽视甚至漠视对土地资源造成的危害。在资源及产品的开采、加工、生产过程中对土地造成的污染是当前土地污染的主要方式。具体包括工业煤气与天然气等能源的生产与储存、金属及非金属的加工制造、农药医药等化学品的生产使用、汽车船舶等产业的制造与维修、酿酒及食品的加工与生产、造纸印染及橡胶的工业化生产等。通常情况下,土地污染通过地下水的方式对人体健康造成非常严重的危害。土地污染中的污染物通常会经过雨水进入河流、湖泊、渗入地下造成扩散性危害,造成饮用水、灌溉用水、养殖用水等水资源的污染,进而影响人们的身体健康、食品安全等。2013年底,第二次全国土地调查公报称,中国农村有约5000万亩土地受到中、重度污染,城市土地受到污染的数量也极其巨大。土地污染不同于大气污染、水污染等其他类型的污染,它具有很强的隐蔽性,常常以"看不见的污染"示人,但其又具有综合性的危害。相关研究显示,中国全部污染物的90%最终都会回归土壤,造成土地污染。引起土地污染的重要因素是工业"三废"(废弃物、废气、废水)。工业废弃物主要包括废矿、废渣、污泥等,甚至包括具有放射性的废弃物。工业废水中通常含有大量的重金属,包括镉、砷、铬、铅等,除此之外还有有毒的氟化物,排放到河流中,通过灌溉等途径流向土壤,造成土地污染。工业废气造成土地污染的方式主要是空气中的有毒颗粒物、二氧化硫气体等经过雨水渗透到土壤里,造成土地污染。区域产业的发展是中国工业化进程的重要一环,毫无疑问,区域产业集聚发展对于经济发展做出了突出的贡献,但是也不可否认,过分追求经济利益带来的后果之一是对于生态环境的破坏,特别是对土地资源的污染,这种"看不见的污染"渐渐从"幕后"走到"台前",引起了强烈的社会反响。

为此,相关部门及组织应该建立土地污染的管理及防控机制,积极推进区域产业与生态环境协同发展。简单来讲,土地污染管理工作的重点是保护和治理,即对未经污染的土地实施保护,对已经污染的土地进行治理。

一是,针对土地污染成立专门的管理及协调机构,负责制定出台土地污染的相关对策,积极督促有关法律的出台,并严格监督落实。二是,利用多媒体、互联网等途径,加大曝光力度,加强舆论监督,通过外部压力促使各企业、工厂、作坊形成道德自律,早日建立起土地污染的防治机制及意识。三是,加强土地污染防控方面的研究,通过科学的途径加强对污染物性质的研究,研发适宜的整治技术,有效消除土地污染物,实现土地资源的恢复利用。四是,注重对土地污染数据资料的收集整理,要注重创新调查形式,精进调查方法,联合土地、环保、资源等相关部门,开展针对性的土地污染调查研究。对土地污染情况进行量化,设定评定指标,给出评定等级,明确防控的重点领域和区域。以此为基础,充分考虑区域产业分布及潜在的土地污染情况,积极探索区域产业与土地环境协同发展的内在机制。五是,加强对土地环境的日常监测,注重日常数据的积累。制定土地污染应急处理预案,提高对土地污染事件处理的反应速度。同时注重筹集土地污染防治资金,保障土地环境日常监测及土地污染应急事件处理的需要。

(二)区域产业与大气环境协同发展研究

雾霾天气对人们生活的影响越来越严重,从华北到中原乃至黄淮、江南、东北地区。笼罩了大半个中国,河北省尤其严重,石家庄、邢台、唐山、保定、衡水、邯郸、廊坊成为雾霾排行榜的"常客"。对此,国家高度重视,把环境治理明确列入《"十三五"规划纲要》,采取多项加强京津冀针对雾霾的联防联控措施,为此付出了大量的人力、物力、财力,例如规划出台《京津冀及周边地区大气污染防治中长期规划》等。究其原因,这与河北省区域产业结构失调、多聚集高污染型产业有关,例如钢铁、建材、石化、电力等行业,这些行业具有显著的污染排放多、能源消耗多的"两多"特点。回莹等(2017)采用主成分分析法分析大气污染中的二氧化硫、烟(粉)尘、氮氧化物的排放量,并用此三项指标代表雾霾污染综合指数,对数据进行降维处理,实现构建模型的目的,有利于分析河北省因发展区域产业而造成的雾霾污染的状况。通过区位商理论和主成分分析法得出结论:河北省第二产业所占比例偏大,排放二氧化硫等污染物的高污染产业比较多,包括煤炭开采、纺织业、医药制造业、石油加工、热力生产等,也是造成雾霾天气的主要原因之一;雾霾治理力度不断加大导致新兴行业的区位商值不断提高,释放出产业结构逐渐优化的信号;伴随着河北省经济的增长、产业结构不断优化,雾霾污染体现出从坏到好的变化过程;当人均GDP减少时会使得雾霾污染情况得到改善;增加对外直接投资、提高对外贸易依存度,能够有效地改善河北省雾霾污染的严重程度。

根据研究结论给出相关建议:注重产业结构升级,控制污染物的排放量,加大污染防治的投入,特别重视对硫化物污染的预防及处理,时刻贯彻"预防为主""防治结合"的理念,对高污染产业的准入严格把关,制定雾霾污染防治应急预案,筑牢京津冀区域大气污染防治的联防联控机制,以区域产业升级改造来减轻对大气环境破坏的程度;积极发展绿色产业,注重清洁能源的使用及推广,构建以环保产业为主的现代能源产业体系,推进环保产业的发展,以鼓励绿色产业发展的方式"打压"高污染产业,形成倒逼产业结构升级的势头;注重对外资的引进,积极促进对外贸易,利用外资企业防治污染的先进技术,实现河北省产业结构的优化升级;同时河北省应该有选择地转移和承接京津等地的产业,并依托京津等地的优质资源实现对自身产业的优化升级,重视区域补偿机制的建立健全,实现京津冀区域产业协同发展。

此外吴振信等(2016)基于空间面板结构向量自回归模型,分析了环渤海经济圈产业结构、大气污染以及经济增长之间的互动关系,发现大气污染推动了本省以及邻近省份的经济增长,而产业结构高级化对其经济增长未起到显著促进作用;经济增长、大气污染会推动本省以及邻近省份的产业结构高级化;无论是短期还是长期,经济增长是加剧大气污染的重要因素;从长期来看,产业结构高级化能促进本省和邻近省份的大气污染减排,但在短期仍会加剧其大气污染;经济增长、大气污染存在显著的溢出效应,产业结构高级化表现为"负效应"。

运用纳入时间和空间动态效应的空间面板结构向量自回归模型探讨环渤海经济圈大气污染、产业结构以及经济增长之间的空间效应和动态响应关系,以达到在理论上为大气污染联防联控提供理论借鉴的目的。用产业结构高级化和人均GDP作为衡量的指标,并进行数字化处理,消除可能存在的异方差,以此探讨与大气污染间的关系。得出结论:从长期而论,河北省及周边省份未受到产业结构高级化进程积极有效的影响,反而对经济增长起到反向抑制的作用,同时研究数据表明大气污染与经济增长存在正相关的关系。说明环渤海经济发展模式主要依靠高污染、高排放产业,产业结构优化升级缓慢,对于实现经济增长与大气污染减排的双重目标任重道远。从长期而论,经济增长和大气污染都能够促进环渤海经济圈的产业结构调整,但是大气污染以牺牲健康为代价,非常不可取;经济增长与大气污染具有显著的正向作用,也说明经济增长与环境保护的协同发展还未形成,产业结构高级化能够降低大气污染物的排放量,产业结构优化升级能够有效降低大气污染物的排放量。总之,环渤海经济圈依然以粗放型产业为主,经济增长与环境保护的协同发展有待于区域产业结构的优化升级。此外为有效地缓解区域大气污染状况,需要采取联防联控的手段。

(三)区域产业与水环境协同发展研究

水资源对于区域产业的可持续发展具有非常重要的意义,但是随着经济社会的不断发展,水资源短缺的状况日益严重,亟须改变现有的区域产业机构,优化水资源的利用结构,促成区域产业与水资源环境的协同发展成为当务之急。为此许多专家学者做研究,但是已有的研究大多集中在区域产业发展方面,或者集中于水资源保护方面,将二者结合起来进行综合研究的资料偏少。区域产业与水资源环境的协同发展需要综合考虑区域产业的特点和区域水资源的结构,在此基础上,才有可能实现协同发展。在实现二者协同发展的过程中,切忌追求经济利益最大化,还需综合考虑区域产业结构之间的协调性、均衡性,社会的稳定性及可持续性等。吴丽等(2011)就产业结构与用水之间的协调进行研究,并取得成果:在综合考虑社会、经济等因素的基础上构建了产业结构与用水协调的多目标优化模型。将模型应用到实际,取得不错的效果。产业结构对于水资源的利用方式起到决定性的作用,利用灰色系统理论对调整后的产业结构合理性进行评价,为了判断水资源系统演进的方向,采取计算产业结构与用水方式之间的灰关联熵,进而对产业结构调整方案的合理性做出判定。

陈妍彦等(2014)构建了水资源动态投入产出模型,目的是实现经济利益最大化和用水总量最少,以投入产出平衡、经济、水资源总量为约束条件,以投资系数视为动态变化的依据,探讨用水与产业结构之间的关系。以江苏省水资源状况和问题为例,构建了多目标动态投入产出优化模型,通过相关计算,得出各部门的用水量,具有明确的指导价值,有力地支持了江苏省制定严格的水资源管理制度。

许卫等(2016)把研究重点放在区域产业与水资源互动结构的构建上,重点分析了互动结构的演化机制及其过程和阶段,并以新昌作为实证研究的对象,检验互动演化机制的实际效果。得出研究结论:产业结构和水资源的互动演化是一个多层次动态变化过程,涉及的因素比较多,除了二者的互动的结构外,还受到创新机制、选择机制、扩散机制的影响;产业结构和水资源的互动演化从低级向高级可分为三个阶段,即低级均衡、协调阶段和高级均衡;新昌产业结构和水资源互动演化过程的阶段性特征比较明显,而区域产业转型升级是互动演化过程从低一阶段向高一阶段转变的关键。针对研究结果采取的措施:要根据区域产业结构与水资源之间所处的阶段,制定相关的政策建议,注重联防联控和协同发展,切忌盲目跟风;相关管理机构要明确产业结构与水资源二者互动演化各阶段转化的条件,积极发挥协调作用,搭建二者协同发展的公共服务平台。

第二节　高新区区域产业与生态环境协同效应度量系统实践研究

一、高新技术及高新区

高新技术是中国为便于应用先进的适用技术和高技术来提高产业的整体技术水平而特定采用的技术分类术语,是指新型技术、创新的成熟技术以及专利技术、专业技术和本国以及本地区前所未有的技术。高新技术的领域主要有信息技术、空间技术、航空航天技术、生物技术、新材料技术、新能源技术和海洋技术。高新技术产业的界定目前在世界上仍然不明确。经济合作与发展组织(Organization for Economic Co-operation and Development, OECD)曾将科研费用占销售额比例超过7.1%的称为高新技术产业,超过2.7%的称为中技术产业,2.7%以下的称为低技术产业。

在全球化的浪潮下,为了迎接世界新科技革命的挑战,提高中国高新技术产业的发展速度,国务院于20世纪90年代批准在26个资金、技术、劳动力等资源相对密集的大中城市建立国家高新区。国家高新区是依托区位优势和国家政策支持建立的,集国内发达的科技、丰富的资源并充分吸收国外先进的管理经验、吸引外来投资的区域,该区域能够将科技成果最大限度地转化为生产力以实现效益最大化。按照国际高新区的发展历程和发展规律来看,高新技术产业的集聚发展也同自然界生态系统的演变过程一样,遵循着自身的规律。高新技术产业集聚一般可以分为要素群集阶段、产业主导阶段、创新突破阶段和财富凝聚阶段。目前中国的大部分高新区正处于由“产业主导”阶段向“创新突破”或“财富凝聚”阶段转变的关键时期,也就是向“二次创业”大踏步迈进的阶段。在这个阶段当中,高新区的发展无论是从经济上、技术上还是管理组织上都显示出极大的发展潜力和广阔的发展空间。可以说,高新区充分发挥知识、技术密集的优势,助力中国创新体系的发展和完善,在经济贡献上始终保持着持续快速发展的良好态势,已经成为中国国民经济持续增长不可忽视的强大力量;在科技贡献上,吸引和培养了大批的科技人才,企业自主创新能力不断提高,高新技术产品种类不断丰富,高端产业逐渐形成。

但是中国高新区在取得成绩的同时，不可避免地存在诸多问题，主要表现在高新区的环境污染具有隐蔽性、滞后性、协同性、累积性和连带性的特点，极易被隐藏和忽略；多数园区盲目追求电子信息、新材料等高附加值热门产业，缺乏对入园企业的限制和管理，造成园区产业结构雷同，缺乏特色产业，产业竞争力不强；部分高新区依靠优惠的土地和财税政策，大量圈占土地，盲目扩大，造成单位土地产出率低下、园区载体建设粗放；科技创新的软环境建设还有待提升，技术创新缺乏应有的激励与保护机制，比较完善的科技创新孵化体系尚未建立等。

二、高新区区域产业与生态环境协同效应度量系统研究与实践

在20年的发展过程中，高新区已经成为推动高新技术产业发展的中流砥柱，成为孕育高新技术产品的摇篮，为整个社会发展带来巨大的经济效益和社会效益。全世界的高新技术开发区在获得如此大的成就后，高新技术产业本身的局限性、高新区对资源能源的使用强度及其废弃物的排放对环境造成的污染等生态问题在最近20年逐渐地显露出来。为了解决这些隐患，全球范围内的专业人员都在试图寻找一个能够使高新区持续发展的模式。目前对中国针对高新区区域产业与生态环境协同效应度量系统建设的研究，学界主要从与传统工业园区建设异同比较、生态化建设模式、生态化管理、评价体系等几个角度入手，多以某个高新区作为案例，进行应用研究。

与高新区区域产业与生态环境协同效应度量系统建设研究同步，高新区区域产业与生态环境协同效应度量系统的建设实践也取得了较大成绩。截至2008年，三分之二的国家高新区成功通过考核，认证成为ISO14000环境管理体系示范区；苏州高新区被环保部命名为国家生态工业示范园区；华苑科技园、昆明高新技术产业开发区、潍坊海洋化工高新技术产业开发区、青岛高新区市北新产业园已得到同意开展国家生态工业示范园区建设的批复。其中苏州高新区起步最早，也是实践较成功的园区。苏州高新区在2002年即开展了循环经济试点工作，在行业内部与行业之间形成资源共享、副产品互用的"生态链"，使园区开始走上一条高质量、高速度、高效益、低污染、生态化的可持续发展之路。目前，苏州高新区已经成功培育了松下电工线路板产业链、福田金属废水代谢链等多条生态工业链条，完成200家循环经济试点企业和100项环保项目的引进工作，并在工作中联系自身实际有效地利用和节约资源能源并降低废弃物的排放，努力达成各项建设指标，在这个过程中探索出"以循环经济为理念，以ISO14000为管理

方法,以清洁生产为手段,'三位一体'全方位推进生态工业示范园区建设"的模式。

第三节　京津冀区域产业与生态环境
协同效应度量系统实践研究

近几年,针对京津冀区域产业与生态环境关系的研究日渐增多。张亚明等(2016)以生态效率为出发点,基于Window-SBM、PCA-SBM模型对京津冀13个地区2004~2013年产业生态化水平进行了测算。另外史宝娟(2017)等通过对京津冀区域产业发展的共生耦合机理的探讨,构建了共生耦合主体利益相关者关系模型,以上下游企业、科技服务机构、当地监管部门为研究重点,对它们之间的共生耦合关系进行了系统研究。基于对共生耦合主体的静态及动态博弈分析,进一步对各主体加入生态产业链须具备的微观成本收益、宏观奖惩政策等条件做了深入挖掘,并最终提出一系列建设性意见。

屠凤娜(2017)对产业创新生态系统的内涵、特征做了深刻剖析,并进一步分析了它的构成要素。对京津冀产业创新生态系统的现状进行了剖析,发现京津冀产业创新生态系统存在创新引擎带动不足、创新互补性不强、创新能力不均衡、创新环境吸引力有所减弱等问题,并提出具体的优化措施。

首先,构建京津冀产业创新生态系统的支撑体系。发挥京津冀产业创新生态系统各要素的优势,积极架构有效的生态联结。发挥企业、科研机构的创新资源的掌控者作用,促进京津冀资源的集聚和扩散,实现协同发展。同时企业需要加强与科研院所的联系,在科技成果转化中发挥积极的作用。中介服务机构需要明确产业创新生态系统连接者的角色定位,树立服务意识、提高服务能力,打破区域的行政壁垒,架起区域协同发展的桥梁。政府要注重发挥引导、推动及监督作用,保障京津冀产业创新生态系统运行。其次,打造京津冀产业创新生态系统的协同创新模式。促进产学研政的协调统一,注重搭建管理和资金平台,实现京津冀产业创新生态系统的构建。此外还要注重京津冀创新资源的信息网络建设及科技成果转化机制建设,既可以达到节约成本、提高利用率的目的,又能够缩短成果转化的时间,提高转化效率。再次,健全京津冀产业创新生态系统的协调机制。在区域层面上,形成京津冀区域利益协调机制,有效地串联起创新主体、创新服务和创新环境三个群落,促进区域间的协同发展。形成京津冀区域共享奖励机制,在共享中互通有无,取长补短,实现资源的优化配置,完善京津冀产业创新生态系统。此外还要注重产学研政的区域协同发展。最后,优化京津冀产业创新生态系统的发展环境。积极完善和健全相关政策法规以保障京津冀产业创新生态系统的有效运行,注重系统构成资源的聚集,包括人才、技术、资金等资源,营造自由流动和高效配置的环境,遵循市场规律,注重知识产权保护,优化京津冀产业创新生态系统的发展环境。

吕明元等(2018)基于生态化的角度,以实证研究和区域比较的方式,重点研究了产业结构对能源消费结构的影响。具体涉及以下几个方面:构建产业结构生态化指标体系,对产业结构的合理性与否、如何升级及可持续发展进行了探讨。以京津冀和长三角作为背景,他剖析了产业结构生态化演进的趋势及特征,进而构建了产业结构生态化与能源消费结构之间的ARDL模型,进一步分析了京津冀和长三角区域产业结构生态化与能源消费结构之间的异同。在以上研究的基础上得出结论:京津冀和长三角区域的产业结构生态化对各类能源消费结构均存在长期均衡影响,同时具有区域差异性。总体上,产业结构对能源消费结构影响程度从大到小依次为产业结构高级化、产业结构可持续化和产业结构合理化。相关部门在对京津冀和长三角区域进行规划时,不可忽视产业结构生态化演进对能源消费结构的影响作用,出台相应措施加大对能耗型、污染型传统产业的改造和转移力度,同时注重对新能源的开发和利用。此外,杨煜(2018)以实现京津冀产业协同创新作为出发点,提出"聚点—成链—织网—集群—升级"的发展路径。"聚点"就是以领军企业为抓手,发挥其突出的创新能力,以点带面促进区域产业协同创新发展。"成链"就是打造特色产业链条,以领军企业为核心,串联成链,形成京津冀区域特色产业链条,包括电子信息、先进制造、生物医药等优势产业。"织网"就是将京津冀区域的产业链条编织成网,打破区域行政壁垒,注重区域产学研协同发展,共同谋划整体布局及架构。"集群"主要是指创新群落的聚集,涉及高新技术产业聚集区、区域产业发展带、中小型产业创新区等。积极促进形成京津冀区域创新群落以及群落间的创新协同。"升级"主要致力于实现区域内产业结构调整和优化升级,主要有四个突破点,即创新文化、创新制度、创新政策以及公共服务能力。另外孙芳等(2018)以促进区域生态建设与产业经济协调为出发点,研究了冀北生态涵养区生态与产业协调发展的影响因素,并从生态建设项目推进、产业经营规模、生态建设与产业发展投资、资源节约型生产创新模式、生态与经济协调发展制度等几个方面给出具体的对策建议。

本章小结

本章主要对区域产业与生态环境关系的研究、高新区区域产业与生态环境协同效应度量系统实践研究、京津冀区域产业与生态环境协同效应度量系统实践研究状况进行了文献综述。分别从产业经济增长与生态环境质量的关系、产业发展因素对生态环境的影响、生态环境因素对产业发展的影响、绿色环保条件下区域产业创新管理研究、区域产业与生态环境协同发展研究等方面对区域产业与生态环境关系进行了研究。高新区是把科技成果转化为现实生产力的现实载体,但在其建设和发展过程中,也存在着环境污染易被忽略、单位土地产出率低下、园区载体建设粗放、科技创新软环境建设滞后等问题。依据生态工业理论,建设区域产业与生态环境协同效应度量系统也成为高新区实现可持续发展的重要途径。京津冀区域产业与生态环境关系的研究日渐增多,京津冀地区内部的产业转移有利于实现区域工业集聚及工业链重构,对于京津冀整体生态环境具有改善作用,但仍存在负面影响,部分产业园区与生态功能保护区重叠,会影响生态功能区的完整性,重化工业的沿海布局会破坏沿海地区生态环境。

第三章 区域产业与生态环境
协同效应度量系统构建

从现有的区域产业与生态环境协同效应度量系统理论和实践研究成果可以看出,区域产业与生态环境协同效应度量系统的构建能够在理论和实践中很大程度地反映整个系统的原则。循环经济理念是区域产业与生态环境协同效应度量系统构建的基础,从产业生态学出发,严格按照生产清洁化的要求,采用自然生态系统食物链、内生态位等的形成机制,通过重新设计构建物质、能源、信息的流动和传递方式,惠及企业间、企业与园区管理部门、基础设施、园区与园区之间,把它们连接起来,形成产业共生系统,促进物质闭环流动、能量高效利用及信息资源共享。本书通过对基于区域资源利用的协同度系统构建、基于资源环境约束的协同度系统构建和区域产业发展与环境协同度度量系统构建,以及对区域产业与生态环境协同效应度量系统构建中的生态产业共生网络构建模式、基于多目标规划的水系统优化系统构建、基于低碳视角的能源系统集成和基于GIS技术的信息系统构建进行了系统深入的研究。

第一节 基于区域资源利用的协同度系统构建

研究产业发展与生态环境的协同,就是要让区域产业的发展和区域自身的资源环境相适宜,一定要在具体区域中来进行,因为不同区域的情况不一样,对于经济与环境的发展要求也不尽相同。区域能够提供产业发展需要的资源,应当充分利用;而产业所需要的资源在该区域不能或很难提供,或者提供的成本很高,那就要避免有关产业的选择,及时更换。

区域的资源优势固然重要,但是它并不意味着一定能够成为经济产业的发展优势和竞争优势。纵观整个世界,地理条件优越、交通便捷的地方非常多,但最终成为发展优势和竞争优势的区域却很少。区域的优势资源决定了区域的优势产业,同样影响了区域的产业结构调整,影响了该地区的经济发展方向。合理规划利用资源,结合区域特征来发展产业,这既是产业发展与环境的和谐共生,也符合国家建设环境友好型、资源节约型社会的总要求。对于区域特征的优势多加利用,对于区域特征的限制在产业发展中多加规避,在对区域优势资源的利用程度视角下,建立区域产业与环境发展协同度的度量系统。

一、区域特征的优势利用

根据不同的区域特征,要结合区域优势发展最适合该区域的产业,这些产业的发展,既能够符合当地特色,又能够促进和加强当地的特色,同时不会产生大量的额外成本和额外排放,秉持"有限资源、无限发展,绿色经济、循环发展"的发展理念。北京作为中国首都,是中国的政治、经济、文化中心,在国内和国际上有着非常强的影响力和代表性。天津是一个联通国际的港口城市,同时也曾是北方的经济中心。河北省作为一个历史悠久的省份,包围京津,环抱渤海,有大量的矿物储量和平原,同时也是连接东北和华中地区的重要交通枢纽。

多年来,北京的经济建设取得了极大进展,第三产业的成长非常迅速,领先全国,率先在当地形成了一种以服务经济为主导、消费带动生产的高级产业模式。因此从区域资源上来看,北京有丰富的科技、金融、贸易方面的人才优势,应当妥善利用这种人才优势,结合北京的机场还有天津作为港口城市的地理优势,发挥科技引领和新兴产业孵化的作用,注重研发和使用,立足京津冀,辐射全国,影响全球。以中关村为主体,大力提高创新能力,促进核心技术产业和生产性服务业同步发展。利用北京在世界上的影响力优势,开放市场,吸引国际上的金融、经济、贸易企业进驻,在带来更多的国际贸易、国际金融行为的同时,提供大量的就业机会,也能够给国内的企业和人才提供更多学习的机会和培养空间。同时京津冀也要善于利用本身的自然和人文环境优势,大力发展旅游业。北京作为中国多个朝代的古都,在市区内有天安门、故宫、天坛、颐和园等众多的历史文化遗产;天津有着万国建筑博物馆和万国桥梁城市的美称,市内拥有原汁原味的英、法、意、德、日、西班牙等国家建筑风格的建筑群,包括文艺复兴建筑、古典主义建筑、巴洛克建筑,以及中西合璧式建筑等多种特色,这些都是国内乃至世界上永远无法拥有和复制的瑰宝。根据河北省旅游业发展总体规划纲要里的统计,河北省拥有世界遗产3处,国家历史文化名城4座,国家风景名胜区5处,国家森林公园9个,国家级自然保护区3个,国家AAAA级景区9个,各类旅游景点(区)430余处,同样拥有丰富的旅游资源。

在三次产业协同发展方面,将北京、廊坊、天津为轴线的区域重点打造成为高新技术及生产性服务业产业带。秦皇岛、唐山、天津、沧州等沿海地区发挥港口优势和制造业优势,注重与生态保护相协同,打造成滨海型产业带。发挥京广线优势,将保定、石家庄、邢台、邯郸等中心城市打造成为先进制造业产业带。发挥京九线优势,将衡水、邢台东部、邯郸东部、沧州西部地区打造成为特色轻纺产业带。沿张承线,联合北京、天津山区和张家口、承德山区地区,重点打造绿色生态产业带。

要充分利用京津冀区域及产业优势,合理布局汽车、新能源装备、智能终端、大数据和现代农业五大产业链,大力开发利用优势资源,才能实现京津冀地区的协同发展。

二、区域特征的限制规避

区域产业发展,同时要考虑区域环境和资源特征,要做到没有的资源不去用,不适合发展的不发展,优势不在的产业及时转移。

以新能源产业为例,虽然核能是目前最为成熟,也是应用最为广泛的代替传统火电的发展方向,同时沧州也在计划建立核电站。由于京津冀地区极度缺水,人口密集,并且大部分地区恰好处于地震带之上,而核电站作为目前"最安全""最环保"的能源,也是有前提的,必须建立在水源丰富、地质构造稳定的地区,并且要保证严格依法合规建设和运营。福岛核电站事故就是由于选址时忽视了日本是地震高发区的区域特征,虽然周边水资源丰富,但是仍然造成了非常大的风险和破坏,并且由于没有严格按照操作规范进行管理,造成了对环境的破坏范围和程度进一步扩大。因此尽管北京和天津对电力需求非常迫切,在雾霾如此严重的情况下,也不能盲目取消传统热电厂而去建设核电站,而是要经过多方考察研究之后,选择相对安全稳定的沧州来进行核电站建设,而后通过设备对京津冀进行供电。

此外区域环境特征结合区域发展目标的变化,也是一种区域特征的限制,要进行合理规避。即使是靠近原料产地,有丰富的原材料,或者是一直以来规模较大、较主要的区域产业,在现代经济发展过程中,特别是中国目前以低碳环保为核心目标,只要与此核心目标有冲突,就应当进行产业调整。例如石家庄和唐山的煤炭开采产业和钢铁行业,两地虽然都拥有丰富的矿产资源,但是由于长期以来无节制地发展,并且在发展过程中缺乏有效的监管监督,再加上没有一个合理的规划,也没有合理地进行产业升级,不遵循环保的理念,已经对两地造成了非常严重的甚至是恶劣的影响。石家庄、唐山两地的空气质量近十几年来严重下降,城市雾霾,乡村污染物对农作物的污染、工业废水对水体的污染等情况屡见不鲜。在目前中国传统能源转化率过低,钢铁产量严重过剩,京津冀地区空气质量严重不合格的客观区域特征情况下,必须进行产业调整、技术升级,甚至对严重不合格的企业直接关停。区域优势资源的转移,已经明确地告诉当地政府,当地已经不适宜再沿着旧的发展道路和方向继续走下去。

三、基于区域优势资源利用程度的协同度度量

对区域优势资源的利用情况,也决定了该区域产业和环境的协同情况。区域能提供的优势资源环境,应当充分利用,把产业向这个方向偏移,优势产业的开发要与当地资源环境相适应,既要促进经济发展也要顺应环境发展,还可以进一步在发展中让环境资源更完善,形成经济产业和生态环境的一种互利共生的协同局面。区域能提供的资源环境优势,如果能在产业发展中被完全利用起来,那么就证明区域产业与环境的发展达到了理想水平,即绝对协同。基于这样的思路,从确定区域的优势资源出发,找到区域的优势资源,然后评价优势资源对应的产业发展中对于资源的利用情况,最后提出度量产业和环境协同度的系统构建。

(一)区域优势资源的确定

要计算区域产业发展与环境的协同度,首先要对区域优势或者说是区域的优势资源进行界定。对区域中的各种适于不同产业发展的资源进行评价。设区域中有N种资源,在研究中不考虑多重资源对产业的影响和多重产业对一种资源的需求,则该区域可以发展N种对应的产业。对于每一种资源的评价,本书采用TOPSIS法,通过与最优值和最差值的比较来进行评判。

对于N种资源中的第k种资源,如旅游资源,需要由多个因素共同决定它的优势大小,如湿地面积、水域面积、气候条件、绿化面积、物种丰富度等等。假设可以决定的因素有s个,则对应各个因素的评价值为α_i。然后需要选择其他t个区域来进行比较,注意在t个区域的选择中,要包括该项资源优势比较强、产业发展得比较好的区域,该项资源优势一般、产业发展一般的区域,该项资源优势比较弱、产业发展较差的区域。这样可以获得第k种资源在各个区域情况的矩阵:

$$A_{ij} = \begin{vmatrix} a_{11} & a_{12} & \cdots & a_{1s} \\ a_{21} & a_{22} & \cdots & a_{2s} \\ \cdots & \cdots & \cdots & \cdots \\ a_{t1} & a_{t2} & \cdots & a_{ts} \end{vmatrix} \tag{3.1}$$

对于矩阵中的各值需要统一单调性,一般采用高优化,即数值越高越好,反向单调的则用倒数法调整 $a_{ij} = 1/a_{ij}$。在本章的系统构建中,假定矩阵里的各值都为正向单调后的结果。

对(3.1)矩阵各项做如下归一化处理:

$$b_{ij} = \frac{a_{ij}}{\sqrt{\sum_{i=1}^{t} a_{ij}^2}} \qquad (3.2)$$

由此,可以得到归一化矩阵 B_{ij}

$$B_{ij} = \begin{vmatrix} b_{11} & b_{12} & \cdots & b_{1s} \\ b_{21} & b_{22} & \cdots & b_{2s} \\ \cdots & \cdots & \cdots & \cdots \\ b_{t1} & b_{t2} & \cdots & b_{ts} \end{vmatrix} \qquad (3.3)$$

根据各决定因素的重要程度来分配权重 W_{ij},得到各项因素的加权矩阵 Z_{ij}:

$$Z_{ij} = W_{ij} \times B_{ij} \qquad (3.4)$$

在新矩阵 Z_{ij} 中,从各决定因素中选出最大值和最小值,得到资源的最优方案 Z^+、最差方案 Z^-:

$$Z^+ = (Z_{i1}^+, Z_{i2}^+, \cdots, Z_{is}^+) \qquad (3.5)$$

$$Z^- = (Z_{i1}^-, Z_{i2}^-, \cdots, Z_{is}^-) \qquad (3.6)$$

由此,对于所研究的区域中第k种资源来说,根据最优值和最差值,计算该区域k资源与最优的距离   ,与最差的距离 D_k^-:

$$D_k^+ = \sum_{j=1}^{s} (Z_{ij}^+ - Z_{kj}) \qquad (3.7)$$

$$D_k^- = \sum_{j=1}^{s} (Z_{kj} - Z_{ij}^-) \qquad (3.8)$$

综上,对于该项资源的评价B可以通过公式(3.9)求得:

$$B = \frac{D_k^+}{D_k^+ + D_k^-} \qquad (3.9)$$

由公式(3.9),B代表的评价值的值域为[0,1],B值越小越接近于0,说明该区域的这项资源离最优值越近,越有资源优势,如果利用起来能够促进产业很好地发展;B值越大越接近于1,则说明该区域中的这项资源离最优值比较远,不太有优势,产业如果真要发展起来也不会有很好的前景。同理,对区域中的其他资源进行评价,得到各自相应的B值。之后对各项资源统一进行比较,B值最小的就是该区域所有资源中评价最好的、最具有优势的资源。

（二）区域优势资源的利用程度评价

确定了区域优势资源，就可以大力发展该资源所支持的产业。区域特征下产业与环境的协同度，表现在这一优势产业的发展和对优势资源的利用程度上，对于发展情况和利用程度的评判来说，需要有多方面、多角度的综合评价，不太好去做精确的定量统计，因此在本书采用模糊评判的方法。模糊评判的方法有很多种，比如模糊综合评价、模糊建模、模糊层次分析法、云计算等等，本书采用较为简单也最为实用的专家评判法，由专家打分来确定。虽然在精确性上会存在偏差，但因为评价角度难以衡量，所以采用专家打分法能对产业的发展有更全面、更合理的评价。

将理想水平中产业发展对优势资源的充分利用的情况赋值为1，参考张东生教授在《基于TRIZ的管理创新方法》一书中的等级设定，将模糊评判方法下对于区域优势资源的利用程度分成六个等级，分别按利用得"非常好""好""适中""不太好""不好""非常不好"来进行判定，判定值分别赋值为1、0.8、0.6、0.4、0.2、0，（见表3-1）。

表3-1　模糊评判法中区域优势资源的利用程度等级及赋值表

评价等级	非常好	好	适中	不太好	不好	非常不好
赋值f_k	1	0.8	0.6	0.4	0.2	0

根据上表，每位专家对该产业进行评价打分，最终得到若干位专家对该产业评价的平均模糊赋值。可以得出的值域为[0,1]，越接近1，对产业评价就越好，进一步说明产业对优势资源利用得就越充分，产业与环境的协同程度就越高。因此用来表示该区域的产业与环境发展的协同度。

（三）区域产业和环境协同度的度量系统构建

一个完整的区域是由许多适合不同产业发展的子区域构成的，有的适合发展旅游，有的适合工业制造，有的金融业优势明显，有的技术信息高度集中，不同子区域的各自优势资源被利用的程度不一样，值为上文求得的。因此对于有m个子区域的整个区域而言，产业发展对环境的利用程度即区域产业的生态协同，协同度的计算公式为：

$$U = \sum_{k=1}^{m} \beta_k F_k , \sum_{k=1}^{m} \beta_k = 1 \tag{3.10}$$

对于公式（3.10），是每一个子区域中产业与环境的协同度，为各个子区域在整体中的权重，U是在区域特征视角下整个区域的产业与环境发展的协同度。U的值域为[0,1]，越接近1，说明该区域中产业发展与环境优势越匹配，优势资源被利用得就越好越充分，即协同度越高。若U等于1，那么当地的产业发展完全适合当地的资源环境,而且相应的资源也得到了完全利用,同时达到了经济产业的高速发展和资源环境的合理开发,也就是说区域产业与环境的发展达到了绝对协同的理想状态。

第二节　基于资源环境约束的协同度系统构建

产业对于环境的索取不能是无限的,产业的无限度扩张必将受到规模效应递减带来的影响,同时也要受到资源环境承载力的约束。资源环境承载力是衡量人类社会经济与环境协同程度的标尺,当经济活动对环境的影响超过了环境系统维护其动态平衡与抗干扰的能力,也就是超过了承载力。环境承载力决定着一个区域经济社会发展的速度和规模,在一定社会福利和经济技术水平条件下,区域的经济发展规模未顾及生态环境的承受能力,必然会出现破坏生态环境的行为,造成严重后果。资源环境承载力是经济发展的硬约束,是区域产业发展的框架,有限度地开发是可持续发展的关键。在产业与环境协同度的研究中,经济发展要"戴着镣铐跳舞","镣铐"不是枷锁,而是规范,是实现可持续发展战略的必然选择。

一、资源环境承载力理论

"承载力"这个概念最早起源于古希腊,畜牧业是其最初的应用领域,在亚洲及美洲草原区域,由于开垦和放牧等原因,超过最大承受能力,草地遭到破坏,逐渐趋于退化。出于追逐利益最大化的原因,相关学者开始将承载力理论运用到草原管理之中,以植被水平为自变量,以最大放牧量为因变量,探讨在保持或提高植被水平的条件下草原所能承载的最大放牧量,同时影响这一自变量的还涉及动植物的种类、季节变化、气候及管理方式等。

生态系统为人类提供生命资源并接受人类所排放的废弃物,随着人类对生活水平的要求越来越高及人口数量的不断增加,对生态系统提出日益严峻的挑战,在社会及自然环境、经济系统、生物多样性方面都表现出紧张的状态。生态系统弹性越来越小、承受的压力越来越大,如果不加以改善,可能会导致突然崩塌,后果不堪设想。因此生态系统的正常运行是以不超过某一极限为前提的。这一极限最好的表达方式就是承载力。承载力可以通过特定的数量关系进行表达,前提是不破坏自然环境以及经济、社会和文化系统的条件,这一数量能够间接表示生态系统的最大承受压力。

资源环境承载力评价是一种综合评价,主要涉及土地、生态、水资源、水环境、空气质量等方面。资源环境承载力,是指在一定时空地域范围内,不破坏区域资源结构及维持稳态效应能力的前提下,区域资源环境系统的承受能力,涉及人类社会经济活动的各个方面,具体分为资源和环境两个承载力的子概念。资源环境综合承载力的构成包含许多变量,包括自然资源变量、社会条件变量及环境资源变量等。从概念内涵的角度出发,资源环境承载力主要有以下四点特征:

　　一是,客观性。各种自然资源是人类存在和发展的前提条件,因此资源承载力是资源环境承载力的基础。在一定时间和空间范围内,资源的供给能力是有限度的,同时环境的容纳能力也不是无限制的,这表明资源环境承载力是阈值范围内的客观存在。从系统的角度来讲,资源供给能力和环境的容纳能力都是有一定限度的,基于区域资源环境系统在一定时间范围内的相对稳定性,说明环境承载力具有计算或评估的可操作性。

　　二是,有限性。从系统的角度来讲,区域资源环境供给力和容纳力存在一定的阈值,不可以盲目地奢求这种变化是无限制的。区域资源环境承载力必须在合理的限度范围之内,决不可逾越,否则会带来非常严重的后果。

　　三是,相对性。不可否认资源环境承载力具有一定的客观存在性,但是也不可忽略环境因素的作用,因为整个生态系统不是孤立存在的,具有无数的关联,尤其是随着经济社会环境的不断变化,随着科技水平不断提高,资源的利用效率也可以有效地提升,促使资源环境承载能力相应地提高,因此这种有限性又是相对的。

　　四是,可控性。区域资源环境系统结构发生变化可以引起资源环境承载力的改变,这种变化受资源环境系统自身的运动变化影响,更主要地受人类对资源环境所施加的作用的影响。但是,区域资源环境承载力的变动性是可以控制的,只要充分掌握系统内部的诸多辩证关系,在认识规律客观性和有条件性的前提下,依据生产生活实际,实现对资源环境系统的改变,为人类可持续发展的目标服务。

二、资源环境承载力约束

　　资源环境承载力本身是由水资源、土地资源、空气资源、矿产资源和生物资源组成的自然资源,结合人口、工业、农业、城市规模等对自然资源的需求和影响,相互协同,相互制约,达到在不继续破坏自然环境的前提下,构建经济稳定发展的框架。追求和研究资源环境承载力的目的是追求达到发展与保护的平衡,即不可避免的污染、排放与可实现的回收、吸收、再利用的平衡。

(一)京津冀资源环境承载力约束现状

京津冀地区具有很强的战略地位和经济地位。但是随着不断发展,京津冀区域出现了许多问题,例如,过多非首都功能在北京聚集,人口、交通、环境、社会等出现了一系列问题。此外水资源开采过重、大气污染严重、建筑垃圾处理不当等给社会带来诸多负面影响。在京津冀地区,人与自然关系变得紧张、资源环境超载、区域功能布局不够合理,出现"环京津贫困带",区域发展严重不平衡。区域协同发展是解决上述问题的有效途径,需要国家将京津冀放在战略发展的高度,把水、土地、空气、生态等资源环境承载作为刚性约束。

过度开发资源,使生态系统、水环境、大气环境遭受严重破坏,地球的环境达到了承载能力的极限。2014年《中国生态足迹与可持续消费研究报告》指出,中国的生态足迹远低于全球平均水平,但环境资源消耗的供应能力和承载力已经超载。河北省作为京津腹地重要水源地及北京和天津空气过滤的一个重要地域,必须保证清新的空气和绿色能源供应,在河北省建设绿色生态屏障。这个地区是支撑京津冀地区承载力,扩大生态环境容量的关键。

而在前文的分析中,河北的碳排放量仅低于山东,排在全国第二位,是碳排放污染的大省。河北地区以重工业发展为支柱,追求经济效益的提高,助推了工业化的提升,钢筋水泥过度生产,产能过剩。工业的发展已经超越了合理开发的范围,即将超过地区环境的承载力极限,对当地环境造成了严重破坏,被破坏的自然生态开始反作用于人们的日常生活甚至生存,雾霾、极端天气等环境问题都只是刚刚开始。在环境污染的重点地区,河北省的二氧化硫、氮氧化物、可吸入颗粒物全部严重超标,甚至达到150%,矿产大量消耗、饮用水稀缺、化石能源濒临耗竭,对自然资源的过度开发,甚至达到了压榨的程度,直接使得生态环境呈"超负荷"运转状态,大自然生态本身的恢复能力完全无法满足地区资源承载能力。作为人口密集大省,对健康的生态环境的需求更甚、更急迫。

(二)资源环境承载力约束的应对

资源环境承载力是对经济发展的强束缚,是地区产业发展的框架。各地加大研究力度,增加资金投入,针对自然资源环境承载力进行更加透彻深刻的研究,设立系统化计算标准,助力产业调整,将环境与经济发展保持在限度之内,从可持续发展的角度,以更大的力度进行深度协同。各个地区积极成立了有针对性的研究机构,对环境承载力进行研究,通过研究产业和环境数据,对各产业的能源使用,废弃物排放进行总量控制,及时监督。

目前京津冀地区在一体化过程中积极采取措施来应对资源环境承载力的约束,既满足约束条件,又实现了经济的高速增长。

1.提高现有资源利用率

为了实现低碳化发展的目标,就必须从源头进行控制,使用清洁能源,大力开发新能源,通过对油气资源和煤层气的开发利用来代替传统高污染能源。河北的一些煤炭企业,学习西方发达国家的做法,通过在使用前对煤料清洗加工的方法,对煤炭能源的污染进行有效的控制。洗煤可以去除无效杂质,减少这些杂质含量过高,燃烧时产生的无效废气粉尘污染,要知道这些污染并不是能源需求本身的必需产物。实际应用表明,将煤体进行清洗后再使用,其燃烧产生的废弃物比直接使用减少了将近50%。

2.进行废弃物循环再利用

通过分析论证,要明确可利用的废弃物种类,以及实现循环利用率最大化的途径。废弃物循环再利用涉及废钢铁、废有色金属、废塑料、废轮胎、废橡胶、废纸、废弃电子电器、报废汽车等,这些工业废弃物在京津冀地区存量巨大,严重威胁到整个区域的生态系统,促进废弃物的加工利用刻不容缓。实践证明,京津冀区域产业协同发展是应对资源环境承载力约束的一条有效途径,在保护区域生态系统方面的作用显著。

3.降低存量,节能减排

在考虑环境承载力的前提下,工业的节能减排主要是对高污染、高耗能、高危险、低效益这样"三高一低"产业的调节。工业产业的存量调整效果立竿见影,调整主要有两种方式。一是存量的绝对减小。河北工业由于落后产能数量较大,所以采用的是尽快、坚决淘汰不符合环保规定的落后企业,关停现存的高污染高能耗的企业,直接性地从减少能耗存量入手,降低碳排量。在2014年,有2000多家企业被勒令停产整改,近万家企业被取缔。二是存量的相对减少。对于产能过剩的行业,合理调配企业产能,调整生产方向,提升低能耗低排放的新型设备的产量占比。例如在2013年,石家庄通过第二次治理和减少过剩的水泥企业,拆除严重污染企业,不仅有效地减少了产能过剩的问题,同时还一定程度上减缓了粉尘污染,并且还原了近千亩的农用地。

4.积极开展结合地区资源环境承载力的环评

在进行为了发展地区经济而进行的产业建设之前,地方政府必须对该产业是否适合当前区域特色,是否在当前地区环境承载力的约束范围内,进行综合性的评定。如前文所说的核能源,作为替代能源可以做到安全、干净,基本无污染,但是由于京津冀大部分地区受环境资源承载力中的水资源和土地资源制约,无法轻易地开展建设,必须经过仔细的多方面的考察,才能够确定。

5.低碳准入,避免成为"污染避难所"

经济发展必然带来新产业的兴盛,将来会出现多种多样的新企业。对环境资源的需求和消耗必然增多,也必然会对生态环境造成一定的影响,对新兴产业质量把关、方向指导、合理控制,是准入控制的关键。执行得是否严格、是否合理,直接关系到未来的减排大业。京津冀地区已经出台一系列的针对新兴产业的低碳准入制度,对于新进企业,只有达到规定的低碳标准才可以批准进入社会正常流转。同时开放市场,引进国外先进技术的高效率企业进入中国,给国内企业提供学习和借鉴的方向。

三、基于资源环境约束的协同度度量

2014年2月26日,在推动京津冀协同发展座谈会上中央明确指出,推动京津冀协同发展要着力扩大环境容量生态空间,加强生态环境保护合作,完善多领域合作机制。在资源环境承载力的约束条件下,以及政府的各种政策规制中,产业不能进行无节制开发。已经岌岌可危的生态需要去保护而不是加大力度开采索取,对于被限制被约束的资源,尽可能不用,把空间留给生态,响应国家号召去扩大环境容量。对于产业自身,改变能源结构和对资源的利用方式,实现循环经济发展,把更多资源归还自然。基于这样的思路,既保证经济增长也要保护环境,维持生态稳态。减少资源约束条件下的资源利用,减少污染约束条件下的污染排放,发展中远离约束条件中的阈值,不触碰污染的雷区。对环境不好的事尽量不做,有限制的事尽量不做,这样才能实现区域产业发展与生态环境协同,从而建立资源环境承载约束下产业和环境的协同度度量系统。

资源承载力、环境承载力、环境规制以及政府其他相关限制政策都是对产业发展与环境关系的约束。设一共有u个约束条件,对于其中第g项约束条件,取约束的极限,也就是产业可达到的最大阈值为E_g。E_g可以是在当前发展状态下环境某一种资源的最大承载量,可以是基于当地发展状态的最大污染排放量,也可以是对于产业发展能耗数量的最大限制。这里设第g项约束条件是碳排放限制,即该区域产业二氧化碳可以排放的上限。对区域产业在此约束条件下相应的碳排放进行统计,则该约束条件下每个产业的排放记为E'_g,因此有:

$$\Delta E_g = E_g - E'_g \tag{3.11}$$

公式中(3.11)，ΔE_g 表示第 g 项约束条件下区域产业发展碳排放总量与约束的最大排放量的差值。

将 E_g 赋值为 1，则有：

$$L_g = \frac{\Delta E_g}{E_g} \tag{3.12}$$

公式(3.12)中，通过碳排放差量与约束的量相比，得到的 L_g，即产业发展与约束条件限制的差距程度，L_g 值域为[0,1]，越接近 1，产业发展的碳排放越少，对该约束条件的触及程度就越小，对于碳排放来说产业的改善程度就越高，对环境的压力也就越小，于是产业与环境的协同度相应也越高，因此用 L_g 来表示该约束条件下产业与环境的协同度。

使用雷达图更为清晰、直观地表示这个关系。把每一份约束条件都看作雷达图的一个维度，那么 u 个约束条件就得到了 u 个维度。每个维度的最大值，即约束量 E_g 都被赋值为 1，则有：

$$R_g = \frac{E'_g}{E_g} \tag{3.13}$$

公式(3.13)中，用产业发展的碳排放与碳排放总约束量相比，得到的 R_g 就表示区域产业实际的碳排放在约束条件 g 的约束量的比重，而且这个值的值域为[0,1]，所以在雷达图中可以直接由 R_g 的值来绘制。由此，根据各个约束条件下 R_g 的值，来绘制在雷达图中各个维度的点的分布(见图3-1)。

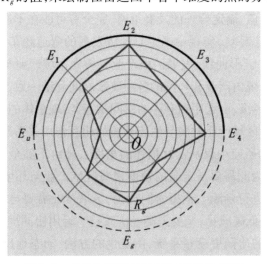

图3-1 多约束条件下产业发展情况雷达图

分析图3-1，图中 $E_g R_g$ 段代表的为 L_g 的量，即产业发展与约束条件限制的差距程度。L_g 越大，R_g 离 E_g 这一阈值越远，造成的碳排放就越低，污染越小，因此区域产业发展与环境越协同。

因此,在资源环境承载力约束的条件下,区域产业发展与环境的协同度可计算为:

$$V = \sum_{g=1}^{u} \gamma_g L_g \ , \ \sum_{g=1}^{u} \gamma_g = 1 \qquad\qquad (3.14)$$

对于公式(3.14),L_g是每个约束条件下区域产业与环境的协同度,γ_g为各个约束条件在整个生态环境保护力度中的权重,V为在资源环境承载力等多个约束条件下,区域产业发展与环境的协同度。V的值域为[0,1],V越接近1,该区域的经济活动距离被约束的、会带来环境问题的行为就越远,污染排放越低,环境容量和生态空间越大,这样更能实现生态环境的保护,维持环境稳态,从而带来产业与环境的更高程度的协同。

第三节　区域产业发展与环境协同度度量系统构建

尽管区域产业与生态环境发展两个系统的属性千差万别,但置于我们整个社会生活中,两个系统之间相互促进、相互约束的关系千丝万缕。积极促进区域产业的发展,悉心维护我们的生态环境,让二者相辅相成、互利共生,发挥出"1+1>2"的效果。形成区域产业环境协同效应是建设可持续发展社会的大势所趋,产业发展如果能在考虑环境的前提下正确有效地提高产能、扩大产值、制定合理的发展策略,完全有可能在不影响经济效益的前提下发展生态环境,实现中国生态经济发展的弯道超车,从而跳过环境库兹涅茨的倒"U"形曲线,发展区域产业要树立区域产业与生态环境协同发展的观念,系统内产业和环境的各项要素之间和谐一致、良性循环,才能实现由低级到高级、由无序到有序的协同状态,实现总体的优化和升级。

由此可见,区域产业发展与生态环境的相互作用关系改善是一个系统工程,在传统的研究中仅从定性描述的角度去理解不够全面客观,也不利于现实指导。为此需要从定量的角度来对区域产业与环境的协同发展状况和协同程度进行判断。根据协同理论,区域产业需要与环境彼此配合,相互促进,既要低碳减排,又要提高经济效益。运用协同理论,建立区域产业发展与环境的协同度度量系统,用定量的方法,动态地反映区域产业发展与环境发展的辩证联系,明确协同的发展程度,以充分发挥产业的自身优势,与环境相融合,促进经济增长。

一、系统构建的结构

根据前文,对于区域产业发展与环境协同效应从三个角度进行分析,从而得到三个方面的协同度度量系统,由此三个系统共同组成了区域产业发展与环境的协同度度量系统。

(一)基于产业结构优化的区域产业与环境协同度度量系统构建

基于外部效应理论,产业的发展对于环境具有外部效应的影响。减少产业发展的负环境外部性作用,增加产业发展的正环境外部性,从而实现区域产业的节能减排,构建区域产业与环境的协同。产业结构条件下区域产业与环境协同度的度量系统构建为:

$$S = 1 - \frac{|\Delta X - \Delta Y|}{\max(\Delta X, \Delta Y)}$$

$$= \sum_{l=1}^{n} a_l (1 - \frac{|\Delta P_l - \Delta Q_l|}{\max(\Delta P_l, \Delta Q_l)}) \qquad (3.15)$$

系统构建中,a_l 为各个产业的生产在总产业结构中的权重,且 $\sum_{i=1}^{n} a_i = 1$。ΔX、ΔY 分别代表了一段时期内经过产业结构的调整和产业自身的发展,区域产业的负环境外部性作用和正环境外部性作用的变化量。假定前提条件,中国区域内产业的负环境外部性要大于正环境外部性,而且较长一段时间内这样的大小关系不会改变。这样,由公式(3.15)便求出了区域产业的正环境外部性和负环境外部性的协同程度S,这也就是从产业结构的角度进行测算的区域产业与环境的协同度。S的值域为[0,1],越趋于1,整体上产业的负外部性被正外部性抵消吸收的就越多,对于环境的影响危害就越小,因此产业发展与环境的协同度就越高。

通过此系统构建,能够直接计算出不同产业结构调整对于协同度的影响,从整体上掌握区域的产业环境协同程度。同时根据协同度计算的展开式,可以直观地观察不同产业外部性的发展变化以及对整体区域带来的影响,分辨主要的污染和主要的环境贡献来自哪一行业,进而对于产业结构有的放矢地进行下一步的调整。

(二)基于区域优势资源利用程度的区域产业与环境协同度度量系统构建

从区域产业的生态协同视角来看,让区域产业对于区域内的优势资源合理充分地利用,对有区域资源限制的产业进行规避,在更有效地发展经济的同时,也实现了对资源环境的利用与保护。区域优势资源的利用程度下区域产业与环境协同度的度量系统构建为:

$$U = \sum_{k=1}^{m} \beta_k F_k \, , \sum_{k=1}^{m} \beta_k = 1 \qquad\qquad (3.16)$$

系统构建中为各个具有优势资源的子区域在整体发展中的权重,是每一个子区域中产业与环境的协同度。由公式(3.16)求得结合了区域特征来测算的区域产业与环境的协同度U。U的值域为[0,1],越趋于1,区域中的产业发展越与当地资源环境相适宜,对优势资源的利用程度也越高,因此产业与环境的协同度也就越高,产业与区域资源环境匹配得越好。

通过这个系统构建,把区域产业的发展真正放在了研究区域中,根据不同的区域特性,有针对性地进行评价,避免了在传统的协同度计算中指标选择的一视同仁,而忽略了实事求是的原则,造成了判断误差。每一个子区域的发展都很重要,每一个优势资源对于经济的推动也很重要,通过协同度的测算,评价各个优势产业的发展情况和资源利用情况,不只有助于资源环境的不浪费、不强求,更有助于区域的经济建设,实现真正的协同发展。

(三)基于资源环境承载力约束的区域产业与环境协同度度量系统构建

资源环境对于人类是开放的,但不意味着人类可以肆意索取无所顾忌。区域优势资源要合理利用,区域中要保护的资源、脆弱的生态,也需要去努力维护。远离破坏行为,留出更多的环境容量,强制性地约束经济产业行为,这是资源环境承载力提出的意义与价值。资源环境承载力约束下区域产业与环境协同度的度量系统构建为:

$$V = \sum_{g=1}^{u} \gamma_g L_g \, , \sum_{g=1}^{u} \gamma_g = 1 \qquad\qquad (3.17)$$

系统构建中的γ_g为各个约束条件在整个生态环境保护力度中的权重,L_g是每个约束条件下区域产业与环境的协同度。根据公式(3.17),求得考虑资源环境约束后的测算的区域产业与环境的协同度V,V的值域为[0,1],越趋于1,产业发展的污染排放越低,区域的环境容量和生态空间就越大,产业发展与环境的协同度也就越高。

通过这个系统构建,纳入了产业发展的上限,协同是要达到双高,但是"高"也要有个度,有了约束有了规范就要去遵守。系统构建也可以在一段时期中用来动态地对比评价区域产业在规制和约束中的表现,看其是否需要收敛和改进,要形成"前人种树,后人乘凉"的新局面,而不是一味地"寅吃卯粮",破坏产业与环境的协同。

二、系统构建的原则和功能

区域产业与环境协同度度量系统的构建,需要遵循以下五个原则:

(一)科学性原则

系统构建必须建立在科学方法的基础上,本身有合理的层次结构,能充分反映区域产业与生态环境的主要特征、发展水平和内在机制,体现区域产业发展与环境发展的内涵。系统构建中各个变量具有明确的物理意义,科学规范的测算统计方法,可以保证评价结果真实性和客观性。

(二)完备性原则

系统构建的完备性要求就是指系统构建的概念领域体系覆盖面广,既能表现效率、研究对象的总量,又能展现变量的变化过程;既能描述现状,也能评价发展潜力;既能清楚说明要达成的标准,也能较全面而综合地反映中国工业化、城市化发展背景下产业生态化的状态、程度和趋势。

(三)动态性原则

区域产业与生态环境的发展是一个持续的动态过程。因此所构建的系统应该能够充分反映这一过程,以便于预测和管理。系统本身必须具有一定的弹性,能够反映不同区域、不同时期、不同产业环境条件和不同发展阶段下的各种特征。

(四)可操作性原则

考虑到系统是用来定量研究,那么系统构建就需要考虑建模的复杂性和数据的可靠性和容易获取性,建立清晰的系统体系,达成容易理解和简单操作的目的。能够尽量利用现有统计资料,在尽可能简明的前提下,挑选易于计算、容易取得并且能够在要求水平上很好地反映区域产业与生态环境发展的实际情况的变量,使所构建的系统具有较强的可操作性,从而有可能在信息不完备的情况下对区域产业与生态环境发展做出最真实和客观的衡量和评价。

(五)相关性原则

系统构建的相关性指标与其他理论系统相关联。虽然要强调系统构建内各个变量在选择和计算时的独立性,但也要保证不同层次、不同系统、不同系统构建目标之间是有联系的,如果系统构建一个目标的达成,对其他的目标完全不相关,或者相关度很低,那么即使在运行中实现了系统构建的目标,意义也不是很大。

基于以上原则构建起来的区域产业与环境协同度度量系统,具有以下四种功能:

1.能够直接反映区域产业与环境的协同程度

从三个角度来构建的区域产业与环境协同度度量系统,能够直观地反映在产业发展、产业结构调整、区域特征、区域约束等多方面的影响因素下，区域中产业与环境的协同程度，并可以将量化的结果来进行比对，更好地评价不同时期、不同区域的产业协同发展状况。

2.能够辨识影响协同度的关键性影响因素

三个协同度的度量系统构建，通过各自的计算推演过程，可以清楚地辨识对于协同度最具有影响和有决定作用的因素，可以是一个产业，可以是一个子区域的发展，也可以是一条资源环境约束条件。系统构建可以进一步显示出三个研究视角下对于区域产业与环境的协同效应的更深层影响机理。

3.能够提供区域产业发展的优化方案

系统构建能够对产业与环境协同效应的现状进行量化评价，获得区域在产业结构的调整、优势产业的发展、资源环境约束条件的规避过程中的完成状况，从而可以对产业协同发展的进一步优化提供规划思路和解决路径。

4.形成区域产业协同辅助决策实验室

通过对系统构建的输入，可以直接输出区域产业与环境的协同度的量化值，可以通过对系统构建的运行来显示区域节能减排、技术革新、产业调整等多方面活动的影响结果。那么这个系统构建也为决策者提供了一个决策实验室，可以作为一个简单便捷的辅助决策工具，通过调整数据、系统构建运行来进行下一步的目标设定与整体规划。

三、系统构建及分析

基于以上的原则、功能以及系统构建的三个结构，构建最终的整体区域产业发展与环境协同度度量系统构建：

$$C = \lambda_1 S + \lambda_2 U + \lambda_3 V , \quad \lambda_1 + \lambda_2 + \lambda_3 = 1 \qquad (3.18)$$

在公式(3.18)中，λ_1、λ_2、λ_3分别为产业结构、产业对环境的利用程度、资源环境承载力的多项约束这三个影响因素对于整体产业与环境协同度影响的权重，那么加权求和得到的C就表示整体上的区域产业发展与环境的协同度。结合各子因素的协同度评价，C的值域也为[0,1]。S、U、V三个方面的产业与环境协同效应越好，带来的协同度就越高，从而在整体上也表现出了较高的协同趋势，即C越接近1时，对应的区域产业与环境就越协同。结合中国区域产业的发展状况，本书将协同度划分为四个级别(见表3-2)。

表3—2　区域产业与生态环境协同度等级评价表

协同度等级	评判标准	级别评价
低度协同	(0,0.3)	区域产业发展与生态环境协同效应较低,产业生产的负环境外部性显著,对于区域优势资源的利用程度不高,产业发展对于当地的资源环境有很大威胁
一般协同	(0.3,0.5)	区域产业发展与生态环境的协同效应一般,处于向良性过渡和改善的阶段,产业结构还需进一步调整,要提高对优势资源的利用程度,进一步扩大环境容量
中度协同	(0.5,0.8)	区域产业发展与生态环境的协同效应良好,产业进入良性的发展阶段,在对资源的利用以及对环境约束的规避两者之间有很好协调
高度协同	(0.8,1)	区域产业发展与生态环境协同效应显著,产业发展的同时兼顾区域生态环境的保护,既和当地的生态环境相适宜,也满足了区域经济发展的要求

区域产业发展与环境协同度度量系统的构建,用定量的方法对产业发展与环境的协同度有了准确直观的描述,可以判断区域产业的协同发展情况,动态地对比同一区域不同时期、同一时期不同区域的协同程度,从而为进一步优化调整经济产业提供参考,奠定基础。同时从三个方面进行系统构建,涵盖了产业、区域、环境三者之间的相互关联,不仅考虑产业自身发展、产业之间的相互配合,还考虑了区域特征对协同度的影响,从当地资源环境的支持与限制两方面入手,全面而充分地进行协同度度量,采用科学的方法保证结果的合理性,从而建立起基于环境保护和改善的区域产业协同长效机制。

四、区域产业与环境协同发展优化路径

区域产业发展与环境协同度度量系统构建,也为我们提供了二者协同发展的出路。工业化、城市化发展速度逐渐加快,"二、三、一"的产业发展格局在一段时间内不大可能改变,工业仍将是中国经济发展的主力。然而由于第二产业的"高能耗、高污染、高排放"的特点,各级政府部门在明确工业作为区域经济增长的主导时,必须采取措施改进产业生产技术,在环境保护的前提下实现低碳、绿色发展,才能使中国经济又好又快地发展,坚持走可持续发展的道路。

(一)打造绿色工业体系

积极倡导将绿色的生产方式运用到工业领域。在开发资源时,注重资源的再利用;在投入生产时,加入生态理念,注重节能减排,提高生产效率;

将循环经济模式运用到重点领域,制定废弃物排放标准,注重废弃资源的回收再利用。

(二)打造绿色农业体系

积极倡导农业生产方式的转变,注重生产过程的无害化、清洁化,提升农业的综合效能。打造节约型农业,推广到农业生产的各个环节,包括农业机械、灌溉技术、种植模式、田地改造、农田建设等方面。推行清洁型农业,在农业废弃物的处理方面加大努力,实现秸秆、农膜、粪污等废弃物的合理化处理,在有条件的情况下,发展农村沼气工程,着力打造农业循环经济。

(三)打造绿色服务业体系

积极打造低消耗、低污染的绿色服务体系,推进零售批发、物流、餐饮住宿、旅游等行业服务主体生态化、服务过程清洁化、消费模式绿色化。注重在服务体系运转过程中绿色环保理念的推广,倡导节能减排、绿色设计、绿色消费等。

(四)结合区域特征发展优势产业

积极发展区域优势产业,促进生态经济发展,强力打造区域优势产业,突出发展特色经济,将区域优势转化为竞争优势,形成区域经济核心竞争力,合理而充分地利用区域资源,让经济效益最大化,同时不为区域环境造成负担,完成产业与环境协同发展的过渡。

(五)资源环境合理约束

产业发展要保持资源的供需平衡与不超出资源环境承载力,从环保角度和可持续发展出发,制定合理的约束规制,在维护生态平衡的同时,也要保证社会正常运行。通过政策制定及相关法律法规的出台,提高资源环境的保护力度,实现环境保护和经济增长的双赢。

第四节　高新区生态产业共生网络模式研究

《现代汉语词典》中对"模式"一词的解释:模式指的是某种事物的标准形式或使人可以照着做的标准样式。在这个范畴中,模式指的是研究自然或社会现象的理论图式和解释方案,同时也是一种思想体系和思维方式,是解决某一类问题的方法论。

通过对高新区与传统工业园区区域产业与生态环境协同效应度量系统构建的对比分析可以看出,由于高新区中的企业多为研发、咨询等以提供技术、信息服务为主的高新技术企业,生产型企业也以研发及其成果转化为主,难以找到类似传统工业园中以某些主流企业为建设主体,并围绕这些主流企业建设一系列中小企业。另外由于高新技术产业的特点,高新区产业种类多样、层次不一,主要涉及生物医药、电子通信、软件开发等,形成传统工业园区中以副产品、废弃物等为主的产业链具有一定的难度。因此高新区的生态产业共生网络建设,与传统工业园区生态工业共生网络建设有着较大的区别。本书针对高新区企业建立生态产业共生网络的模式进行了深入的分析和研究,提出依托技术平台构建高新技术产业共生网络的技术平台模式和依托总部经济构建高新技术产业共生网络的总部经济模式。

一、传统工业园生态产业共生网络模式研究

生态产业共生网络是由各种类型的企业在一定的价值取向指引下,按照市场经济规律,形成企业及企业间关系的合作共同体,其目的在于追求最大化的利益。从"产业共生"概念的提出和研究可以看出,"产业共生"出于实现产业系统物质的闭路循环和能量的梯级利用的目的,而建立企业间的关联。目前国内对生态产业共生网络形成机制和内生属性深入研究的有王兆华和袁增伟。王兆华(2005)运用费用交易理论,从成本推动、效益拉动、环境取向和内生动力角度系统研究了工业共生网络的生成机理,提出四种工业共生网络运作模式;袁增伟(2007)运用企业环境责任市场化理论,通过对生态产业共生网络中企业的五类环境责任,即企业环境安全与健康知识培训、环境设计、绿色消费、延伸生产者责任、污染治理和废弃物资源化的系统分析,阐述了生态产业共生网络的形成机理,并提出业务外包型、内部协同整合型和合作共生型等三种生态产业共生网络模式。

二、高新区生态产业共生网络技术平台模式

(一)模式的内涵与特点

从高新区的企业特点可以看出,高新区,尤其是以孵化为主的高新区,区内企业数量庞大,但多为处于孵化、成长阶段的中小型研发企业,少数的生产型企业也以研发为主,产品为其研发成果的转化。高新技术的研发需要丰厚的资金投入,技术、产品等从研发到投放市场需要一定的研究周期,不确定因素难以预见,企业需要承担较大的风险,特别是中小型企业,在没有资金支持的情况下难以生存。以电子信息行业为例,很多中小企业开发出的新程序或新软件在投放市场之前需要进行软件或芯片的测试,以保证其正常运转。但软件、芯片测试设备的购置和运转费用往往让处于起步和发展阶段的中小企业望而却步,技术产品研发甚至企业成长受到很大限制。

这时如果有一个专门提供程序、芯片测试技术平台的非营利组织或者公司，免费或以较低的价格提供程序、芯片的测试服务，将大大降低中小型企业的研发和发展成本，吸引大批有此需求的企业到此聚集，形成产业集群，并在相互竞争和合作中，逐渐形成以此技术服务平台为核心的产业共生网络。

概括来说，技术平台模式就是指高新区通过建立或引进专门为高新技术企业提供检测、测试等技术服务的技术平台或公司，以此为核心吸引高新技术企业，尤其是处于起步阶段的中小型高新技术企业到此集聚，形成资源、设施共享的高新技术产业共生网络。

从产业共生网络的物理结构上看，技术平台模式与传统工业共生网络中的中心型模式相似（如图 3-2 所示）。它们的不同点在于：技术平台模式

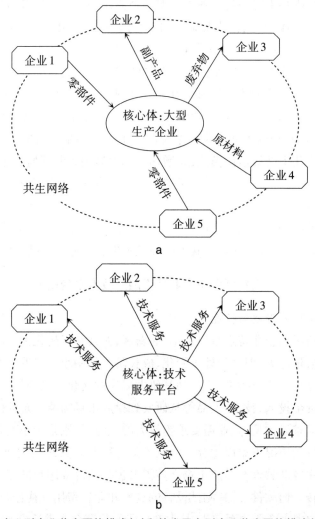

图 3-2　中心型产业共生网络模式 (a) 和技术平台型产业共生网络模式 (b) 示意图

的核心体是为各企业提供技术服务的公共设施或营利性企业,而中心型模式的核心体是需要大量原材料、零部件,并且产生大量副产品或废弃物的大型企业;技术平台模式的核心体与周边企业主要是通过技术流、信息流相连,而中心型模式的核心体与周边企业主要是通过物流、能流相连。

技术平台模式最大的优点是做到了资源节约与共享,企业单独引进相关技术和设备会产生巨大的资金、技术和人才压力,而且技术和设备的使用率也相对不高,而技术平台的建立可以在大大降低企业研发和运营成本的同时,提高设备的使用效率,做到资源节约和共享;另外是土地需求量小,由于产业共生网络中多为研发型中小企业,属于"办公室经济"或研发型经济,每家企业只需要数间办公室或数层办公楼即可,即使有些企业具有小规模的生产能力,其生产设备的体积也往往较小,占地面积不大,因此一栋或几栋办公楼已经可以满足技术平台模式产业共生网络的建立;此外有利于危险废弃物集中处置,因为处于同一栋楼或同一园区内,企业生产过程中产生的废弃物尤其是有毒有害的危险废弃物,可以通过建立危险废弃物统一收集系统,集中交给有资质的处置公司进行安全处置,有效地避免高新技术企业危险废弃物由于数量少、比较分散、容易被忽视而造成对环境的巨大危害。

技术平台模式的缺点如下。一是,受技术平台所能提供的技术和服务类型限制,产业共生网络内往往为同一行业或相近行业的企业,类型较为单一,多以互联网、医药研发等行业为主。二是,大多数企业尚处于起步、孵化阶段,经济创收能力较差。三是,技术平台的建立和运营所需的资金往往不菲,而收益不高,市场化运作较难,主要依靠政府或园区投资建立,对园区和所在地政府的政策和资金支持提出较高的要求。

(二)典型案例

上海张江高新区是这种高新技术产业共生网络模式最好的例证,其为服务企业建立了包括ICC-MPW(上海集成电路设计研究中心-多项目晶圆)平台、ICC-EDA(上海集成电路设计研究中心-EDA)平台、上海超级计算机中心、新药筛选中心、安全评价中心等在内的13个专业技术服务平台。其中ICC-MPW平台中的多项目晶圆(Multi Project Wafer,MPW),同一晶圆片上流片放有多个工艺相同的集成电路设计,制造完成后,每个设计可以获得数十片芯片样品,这一数量对于原型(Prototype)设计阶段的实验、测试已经足够。而一次制造费用由所有参加MPW的项目按照芯片面积分摊,成本仅为单独进行原型制造成本的5%～10%,极大地降低了产品开发风险、培养集成电路设计人才的门槛和中小集成电路设计企业在起步时的门槛。ICC-EDA平台对广大中小型及初创期的集成电路设计企业开放EDA软硬件平台，提供先进的软硬件设计验证环境、严格的数据安全保密措施以及软件使用方面的技术支持，成功解决了因EDA设计平台相关硬件设备价格较高所致的企业生存和发展瓶颈。新药筛选中心的实验大楼符合国际药物非临床研究质量管理规范（GLP），并配置一批包括核磁共振仪、液质联用色谱仪、药物筛选自动化操作系统、细胞扫描成像仪、样品和测试数据计算机管理系统等先进的软硬件设施，为药物研发企业提供各类样品筛选、建立各类先进药物筛选系统构建、提供药物筛选技术平台和咨询等服务。

三、高新区生态产业共生网络总部经济模式

（一）总部经济

北京市社会科学院总部经济研究中心主任赵弘研究员在国内首次提出"总部经济"的概念。他认为"所谓总部经济，是指通过创造各种有利条件，吸引跨国公司和外埠大型企业集团总部入驻，形成企业总部在本区域集群布局，企业生产加工基地则通过各种其他形式安排在成本较低的周边地区或外地，从而形成合理的价值链分工的经济活动的总称"。而后多位学者对总部经济进行了更为深入的研究，并给出了各自的定义。余钟夫认为：总部经济，从广义上理解，是指经济与非经济的（官方与非官方的）带有总部性质或总部派出性质的，各种机构和组织，相对集聚所产生的社会经济活动的统称；从狭义上理解，是国内外带有总部或总部派出性质的各种经济组织相对集聚所产生的社会经济活动的统称。中山大学的李江帆教授认为：总部经济就是吸引跨国公司（大公司的总部分支机构或开发中心）以及各级政府的代表机构来本地区安家落户带动的经济。江西财经大学的史忠良教授认为：总部经济是指企业和城市在使双方都能获取更高经济效益的目标驱动下，形成总部在城市集聚并产生外部经济效应的经济现象。

总部经济是信息化、经济全球化迅猛发展的一个结果，与传统工业经济的经济运行方式具有很大的区别。上海社会科学院的王莹博士对其进行了概括总结，认为总部经济最突出的特征有四个：一是，属于智力和资本密集型经济方式；二是，具有低投入、高产出的特征；三是，有产业拉动和辐射作用；四是有助于实现合作共赢。

（二）模式内涵和特点

从总部经济和高新技术产业的特点分析可以看出，依托总部经济构建高新技术产业共生网络，可以通过两者融合带来的高成长性、高生命力、高

聚集力、高辐射力,构筑创新活跃、要素集中、经济发达、区域和谐的科技型总部经济园区,是区域产业与生态环境协同效应度量系统建设和总部经济发展取得"双赢"的良好选择。主要有以下两个原因:

一是,总部经济集中了企业价值链中知识含量最高的区段,研发、营销、资本运作、战略管理等,属于知识密集型劳动,对高端人才和高新技术具有极大的吸引能力。高新区作为高新技术产业的聚集区,自身也具有一定的人才、技术集聚效应。但如果一个大型企业的总部坐落于此,拥有企业总部所需技术、信息等服务和产品的高新技术企业,尤其是中小企业必将随之而来,逐渐形成以企业总部为核心的产业共生网络,高新技术企业为企业总部提供各种高端技术、信息等方面的服务和产品,企业总部对信息、高级人才、科研成果的强烈需求,也不断促进中小企业的发展和壮大,实现二者的共同发展。

二是,企业总部,特别是大型跨国企业总部往往是"龙头"产业的"司令部",它通过企业集团自身在行业中的影响,能够吸引大批行业内的中小企业在物理上的迅速聚集;同时企业集团的总部在运行中会产生大量对金融、信息、财会、法律、咨询等现代服务产业的需求,从而使得高新区内与此相关的现代服务业迅速发展,服务企业总部的同时,形成更强大的吸引和辐射作用,为更多的高新技术企业的聚集和发展提供更为优质、全面、快捷的服务。

概括来说,总部经济模式就是指高新区通过引进国内外具有较大影响力的企业或集团总部,以此为核心吸引与之相关的高新技术企业和为企业总部服务的法律、金融等现代服务业企业到此集聚,形成多元化、多功能、高效率、高辐射的产业共生网络。

从以上总部经济模式形成的原因可以看出,总部经济模式同技术平台模式的物流结构基本相似,产业共生网络的核心体为企业总部,不同的是总部经济模式中,周边企业除高新技术企业外,还有许多金融、财会、法律、咨询等现代服务业企业,可以为企业总部和高新技术企业的发展提供更好、更便捷的发展环境(见图3-3)。

综合来看,总部经济模式除具有与技术平台模式相同的资源共享、土地需求量小的优点外,还具有以下优点。一是,产业共生网络中企业类型较技术平台模式丰富,除高新技术企业外,还有大量现代服务业企业,信息流、技术流更为复杂,共生网络结构更为稳定。二是,企业总部多为具有影响力的大型企业集团,经济实力雄厚,辐射作用强,在带动周边企业发展的同时,可以为高新区发展带来可观的经济效益。三是,企业总部,尤其是国

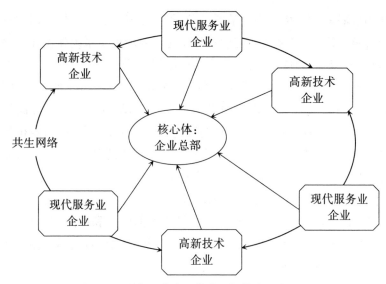

图3-3 总部经济产业共生网络模式示意图

际知名的大型集团企业总部,在选址过程中,对园区生态环境质量、环境污染防治手段、资源能源利用方式等均有较高的要求,这也在一定程度上促进了高新区环境污染治理、资源能源可持续利用水平的提高,进而促进区域产业与生态环境协同效应度量系统的构建和发展。

总部经济模式的缺点:企业总部除对信息、人才、技术等具有较高的要求外,对所在地的区位、交通、经济发展水平等也有较高的要求,这就对园区所处的区位、周边交通、自身配套设施水平等提出了较高的要求,处于较为偏僻地区、交通不便的高新区可能会尽失先机,同时园区也需在前期建设中投入大量人力、物力、财力来提高自身基础设施水平,吸引企业总部入驻。

(三)典型案例

位于北京中关村高新科技园区内的丰台科技园是依靠总部经济发展区域产业与生态环境协同效应度量系统的典型案例。2002年11月,丰台科技园联合专家对园区产业发展模式进行研究和讨论,在全国首次提出了发展总部经济的设想,在产业规划上将科技企业研发、管理、营销功能作为首选,逐步放弃科技企业制造功能,并在空间规划上全力打造全国知名的总部基地,为企业总部提供合理、完善的空间形态和服务设施,同时依靠总部经济实现对高端人才、资本、生产服务业的吸引和聚集,为园区及全国各地的高新区解决高新技术产业发展中的难题,提供了一个全新的途径。截至目前,丰台科技园已建成了总部基地项目,有303栋总部楼,有世界500

强中近200家大型总部企业进驻;同时有3376家企业已被认定为高新技术企业,5%的总收入用于研发投入,总收入的60%为技术性收入,园区经济总量的73%来自电子信息、生物医药、新材料、先进制造技术等产业,是一个比较典型的依托总部经济实现协同发展的区域产业与生态环境协同效应度量系统。

第五节 基于多目标优化的区域产业与生态 环境协同效应度量系统水系统构建研究

水是人类生存和发展不可替代的资源,是经济和社会可持续发展的基础。在全球资源环境问题日益突出的21世纪,水资源短缺已经成为首要问题,将直接威胁人类的生存和发展。中国是世界上缺水较为严重的国家,淡水资源缺口较大,水污染的现象严重,水资源是社会—资源—环境系统中的一个重要部分,与系统内的其他要素相互影响。

在以往的研究或规划中,水环境系统与水资源系统通常被分别作为环境子系统和资源子系统两个部分分开来论述,但是从实践中可以发现,水环境和水资源两个系统是息息相关的,水既是一种极为重要的资源,也是一种重要的污染物的受纳体。水环境受到污染,可利用的水资源就会随之减少;自然水体中水量减少,自净能力降低,水环境污染也会越来越严重。因此本书认为,水资源系统与水环境系统应该作为一个整体来进行研究,才能真正实现水资源利用与水环境保护的可持续发展。区域产业与生态环境协同效应度量系统是工业园区可持续发展的一个目标,节约和循环利用水资源是其中一个重要部分。

一、高新区水系统特点

通过对高新区用水情况调查发现,相比于大型的生产型企业,单个高新技术企业的用水量通常都较小,但大量的中小型研发企业聚集于办公楼、写字楼以及专门的孵化器内,日常饮用水、生活杂用水、生产用水等总用水量并不逊于生产型企业。由于高新技术涉及的很多行业和工序均有特定的水质要求,高新区产业用水对水质的要求也非常高,细分的级别也很复杂,例如半导体芯片的制造需要超纯水,生物和制药工业需要去离子水(高新区水质分类及用途(见表3-3)。

表3-3　高新区水质分类及用途

序号	水质分类	用途
1	超纯水	用于半导体芯片制造
2	去离子水	用于生物或制药工艺
3	饮用水	用于厨房、餐厅
4	清洗水	用于清洗车辆、建筑物
5	灌溉水	用于草坪、灌木、树木等景观园艺

高新区作为国家高新技术产业的聚集区域,大多集中在经济技术比较发达的区域,水环境主要是园区内的景观水体,大面积的自然水体较少。水环境问题主要集中在园区产业及生活污水的治理和最终排放上。目前大多数园区的污水都根据国家及地区要求处理达标后排入自然环境,能够实现回用的较少。

因此在区域产业与生态环境协同效应度量系统建设中,水资源、水环境系统建设首先要强调水资源的优化配置,通过水资源的优化配置实现对污染物的控制。

二、高新区多目标优化水系统构建

(一)水系统优化理论及方法

水系统优化的主要方式是实现水资源的合理分配及合理利用。第一,提高水的分配效率,积极采取有效措施,解决水资源竞争的问题。第二,提高水的利用效率,积极促使各用水单位开阔思路,提高水资源的利用率。第三,加强非传统水资源利用,提高再生水资源的利用率和雨水资源的收集利用。

水资源优化配置研究源于20世纪40年代马西(Masse)提出的水库优化调度问题,国内外诸多学者经过半个多世纪的实践研究,在水资源优化配置方面取得了丰硕的研究成果。国内学者在经历"六五"攻关——水资源评价、"七五"攻关——"四水转化"与地表水地下水联合配置、"八五"攻关——基于区域宏观经济的水资源配置、"九五"攻关——基于二元水循环模式和面向生态的水资源配置、"十五"攻关——基于实时调度的水资源配置与调控、"十一五"——基于ET的水资源整体配置的研究历程,未来的重点突破方向将是水量水质联合配置与调控。水资源优化配置的指导思想经历了由"以需定供""以供定需""基于宏观经济""面向可持续发展"到目前的"遵循科学发展观"的过程。

20世纪70年代以来,数学规划和模拟技术在水资源领域得到不断应用,水资源优化配置系统构建和方法的研究成果不断增多,研究方法从模拟技术和常规优化技术发展到优化技术与模拟技术相结合,以及随机规划、模糊优化、神经网络、遗传算法、复杂系统理论、供应链理论等新技术的应用。

(二)水系统优化系统构建的影响因素

结合上述高新区水资源、水环境系统的特点,可以发现影响高新区水系统优化过程的关键因素有以下六点:

1.分质供水及梯级利用

分质供水是相对于混同供水而言的,简单地说,按水质供水。一些发达国家分质供水早已开始实施。目前的分质供水概念多将水源分为饮用水和非饮用水。国外现有的分质供水系统大都是以可饮用水系统作为城市主体供水系统,将低品质水、回用水作为次供水系统,也即非饮用水部分,作为一种补充,可用作园林绿化、清洗车辆、冲洗厕所等非饮用水功能。

根据高新区的用水特点,区域产业与生态环境协同效应度量系统在水系统优化配置规划过程中,应该依据用途的不同,实施分质供水,实现水资源的有效利用。实施过程中,按照水质的不同,铺设专门的管网系统,做到"专水专用",并实现水资源的回收再利用。

自来水系统:主要用于办公、生活饮用、餐饮及洗浴用水,排水进入园区集中污水处理厂。

优质再生水系统:根据企业工艺需要(如医药、食品企业),将一般再生水经反渗透或其他工艺深度处理后,达到纯水、去离子水等的标准,成为优质再生水源,用于工业生产;优质再生水的排水可视水质状况,或排入园区污水处理厂再生处理,或进一步回用于厂内低质用水,如作为循环冷却水、低质工业用水,或生活杂用、绿化、道路喷洒等用水。

一般再生水系统:直接采用园区再生水厂的再生水,作为对水质要求不高的企业的低质工业用水(循环冷却水、车间厂房冲洗或卫生用水等)、生活杂用水(清洗车辆、冲洗厕所等)及市政道路和生态用水(绿化、道路浇洒等)。

2.非传统水源利用

非传统水源主要包括再生水、海水淡化水、雨水等,其中再生水和雨水是所有园区都可以利用的,因此本书在水系统优化系统构建时主要考虑了再生水的回用和雨水的收集利用。

(1)再生水回用。再生水利用在国外,尤其是缺水的发达国家如以色列、日本等已经有较长的历史,再生水在水资源缺少的国家对于满足用水量需求,达到水资源的供需平衡,保护区域水生态环境具有重要作用。中国对再生水利用的重视程度逐渐提高,《城市污水再生利用技术政策》指出,城市景观环境用水、工业用水和城市杂用水要重视再生水的利用。水的再生利用的社会经济效益和环境效益明显,减少了需求量,增加了存量,减少废水排放,控制水资源污染。同时《城市污水再生利用技术政策》的颁布,为城市污水再生利用的各项工程设计和管理提供了依据。

工业园区水资源再生利用可以根据地理范围将水的循环利用分为厂域和区域两个层次,具体逻辑关系如图3-4所示:

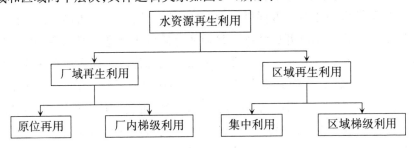

图3-4 水资源再生利用示意图

在区域产业与生态环境协同效应度量系统构建中,再生水主要有两个来源:

一是,企业自建。园区内已具备污水处理设施的企业,可以对处理后的再生水进行合理利用,污水经处理达标后可回用于生产过程,以及绿化、冲厕、卫生等生活杂用,减少新鲜水使用量。污水处理量较大、自身回用不完的企业还可以通过协商为邻近的规模较小、不具备污水处理设施的企业提供再生水,使再生水得到完全回用。

二是,园区再生水厂。园区污水排入的污水处理厂是再生水的另一个主要来源,主要供给自身不具备污水处理设施、与邻近企业无法共享的企业,以及整个园区的绿化、生态用水等。

再生水的用途主要有以下四个方面:

一是,一般生产用水。主要是用于工业冷却用水和工艺低质用水。工业冷却循环用水对水质的要求,如碱性、硬度、氯化物以及锰含量等,城市污水的二级处理出水均能满足。考虑重复使用的要求,补充用水量占总取水量的30%以上,是再生水用于工业的首选对象。工艺低质用水主要指洗涤、除尘等,这类用水只要满足《城市污水再生利用≠工业用水水质》(GB/

T19923-2005)或《城市污水再生利用补充水源水质》标准即可,可全部采用再生水替代。

二是,生活和市政杂用。主要用于企业、办公建筑的生活杂用,包括冲厕、道路洒水、冲洗车辆和消防等,只要满足《城市污水再生利用≠城市杂用水水质》(GB/T 18920-2002)标准即可。

三是,绿化用水。主要用于工业园区内公共绿地、绿篱及路心池绿墙、企业厂区内部的绿地等的灌溉用水。这部分再生水的水质要求并不高,可不经过特别处理而直接利用。

四是,景观河道生态补水。按照《城市污水再生利用≠景观环境用水水质》(GB/T 18921-2002)标准,再生水厂出水水质只要满足此标准即可作为景观用水,这部分水可与绿化用水结合起来,直接采用景观河道水作为临近道路、河道两侧绿化用水水源,同时向其增加生态用水,让河道中的水尽量流动起来,变死水为活水。

(2)雨水收集利用。雨水收集利用具有重要意义。首先,雨水收集利用可以节约水资源,具有替代作用;其次,雨水收集利用的经济效益高,雨水来自天然,利用比较经济,尤其是暴雨频率高、强度大的地区,如果不采取雨水资源化措施,初期雨水的收集和处理的工程费用将会较高;最后,雨水具有改良土壤、调节气候的作用。雨水利用的主要流程为收集—储存—净化水质—利用。雨水利用可以从雨水收集的途径入手,经过初级水质处理,最终实现雨水的再利用,包括冲洗厕所、浇灌绿地、回补地下水、冲洗车辆,等等(见图3-5)。

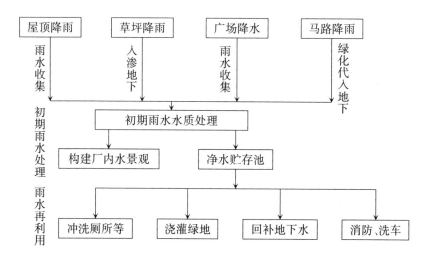

图3-5 雨水利用流程图

如果进行大规模的雨水存储和收集,将会耗费大量的经费,对于北方城市而言,经济效益并不高。建议结合当地的实际情况,积极利用自然资源化或采用人工资源化,充分利用雨水资源。针对建筑工程的雨水,可以尝试以下四种方式:一是,将屋顶的雨水引入绿地、渗水路面以及存水设备等;二是,用透水材料铺设厂区、广场、人行道等,铺设相关设施,将雨水统一汇集到某一区域;三是,重视道路雨水收集,统筹考虑绿化带设置,灌溉或贮存;四是,大面积绿地、景观河道两侧绿地可采用渗井、渗沟等设施增加雨水收集、入渗。

3. 节水

从两个方面着手考虑高新区的节水情况:一是防止人为及设备因素产生的跑冒滴漏现象,有效地制止水资源浪费,需要加强节水意识的培养以及提高水资源设备的质量,做到准确计量和强化管理;二是进行水资源合理分级,提高水资源的利用率,注重水资源的循环利用、注重雨水的收集和利用。

4. 生态用水

高新区要建设成为环境友好、资源可持续利用的区域产业与生态环境协同效应度量系统,一个很重要的方面就是要保证园区生态环境质量的良好,即要求高新区的各环境要素质量达标。要实现园区景观水体水质达标且具有相对舒适的绿地面积,就要求在水资源优化配置中考虑满足生态用水的需求。

生态用水也叫生态需水,从广义上讲,是指保持世界范围内生态系统平衡需要的水量,比如河流、湿地、森林等维持自身生态平衡所需水量。从专业角度讲,生态用水主要涉及维持几大平衡所需水量,包括水热平衡、生物平衡、水沙平衡和水盐平衡等。针对高新区来说,生态用水主要指维持园区景观水体水环境质量的生态补水和园区绿化灌溉用水,这就与园区绿化覆盖率和园区景观水体面积有关。

由于生态用水一般对水质的要求都不高,因此可以考虑利用再生水和雨水资源,如将再生水作为河湖补水排入园区的经过水体,将雨水收集后用于浇洒植被等,提供水量保障,维持高新区生态系统的平衡。

5. 污染物排放

水污染物的排放是造成水环境破坏的关键因素,在区域产业与生态环境协同效应度量系统构建中,对污染物的控制应作为水资源、水环境系统建设的重要考虑因素。受限于技术、标准等原因,现阶段对水污染物的考虑主要集中在化学需氧量(COD)的排放量上,国家有对污染减排的硬性指标,对COD排放总量和排放强度进行限制,地方根据国家要求将指标分解到各辖区。区域产业与生态环境协同效应度量系统标准中也对单位工业增加值COD排放量、COD排放弹性系数等进行考核。因此在水系统优化中,对水污染物COD排放的控制是不能忽视的。

6.水价因素

在水资源的优化配置中,水价因素是重要的约束条件。根据高新区用水部门的不同用途、用户对水质要求不同,本书将高新区供水分为自来水、再生水和雨水三类。供水价格由成本决定,供水成本由源水费用、工程投资折旧、处理费用及其他费用构成。

源水费用是指购买源水的费用,工程投资折旧费用是指用于水厂投资建设折算到每一年的费用,处理费用是指保障水厂正常运行产生的费用,其他费用包括利润、税费等。鉴于本书的实证分析选取的是华苑科技园区,因此水价因素分析采用天津的价格情况。

(1)自来水。天津市自来水的价格是逐年上升的(见表3-4)。

表3-4　天津市自来水价格

单位:元/立方米

年份 行业	96前	96	97	98	99	00	01	02	03	04	05~08	09
居民生活	0.4	0.65	0.78	0.98	1.4	1.8	2.2	2.6	2.9	2.9	3.4	3.9
行政事业	0.5	0.62	0.9	1.4	1.8	2.2	3	3.6	4.4	4.4	5.6	6.7
工业交通	0.7	0.82	1.3	1.7	2	2.4	3	3.8	4.6	4.6	5.6	6.7
商业	0.8	0.92	1.4	1.8	2.2	2.6	3	3.8	4.6	5.6	5.6	6.7
金融业	0.8	0.92	1.4	1.8	2.2	2.6	3.4	3.8	4.6	5.6	5.6	6.7
宾馆娱乐业	0.9	1.02	1.8	2	2.4	3.5	5	5	5.6	5.6	5.6	6.7
洗浴纯净水	0.9	1.02	1.8	2	2.4	3.5	6	9	18	18	20	21.1

(2)再生水。天津经济技术开发区采用新工艺处理再生水,成本远远低于工业用自来水水价,再生水的利用不但具有一定的经济效益,更能够节约水资源,具有相当大的推广价值。

(3)雨水。雨水的收集和处理成本低于再生水,因此最终定价不会太高。不同水质的价格估算如表3-5所示。

表3-5　供水价格明细

水质类别		供水成本价格(元/立方米)
自来水	工业	6.7
	生活	3.9

水质类别	供水成本价格(元/立方米)
再生水	3.0
雨水	2.0

综上所述,水价因素是水系统优化过程的一个重要因素,需要给予重点考虑。

(三)水系统优化系统构建

综合考虑水系统优化过程中的各种影响因素,本书建立了高新区生态产业园区建设的水系统多目标优化系统。

该系统构建的自变量为自来水、再生水和雨水在生活、产业和生态用水中所占比例系数。

系统构建共有以下几个目标函数:一是出于经济效益的目的,使高新区总用水费用最低,包括生活、产业和生态用水费用;二是出于节约用水的目的,使自来水即新鲜用水量最低;三是出于水环境保护的目的,令生活及产业的COD排放量最低。

系统构建有以下几个约束条件:供应能力约束(包括自来水和再生水)、绩效约束(包括万元GDP用水量和万元GDP COD排放量)、环境约束(COD排放量)、生态相关约束、技术约束(生活用水中自来水、再生水、雨水的比例相加等于1,产业用水中自来水、再生水、雨水的比例相加等于1,生态用水中自来水、再生水、雨水的比例相加等于1)等区域产业与生态环境协同效应度量系统构建评价中常用的多项重要指标。

综上所述,系统构建形式如下:

目标函数:

第一,用水费用最低。

$$F_1 = (a_L \cdot \alpha_L \cdot W_L) + a_1 \cdot \alpha_1 \cdot W_1 + a_2 \cdot \alpha_E \cdot W_E + b_0(\beta_L W_L + \beta_1 W_1 + \beta_E W_E) + c_0(\gamma_L W_L + \gamma_1 W_1 + \gamma_E W_E)$$

(319)

第二,新鲜水(自来水)用量最低。

$$F_2 = \min\{\alpha_L \cdot W_L + \alpha_1 \cdot W_1 + \alpha_E \cdot W_E\}$$

(3.20)

第三,COD排放量最低。

$$F_3 = \min\left\{\left(\left(\eta_L \cdot W_L + \eta_1 \cdot W_1\right) \cdot \eta_w - \frac{\left(\beta_L \cdot W_L + \beta_1 \cdot W_1 + \beta_E \cdot W_E\right)}{\eta_R}\right) \cdot \lambda_w\right\}$$

(3.21)

约束条件：

第一，供应能力约束。

自来水供应能力

$$\alpha_L \cdot W_L + \alpha_I \cdot W_I + \alpha_E \cdot W_E \leqslant W_{Ra} \tag{3.22}$$

再生水供应能力约束

$$(\eta_L \cdot W_L + \eta_I \cdot W_I + \eta_E \cdot W_E) \cdot \eta_W \geqslant W_{Rb} \tag{3.23}$$

第二，绩效约束。

万元 GDP 新鲜水耗绩效约束

$$\frac{\alpha_L \cdot W_L + \alpha_I \cdot W_I + \alpha_E \cdot W_E}{GDP} \times 365 \leqslant W_a \tag{3.24}$$

$$\frac{365 \times \left((\eta_L \cdot W_L + \eta_I \cdot W_I) \cdot \eta_W - \left(\beta_L \cdot W_L + \beta_I \cdot W_I + \beta_E \cdot W_E \right) \Big/ \eta_R \right) \cdot \lambda_W \times 10^{-2}}{GDP}$$
$$\leqslant W_{COD} \tag{3.25}$$

第三，环境约束。

COD 排放总量约束

$$365 \times \left((\eta_L \cdot W_L + \eta_I \cdot W_I) \cdot \eta_W - \left(\beta_L \cdot W_L + \beta_I \cdot W_I + \beta_E \cdot W_E \right) \Big/ \eta_R \right) \cdot \lambda_W \times$$

$$10^{-2} \leqslant MaxCOD \tag{3.26}$$

第四，生态相关约束。

$$S_g + S_w \geqslant S \cdot 0.3 \tag{3.27}$$

$$0.35 \leqslant G \leqslant 0.45 \tag{3.28}$$

$$W_{RQ} = K_I \cdot A_h \cdot R_{av} \cdot (1 - m) \tag{3.29}$$

第五，技术约束。

$$\alpha_L + \beta_L + \gamma_L = 1 \tag{3.30}$$

$$\alpha_I + \beta_I + \gamma_I = 1 \tag{3.31}$$

$$\alpha_E + \beta_E + \gamma_E = 1 \tag{3.32}$$

$$\alpha_E = 0 \tag{3.33}$$

$$\gamma_L = 0 \tag{3.34}$$

$$\gamma_I = 0 \tag{3.35}$$

$$\gamma_E \leqslant W_{RQ} \Big/ W_E \tag{3.36}$$

第六，相关公式。

$$W_L = \frac{P \cdot LW_L}{1000} \tag{3.37}$$

$$W_I = (S - S_h - S_r - S_g - S_w) \cdot LW_I \tag{3.38}$$

$$W_E = (S_h \cdot q_h + S_r \cdot q_r + S_g \cdot q_g + S_w \cdot q_w) \tag{3.39}$$

$$W_{Rb} = \frac{(\beta_L \cdot W_L + \beta_I \cdot W_I + \beta_E \cdot W_E)}{\eta_R} \tag{3.40}$$

$$W_{RQ} = \gamma_L \cdot W_L + \gamma_I \cdot W_I + \gamma_E \cdot W_E \tag{3.41}$$

$$W_E = \beta_L \cdot W_L + \beta_I \cdot W_I + \beta_E \cdot W_E \tag{3.42}$$

$$W_L = \alpha_L \cdot W_L + \alpha_I \cdot W_I + \alpha_E \cdot W_E \tag{3.43}$$

上述公式中各参数的含义见表3-6。

表3-6 水系统优化系统构建各参数含义

符号	含义	单位	符号	含义	单位
a_L	生活用自来水价格	元/立方米	b	再生水价格	元/立方米
a_I	产业及生态用自来水价格	元/立方米	c	雨水价格	元/立方米
α_L	生活用水中自来水比例	%	β_L	生活用再生水比例	%
α_I	产业用自来水比例	%	β_I	产业用再生水比例	%
α_E	生态用自来水比例	%	β_E	生态用再生水比例	%
γ_L	生活用雨水比例	%	η_L	生活污水排放系数	%
γ_I	产业用雨水比例	%	η_I	产业污水排放系数	%
γ_E	生态用雨水比例	%	λ_W	污水处理厂出水COD浓度	mg/L
W_L	生活用水	$10^4 m^3/d$	W_{RQ}	雨水可收集利用量	$10^4 m^3/d$
W_I	产业用水	$10^4 m^3/d$	W_{Ra}	自来水可供水能力	$10^4 m^3/d$
W_E	生态用水	$10^4 m^3/d$	W_{Rb}	再生水可供水能力	$10^4 m^3/d$
η_W	污水处理厂出水率	%	η_R	再生水厂出水率	%
$MaxCOD_{GDP}$	COD排放强度	kg/万元	$MaxCOD$	COD最大允许排放总量	t/a
W_a	万元GDP新鲜水耗	$4m^3/$万元	W_{COD}	万元GDP COD排放量	0.2kg/万元
GDP	园区地区生产总值	亿元	LW_L	人均生活用水量	L/人·d
P	园区人口总数	万人	S	工业园区建成区面积	km^2
S_r	道路用地面积	km^2	S_h	市政用地面积	km^2
S_W	景观水体面积	km^2	S_g	绿地面积	km^2
q_h	单位面积市政用地用水量	$10^4 m^3/km^2 \cdot d$	LW_I	单位面积产业用地用水量	$10^4 m^3/km^2 \cdot d$

符号	含义	单位	符号	含义	单位
q_r	单位面积道路用地用水量	$10^4 m^3/km^2 \cdot d$	q_g	单位面积绿地灌溉水量	$10^4 m^3/km^2 \cdot d$
G	绿化覆盖率	%	q_W	单位面积景观水体用水量	$10^4 m^3/km^2 \cdot d$
R_{av}	区域年均降水量	mm	K_J	径流系数	经验取0.4
A_h	区域汇水面积	m^2	m	年雨水可利用量折减系数	经验0.15

(四)水系统优化系统构建的求解方法

本书建立的水系统优化系统构建属于典型的多目标规划问题。多目标规划是指在一组约束下,对多个不同目标函数进行优化。它的一般形式如下:

min　　　$[f_1(x),f_2(x),L,f_m(x)]$

sub.to　　$g_j(x) \leqslant 0$　j=1,2,L,p

其中:$x=(x_1,x_2,L,x_n)$。

在同一约束下,当目标函数处于冲突状态时,不存在最优解 x 使所有目标函数同时达到最优。此时我们使用有效解,即如果不存在 $x \in S$,使得 $f_i(x) \geqslant f_i(x^*)$,i=1,2,$\cdots$m,则称 x^* 为有效解。

在 MATLAB 中,多目标问题的标准形式为:

$$\min_{x,\gamma} imize \quad \gamma$$

sub.to　　$F(x)-weight \cdot \gamma \leqslant goal$

$C(x) \leqslant 0$

$Ceq(x)=0$

$A \cdot x \leqslant b$

$Aeq \cdot x=beq$

$1b \leqslant x \leqslant ub$

其中:x、b、beq、lb、ub 是向量;A、Aeq 为矩阵;C(x)、Ceq(x)和F(x)是返回向量的函数;F(x)、C(x)、Ceq(x)可以是非线性函数;weight 为权值系数向量,用于控制对应的目标函数与用户定义的目标函数值的接近程度;goal 为用户设计的与目标函数相应的目标函数值向量;γ 为一个松弛因子标量;F(x)为多目标规划中的目标函数向量。

多目标规划可用目标达到法求解,可以通过调用 Matlab 软件系统优化工具箱中的 fgoalattain 函数实现。

三、水系统优化构建途径

在区域产业与生态环境协同效应度量系统构建规划中,根据以上多目标水系统优化系统构建可以计算出区域产业与生态环境协同效应度量系统多种水资源优化后的具体参数,进而建立如下区域产业与生态环境协同效应度量系统水系统优化示意图(见图3-6)。

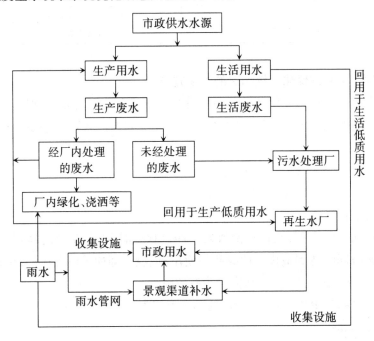

图3-6 区域产业与生态环境协同效应度量系统水系统优化示意图

第六节 基于低碳视角的区域产业与生态环境 协同效应度量系统能源系统构建研究

能源是关乎世界发展和经济正常运行的关键所在,是最根本的驱动力,是全人类生死存亡的力量源泉。能源的开发及先进技术的采用在一定程度上决定了人类社会发展的程度。然而随着社会的不断进步和发展,人类在获得经济和科技红利的同时,遇到了一系列无法逃避的能源问题,能源过度开采、能源不合理使用、环境严重污染等。当前许多国家已经将能源纳入国家安全战略,相继出台了一系列安全政策。同时大量消费能源,尤其是碳素能源,导致排放大量温室气体,造成全球气候变暖,由此带来的灾害性天气增多、生态系统面临失衡等问题,也已成为当今社会普遍关注的全球性问题。英国的《斯特恩报告》、美国前副总统阿尔·戈尔的电视宣传片《不得不说的事实》、政府间气候变化专门委员会(Intergovernmental Panel on Climate Change,IPCC)发表的评估报告,以及马德里俱乐部(Club of Madrid)宣言,都肯定了全球气候变化主要是由于人类大量燃烧化石燃料所排放的二氧化碳等温室气体引起的。有数据显示,能源相关的二氧化碳排放量占到全球温室气体排放量的61%。IPCC报告指出,假若任由事态发展,在未来100年世界平均温度最高可能增加5.8℃,严重威胁全球的可持续发展。温室气体排放已经成为世界能源发展中一个新的制约因素,依赖传统化石能源既不可持续也不利于污染减排,人类要强化低碳环保理念,制定相应标准,严格控制碳排放量,注重保护人类生存环境。

中国的能源生产和消费在世界上占据重要地位,体量庞大,能源生产居世界第三位,能源消费居世界第二位。据统计,中国的主要能源之一是煤炭,在驱动经济快速发展的同时,造成了一定的环境污染。如何解决二者之间的矛盾,是摆在我们面前的一项艰巨任务。积极实践、探索一条既能保证能源长期稳定供给又不会造成环境污染的可持续的低碳经济发展途径,成为中国可持续发展的重要课题之一。

高新区作为工业园区中高新技术先试先行、最大限度地把科技成果转化为现实生产力而建立起来的集中区域,在探索、实践低碳经济发展的道路上,具有技术、资金、政策等各方面的绝对优势,应率先建立低碳化的能源系统,起到示范和导向作用。

一、高新区能源系统特点

通过调查发现,高新区消耗的能源主要是电能,中小型研发企业的产品主要以科技、信息服务为主,即使生产实体产品,也主要以精小产品为主。电能的浪费成为高新区能源利用主要存在的问题,电子及照明设施长期闲置运行,节约意识有待加强、规章制度有待完善。在满足正常生产需要的前提下,各相关企业应该从设计到运行过程中合理利用能源,避免造成能源浪费。另外虽然作为高新区,其现有工业厂房、办公楼等建筑在设计建设中对节能环保的考虑大多不充分,节能建筑、绿色建筑的比例很低。此外部分工业企业生产过程中耗能设备效率不高,如有的企业尚在使用已列入淘汰产品目录的电力变压器,或者有的变压器虽然是节能型的,但运行负载率较低,存在"大马拉小车"的现象。值得一提的是,高新区在可再生能源的使用方面较传统的工业园区略高,特别是拥有新能源企业的园区,对新能源技术具有先行先试的优势。

二、高新区低碳能源系统构建

(一)低碳经济的概念

关于"低碳经济"的概念,国际社会目前还没有一个统一的定义,但其以低能源消费、低排放和低污染来保证国民经济和社会可持续发展的实质已被普遍认同。低碳经济的核心是低碳能源技术,即通过强化节能、提高能源利用效率、开发清洁能源、可再生能源和低碳或无碳能源等,建立低碳能源系统。建设低碳能源系统具有许多积极作用,包括有效降低碳排放量、提高国家能源安全战略定位、加大环境保护力度。

(二)低碳经济发展途径

目前,大多数国家通过三种途径致力于低碳经济的实现。一是改进新工艺,提高能源利用率;二是采用清洁能源,通过综合气化联合循环(Integrated Gasification Combined Cycle)、碳捕捉与封存(Carbon Capture and Storage)等技术将化石能源(主要是煤炭)洁净化;三是快速提高没有二氧化碳排放的可再生能源和核能的利用比例。提高能效、节约用能、控制总量、充分发展清洁能源是低碳经济的必由之路,包括太阳能、风能、生物质等,但是真正实现市场化,还有一段距离。有研究表明,光伏发电和风能发电的成本远远高于燃煤成本;生物燃料的开发利用,可能会造成粮食价格无序上涨,甚至引发粮食危机。与此同时,到2030年,光伏发电只占整个电力供应的10%,而已探明的石油、天然气和煤炭储量将仅分别能维持40年、60年和100年左右。

因此着眼未来,节约不可再生能源的利用,积极发展清洁能源,探索新能源,成为低碳经济发展的有效途径。在新能源难以大规模替代化石能源的情况下,节约能源利用是首选途径。能源是社会经济发展的动力,化石能源洁净化成为能源利用的一个有效途径。随着能源利用造成环境污染不断受到人们的关注,煤炭的洁净化处理成为一个热点问题。目前煤炭洁净化的目标是实现二氧化碳的零排放,为此需要不断改进技术手段,将高碳能源低碳化。另一项有效减少二氧化碳排放以实现化石能源洁净化的技术是捕获和封存技术。尤其是煤炭洁净化利用对中国而言具有重大意义,根据国家信息中心预测,中国石油生产能力将在2015年前后达到高峰期,但由于禀赋和成本的限制,天然气和可再生能源的利用量还很有限,煤炭依然是主要的能源供给,其消耗量也必将随着社会经济发展水平的不断提高而在相当长的一段时间内逐渐增长。应用CCS技术降低二氧化碳的排放量,在下一阶段极有可能成为应对气候变化和能源环境问题的可选措施。

充分发展利用可再生能源和核能,大力提高二者的利用率。可再生资源涉及太阳、风、水、生物质、地热、海洋等产生的能源,其中大部分可再生能源如风能、生物质能等其实都是太阳能的储存。对于中国来说,可再生能源的发展潜力很大,也受到了较高的重视。国家已经制定并颁布相应的法律法规,致力于节约能源和保护环境。核能从发现以来就备受关注,其最大的优点就是能量密度比化石燃料高上几百万倍,例如一座百万千瓦的核能电厂一年只需30吨的铀燃料,一航次的飞机就可以完成运送;同时核能在应用过程中不像化石燃料那样排放大量的污染物质进而造成大气污染,也没有二氧化碳等温室气体的排放,既属于清洁能源也属于低碳能源。但是核能原料具有大量的放射性物质,在应用过程中风险较高,往往会造成周边群众的恐慌和抵制。中国对核能尤其是核电的发展也极为重视,专门制定了相关的规划。

(三)高新区低碳能源系统建设途径

通过对国际上低碳能源的发展途径分析,结合高新区能源系统的特点,本书认为高新区低碳能源系统的建设也应该从三方面入手:提高能源利用效率,节约利用能源;推广化石能源洁净利用技术;充分利用可再生能源。

首先,提高能源利用率,节约使用能源。主要包括建筑节能、工业节能和管理节能等方面。在建筑物的规划及建造时,应该积极利用周围的环境能源,例如光能、风能及水能等,在节约能源的同时注重对环境的保护,可以通过绿色建筑、智慧小区及生态城等方式实现。在高新区,工业节能主要涉及电能和天然气能的节约利用问题。工业节能可以从余热的利用开始,包括高温废气余热、冷却介质余热、废气废水余热、高温产品和炉渣余热、化学反应余热、可燃废气废液和废料余热等。根据调查,各行业的余热总资源约占其燃料消耗总量的17%~67%,可回收利用的余热资源约为余热总资源的60%。对于北方的高新区来说,冬季采暖供热是能源消耗的重要组成部分,可以利用区内或周边电厂的余热进行集中供热,以此降低能源的消耗总量。利用电厂余热供热的具体工艺如下:返回电厂的10℃的热网回水,进入换热器和10℃~25℃的电厂循环水换热,使热网回水升到20℃,再依次通过利用电厂抽汽驱动的双效吸收式热泵、单效吸收式热泵及双级高温吸收式热泵,回收电厂循环水余热量,热网回水升到90℃,再通过蒸汽加热器将回水升至130℃供出。在用户热力站处进入包括热水型单效吸收热泵及换热器集成的大温差换热装置,逐级降温到10℃后再返回电厂,完成循环。在循环过程中,大温差换热装置会产生60℃~90℃的热水供用户采暖使用(见图3-7)。从高新技术产业的范围可以发现,高新区内除电厂、供热站等为园区提供能

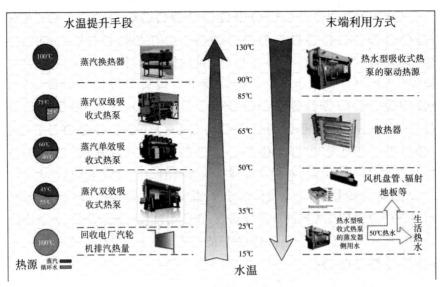

图3-7　电厂循环水余热利用示意图

源的基础设施性企业外,高耗能行业极少。因此提高高新区内企业的生产效能,应紧紧依靠科技创新优势,大力推广清洁生产,促进企业调整产品结构,生产低能耗、低污染的产品;加大技术改造力度,改进生产工艺,降低单位产品能耗;开展能量平衡测试,对各种耗能设备定期进行节能测试,逐步淘汰升级落后的主要耗能设备,降低企业能源消耗率,提高能源综合利用率,从而实现节能目的,控制能耗总量。此外管理节能方面。高新区管理部门通过统筹管理,制定相关管理制度,采取有效管理手段,或者委托节能服务公司,针对企业不同特性打造专门的节能方案。节能服务公司能够为客户提供全方位的服务,包括能源系统诊断、节能项目可行性分析、节能项目设计、项目融资等,最后回收项目投资,主要采用与客户分享项目实施后产生的经济效益的方式,并获得应有的利润(见图3-8)。

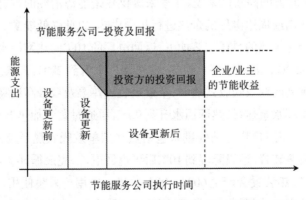

图3-8　节能服务公司投资运作示意图

其次,推广化石能源洁净利用技术。高新区具有优越的科研和技术优势,因此在化石能源的洁净利用技术特别是清洁煤技术和CCS的开发和推广方面具有极大的优越性,也应作为高新区低碳能源系统建设的重要途径之一。一是,清洁煤技术。煤炭作为中国一次能源以及终端能源消费领域的主要能源类型,传统的煤炭燃烧利用方式,不仅导致了煤炭能源利用效率低下,还带来了严重的环境污染和温室气体排放等问题。洁净煤利用技术通过煤炭的清洁转化,实现能源的低碳化,降低含碳气体的排放量,减少环境污染,还可以在一定程度上降低中国对石油、天然气的进口依赖,实现显著的经济效益。由于高新区产业的特殊性,高新区内利用煤炭的企业主要是电厂、供热站等为园区提供能源的基础设施性企业,可能用到的清洁煤技术主要为煤气化技术(图3-9是IGCC的原理图)。按照中国目前煤电效率,每 $kW \cdot h$ 电力的碳排放量是 $0.9411kg\ CO_2$ 当量(按照华东电网发电效率较高的取值),而通过采用IGCC技术,每 $kW \cdot h$ 电力的间接排碳量只有 $0.64kg\ CO_2$ 当量,是传统煤发电的68%。由此可见,IGCC作为一种既有高的发电效率,又有好的环保性能的一种清洁高效发电技术,应在高新区及其他区域大力推广。但是从目前示范运行的IGCC电厂的建设运行效果看,建立IGCC电厂的费用昂贵,且运行过程中可靠性较差,在广泛推广运用之前尚需改善。高新区可以充分利用园区的科技和创新能力,对IGCC技术进行示范建设,在实践中实现技术的改进和提高。二是,CCS技术。CCS初衷是实现煤炭资源的清洁利用。2005年,IPCC第三工作组发表了其对CCS的特别报告,报告对CCS技术的定义是指将二氧化碳从工业或相关能源的源分离出来,输送到一个封存地点,并且长期与大气隔绝的一个

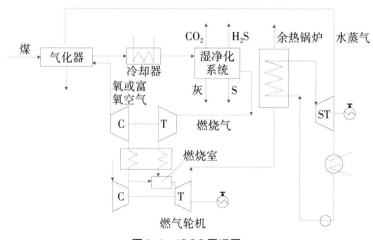

图3-9　IGCC原理图

过程。2007年IPCC发布的二氧化碳封存和捕获特别报告中认为CCS技术对2010年二氧化碳减排的共享率可能达到15%~55%。CCS技术主要包括二氧化碳捕获技术和封存技术。

膜分离法三种吸收法包括物理吸收法和化学吸收法。物理吸收法是通过采用聚乙二醇二甲醚、甲醇等对二氧化碳溶解度大、选择性好、性能稳定的有机溶剂对二氧化碳进行分离和捕获过程；化学吸收法是通过采用乙醇胺类水溶剂等碱性溶液对二氧化碳进行溶解分离，然后脱析分解分离出二氧化碳从而实现二氧化碳捕获的过程。此种方法目前已经较为成熟，但由于溶剂再生能耗高，用于非化工类行业中存在成本过高问题。吸附法是先将二氧化碳吸附，然后通过恢复条件将二氧化碳解析从而达到分离捕获二氧化碳的目的。根据条件主要有变温吸附法和变压吸附法。这种方法存在的主要问题是由于吸附体需求量较大从而使得成本较高，同时受技术限制工作效率较低。膜分离法是在一定条件下，根据气体分子的大小不同，通过膜将二氧化碳分离出来。由于这种技术在成本相对较低的情况下，还存在很大的投资和运行能耗降低的空间，因此备受关注。同时由于膜分离法有利于后续的封存，因此也被普遍认为是最具潜力的二氧化碳捕获技术。

二氧化碳封存技术方面。二氧化碳封存是CCS技术中非常重要的部分，目前的封存方式主要涉及地质封存、海洋封存、矿石封存和工业利用等方面。地质封存是直接将二氧化碳注入地下的地质结构，如油田、天然气储层、含盐地层和不可采煤层等。这种封存方式是最有潜力的一种封存方式，据估算全球地质封存二氧化碳贮量至少可以达到2000Gt。但是二氧化碳作为一种气体，防泄露和防转移是地质封存技术的关键。尽管公众和环保人士对CCS技术存在一定的抵制情绪，但是据IPCC的报告称，二氧化碳可以在地下安全地储存上百万年，每1000年的泄漏率不到1%，是一项最被看好的封存技术。海洋封存是将二氧化碳注入1000米以上深度的海洋中，使其自然溶解，或注入3000米以上的深海中，使其在海底形成固态的二氧化碳水化物或液态的二氧化碳"湖"，从而延缓二氧化碳分解到环境中的过程。但是海洋封存的最大担忧是其可能对海洋生物等环境产生影响。此外海洋封存即将二氧化碳溶解于水中，而其最终还是会回到大气中，只是将时间延后而已，并非最终方案。矿石封存是利用二氧化碳与碱性和碱土化合物，如氧化镁、氧化钙等金属氧化物反应生成稳定的碳酸盐从而将二氧化碳永久性固化的方式。由于这种自然反应的过程通常较为缓慢，因此需要对矿物做增强性预处理，而这一过程的能耗极高，同时由于开采这些矿物的技术等限制，矿石封存二氧化碳的潜力不大。工业利用是将二氧化碳作为反应物生产尿素、甲醇等含碳化工产品，或应用于园艺、冷藏冷冻、食品包装、焊接、饮料和灭火材料等方面，从而达到封存的目的。据统计，目前全球的二氧化碳利用量是每年约120Mt(30Mtc/a)，其中大多数是用于生产尿素。由于在不同的工业流程当中，二氧化碳的封存时间只有几天，最多几个月，然后会被再次降解为二氧化碳，并排入大气，因此工业利用从技术上看并不是一种理想的封存方案，从总体来看对减缓气候变化也并没有实质上的贡献，而且在很多情况下反而会造成总体排放量的净增加。

最后，充分利用可再生能源。《中华人民共和国可再生能源法》对可再生能源的定义是指风能、太阳能、水能、生物质能、地热能、海洋能等非化石能源。由于风能、水能、海洋能等对园区所处气象环境、地理位置等有特殊的要求，因此高新区的能源利用规划中常涉及的、实际开发利用较多的是太阳能和地热能。本书也只针对大多数区域产业与生态环境协同效应度量系统构建中均可利用的太阳能和浅层地热能的开发利用进行研究。

太阳能(Solar)方面。太阳能一般指太阳光的辐射能量。太阳能又有广义和狭义之分，广义上太阳能指地球上许多能量的来源，包括风能，化学能，水的势能等等。狭义的太阳能主要指太阳辐射能的光热、光电和光化学的直接转换。太阳能可循环利用，具有存量丰富、使用免费及保护环境等优点。

目前中国加强了对浅层低温地热能的开采利用，地源热泵和水源热泵技术也得到广泛应用，其中地源热泵技术的受关注度越来越高，地源热泵是一种转换装置，是一种可供热又可制冷的高效节能系统，实现对地下深层土壤热资源的利用，这些热资源包括地下水、土壤或地表水等。

（四）低碳能源集成系统节能及碳减排效益分析

高新区通过以上途径建立的低碳能源集成系统，在对大量低碳能源利用实例、相关研究数据进行总结、分析、类比的基础上，本书认为通过构建低碳能源集成利用系统，高新区的建筑能源消耗总量可降低60%，工业能源消耗总量可降低30%，可再生能源利用率达到15%，低碳技术条件下单位能源消耗量碳强度降低到0.35tC/tce，比现状条件下单位能源消耗量碳强度0.63tC/tce降低40%以上（见表3-7）。

表3-7　区域产业与生态环境协同效应度量系统低碳能源系统节能及碳减排效益表

能源用途	节能效率	低碳技术下单位能源消耗碳强度
建筑用能	60%	
工业用能	30%	0.35tC/tce
可再生能源利用率	15%	

第七节　基于GIS的区域产业与生态环境协同效应度量系统信息系统构建研究

构建区域产业与生态环境协同效应度量系统是一项复杂的系统工程，主要由园区内企业、园区公共基础设施以及管理部门有机结合而成，整个系统的正常运行基于清洁的生产技术、高效的资源利用技术及有效的废弃物回收利用技术，同时需要园区顺畅的信息流通和高效的管理。因此对区域产业与生态环境协同效应度量系统构建的研究应涵盖生态、环境、能源、经济、信息技术、系统工程等多学科和研究方向。随着信息技术的发展与普及，人类社会正在快速进入信息化时代。尽管目前对于信息的定义大多不够准确，难以反映信息的本质，但是信息在社会生产和人类生活中发挥日益重要的作用却是真实且不容忽视的。系统越是进化，对信息的依赖程度越强。因此信息资源的重要性日渐突出，对于信息的掌握程度高低直接关系到竞争力的强弱。

信息的收集和高效利用对于区域产业与生态环境协同效应度量系统的构建和发展具有非常重要的意义，完备顺畅的信息系统可以提高园区的反应灵敏性和抗风险能力。这一点在《综合类生态工业园区建设标准》中的"生态工业信息平台完善度"的指标中也有所体现。

一、区域产业与生态环境协同效应度量系统信息系统研究现状

随着对区域产业与生态环境协同效应度量系统构建理论研究的逐步完善和实践经验的日益积累，信息以及信息系统的重要性越来越受到研究人员和园区建设部门的关注。加之GIS、互联网等信息技术日新月异地发展，关于区域产业与生态环境协同效应度量系统信息系统功能和技术方面的研究也取得了很大进展。吴忠俊等采用先进的基于互联网技术和数据库技术的浏览器/服务器（Browser/Server，B/S）结构模式，通过数据库设计和功能模块设计，对区域产业与生态环境协同效应度量系统环境管理信息系统进行开发设计，并以河流污染事故源的分析及企业污染评价为例实现对信息系统的运用。但该信息系统的重点放在了园区企业的污染源管理上，数据库中仅收集了区域产业与生态环境协同效应度量系统废气、废水、固体废弃物的排放情况，没有将园区环境管理的相关信息全部纳入系统。邓金南等根据区域产业与生态环境协同效应度量系统各企业相对独立运行的特点，采用B/S模式构建了基于WEB的数据库管理系统，并在研究园

区信息集成目标的基础上,设计了以物质和能量流动为中心的园区信息管理系统。戴国新等以提供决策支持为目的,对园区环境管理系统的数据源进行了详细分析,提出数据库应集成企业业务流程中主要职能部门的环境数据以及各类环境标准、法规和条例数据库的多个数据源,并提出基于B/S模式的系统平台构架和实施方案。

随着GIS等空间信息技术的开发应用和日益成熟,区域产业与生态环境协同效应度量系统信息系统构建的研究也逐步将空间信息纳入其中。王若成以烟台市区域产业与生态环境协同效应度量系统为例,依托GIS信息数据,构建了基于C/S模式的空间数据管理系统和基于C/S模式的信息共享系统相结合的区域产业与生态环境协同效应度量系统地理信息系统,实现了园区数据的组织管理、空间分析、辅助决策等信息管理功能和园区数据发布、浏览、查询等信息共享功能的完美组合,成为集空间数据管理、分析、决策和服务为一体的业务化运行系统,为区域产业与生态环境协同效应度量系统规划和管理提供快速、可靠的信息服务。郭威等将GIS系统作为区域产业与生态环境协同效应度量系统信息管理系统设计框架中的一部分,提出数据库系统通过充分利用GIS强大的空间数据处理和分析功能,对一定地理区域经济活动进行空间标志而建立起空间数据库,建立赋予与空间位置相对应的经济活动属性的属性数据库。

关于区域产业与生态环境协同效应度量系统的相关理论研究取得一定的成果,但是相关实践研究还相对落后,信息交流不畅导致园区企业和管理部门之间的交流受限,对园区系统整体稳定和管理效率产生不利影响。尤其是物流、能流联系相对较低、信息流相对较高的高新区,区域产业与生态环境协同效应度量系统信息系统对区域产业与生态环境协同效应度量系统构建和发展的重要性自是不言而喻。因此根据高新区的特点,依托现已成熟的空间信息、数据库、网络等信息技术,建立完善的区域产业与生态环境协同效应度量系统信息系统,对园区的生态环境、企业物质循环和资源利用、园区环境政策法规等技术、管理信息进行网络化、自动化的信息集成、分析决策、信息发布、沟通、查询及电子业务处理,是区域产业与生态环境协同效应度量系统构建中的重要组成部分。

二、系统构建原则

区域产业与生态环境协同效应度量系统信息系统的构建应当遵循"需求主导、统一规划、统一标准、突出重点、整合资源、保障安全"的开发原则,但在实际需求中遵循的原则有以下三个方面。首先,从需求的角度出发,以实用性为基础。深化生态工业信息管理的需求,系统功能设计、数据处理与各类信息等符合相关管理的要求,以实用性为基础,突出针对性。其次,讲求实效,重点突出。结合生态工业信息管理的特点,适当地设置系统功能,使之能够同时满足动态监测和信息管理实用性的需求。最后,将标准统一起来,实现模式的规范化。信息数据的采集加工、统计分析及发布技术标准等采用统一的标准,最终形成信息的上传和下达机制。

三、区域产业与生态环境协同效应度量系统信息系统分析

区域产业与生态环境协同效应度量系统信息系统作为信息系统的一种,其设计开发阶段与一般信息系统一样,主要分为系统分析、系统设计、系统实施及系统运行维护。

系统分析是根据系统所要实现的目的而进行的系统功能需求分析、系统数据分析等,并初步建立系统逻辑系统构建,即确定所设计的信息系统应该干什么,应该具备怎样的功能。系统设计是根据系统分析建立的系统逻辑系统构建,提出系统实现的物理系统构建,即解决如何做的问题,主要包括信息编码设计、系统分解、功能模块的确定及连接、人机界面设计、数据库设计及模块功能说明等。系统实施是将系统设计阶段建立的系统物理系统构建,转化为用户要求的程序设计语言或数据库语言书写的源程序系统,主要包括程序的编写和调试、系统数据录入、系统测试等。系统运行维护是为保证并提高系统运行的效率和服务水平,对系统所进行的不断修正和完善的过程。系统的维护分为四种:对系统在测试中未发现但在使用过程中显现出来的潜藏错误的改正性维护,针对系统硬件、操作平台等更新换代而进行的适应性维护,对用户提出的新功能或修改意见的完善性维护以及为改进未来的可维护性或可靠性而进行的预防性维护。其中完善性维护通常占系统维护的一半以上。

其中,系统分析是区域产业与生态环境协同效应度量系统信息系统设计的第一步,也是开发成败的关键。其后的系统设计、系统实施和系统运行维护均是利用信息技术,对系统分析阶段提出的系统功能需求和逻辑系统构建的实现过程,这些过程的技术和方法目前已经十分成熟,并已实现广泛运用。因此本书主要完成基于GIS的区域产业与生态环境协同效应度量系统信息系统的系统分析过程,对区域产业与生态环境协同效应度量系统信息系统应达到什么目的、具备什么功能进行深入探讨和研究。而对系统设计、实施以及运行维护中常用的信息技术和方法仅做简要介绍和说明。

(一)系统目标设定

系统目标是区域产业与生态环境协同效应度量系统信息系统建成后运行效果好坏的关键。所谓效果,就是趋向目标的行动和达到目的的程度。在可行的基础上确定较高的目标,可以使系统的运行达到较高的效果,确定的目标较低,则运行效果也较低;若系统在构建初期没有确定系统目标,系统结构和功能即使再强大,也毫无效果可言。因此合理确定系统目标,是系统开发成功的首要任务。

基于GIS的区域产业与生态环境协同效应度量系统信息系统的总体目标是要集成地面监测、数据存储与传输、信息管理与评价、决策支持、信息发布与查询等技术手段,整合区域产业与生态环境协同效应度量系统环境管理信息资源,初步建立起机构完整、技术先进、上下联动、覆盖管辖范围内环境信息的动态监测、预警体系。通过系统的建立,实时、全面、准确地掌握园区生态环境、资源利用等状况,为各级环境主管部门提供实时的园区环境质量、资源利用、污染源等环境基础数据和信息,为园区企业提供丰富的副产品、废弃物交易信息,资源高效利用、清洁生产、污染物控制技术,园区环境鼓励政策文件,相关环境法律法规标准等信息,为公众提供最新的园区环境质量、园区以及企业最新动态等对外发布信息,最终实现区域产业与生态环境协同效应度量系统管理的科学化、系统化、规范化、数字化与实时化的监控与管理。

(二)系统数据分析

数据是区域产业与生态环境协同效应度量系统信息系统分析、处理和表达的对象,因此要进行系统构建,就需要对系统数据的内容有全面的了解。根据系统的总体目标,基于GIS的区域产业与生态环境协同效应度量系统信息系统所涉及的数据主要包括空间信息数据、生态环境信息数据、生态工业信息数据、环境管理信息数据以及环境系统构建信息数据。

1.空间信息数据

空间信息数据库是GIS的核心,其设计和建立的好坏直接决定整个区域产业与生态环境协同效应度量系统信息系统的成败。根据区域产业与生态环境协同效应度量系统信息系统的总体目标要求,空间信息数据应主要包括园区行政区划、绿地、道路、河流等背景对象数据和企业、居民区、机关单位、科教文卫、餐饮娱乐等业务对象数据。背景对象数据除用于业务对象数据的背景,反映其环境和位置关系之外,还用于对园区绿化、景观水体水质等生态环境质量的空间表达。空间信息数据的数据类别、内容及查询修改权限内容(见表3-8)。

表3-8 空间信息数据汇总表

数据类别		数据内容	数据权限		
			管理部门	企业	公众
背景对象数据	行政边界	区域边界、面积等	查询	查询	查询
	绿地	绿地类型、植物种类、面积、分布等	查询、更新	查询	查询
	水系	水体类型、功能、面积、深度、水质、水量等	查询、更新	查询	查询
	道路	道路名称、宽度、级别等	查询、更新	查询	查询
	管网	管网类别、埋设深度、管道直径、注意事项等	查询、更新	限制	限制
	等高线	海拔、地形等	查询	查询	查询
业务对象数据	居民点	地理位置、社区名称、建筑类型、占地面积、居住人口等	查询、更新	限制	限制
	机关单位	单位名称、占地面积、职工人数等	查询、更新	限制	限制
	企业	企业名称、企业规模、所属行业、占地面积、职工人数、主要产品等	查询	更新	限制
	基础设施	设施类别、占地面积、服务范围等	查询、更新	限制	限制

2.生态环境信息数据

生态环境数据涉及环境本底数据、实时监测数据和经过数据分析之后形成的环境质量数据等。其中,环境本底数据包括园区大气、水、声、土壤等环境本地数值和绿地、景观、湿地等原生生态数据;实时监测数据包括企业污染源在线监测数据和环境质量自动监测数据;环境质量数据主要包括环境质量历史数据、定时发布数据和预测数据。数据具体内容和操作权限(见表3-9)。

表3-9 生态环境数据汇总表

数据类别		数据内容	数据权限		
			管理部门	企业	公众
环境本底数据	大气环境	大气功能区划,特征污染物名称、种类、本底值,常规监测的主要污染物本底值等	查询	部分限制	部分限制
	水环境	水环境功能区划,特征污染物名称、种类、本底值,常规监测的主要污染物本底值等	查询	部分限制	部分限制
	声环境	噪声功能区划、噪声本底值等	查询	部分限制	部分限制

数据类别		数据内容	数据权限		
			管理部门	企业	公众
实时监测数据	土壤环境	特征污染物名称、种类、本底值,常规监测的主要污染物本底值等	查询	部分限制	部分限制
	自然生态	湿地类型、动植物种类、数量等	查询、更新	查询	查询
	企业污染源监测数据	监测点位、监测项目、监测结果、责任单位等	查询	限制	限制
	环境质量自动监测数据	监测点位、监测项目、监测结果等	查询	限制	限制
	环境质量人工监测数据	监测时间、监测点位、监测项目、监测结果等	查询、更新	限制	限制
环境质量数据	历史数据	大气、水、声、土壤等环境质量历史数据和趋势分析图表等	查询	部分限制	限制
	定时发布数据	大气、水、声环境质量发布数据以及相关提示信息等	查询、更新	查询	查询
	预测数据	根据环境、社会、经济等历史数据,运用环境系统构建等分析所得的环境质量预测趋势数据等	查询	限制	限制

3.生态工业信息数据

生态工业信息数据按照介质进行分类,主要包括水系统、能源、固体废弃物三方面的数据。水系统数据主要包括供水、用水、排水和水污染源数据。数据具体内容和操作权限(见表3-10)。能源信息子系统主要包括集中供能、用能、可再生能源以及大气污染源数据。数据具体内容和操作权限(见表3-11)。固体废弃物数据涉及园区垃圾分类、危险废弃物和一般固体废弃物数据。数据具体内容和操作权限(见表3-12)。

表3-10　水系统数据汇总表

数据类别		数据内容	数据权限		
			管理部门	企业	公众
供水数据	新鲜水源	水源地及水源地水质,水厂供水能力及出水水质,地下水取水井位置、深度及取水量,水价等	更新	部分限制	部分限制
	再生水源	再生水厂能力、进水水质、出水水质、水价等	更新	部分限制	部分限制

数据类别		数据内容	数据权限		
			管理部门	企业	公众
用水数据	供水管网	自来水、再生水管网覆盖率,管网空白区位置、面积等	更新	部分限制	部分限制
	新鲜水	用水单位、用量、用途等	查询	限制	限制
	再生水	用水单位、用量、用途等	查询	限制	限制
	其他水源	雨水、海水等其他水源利用数据,包括用水单位、用途、利用技术、成本等	更新	部分限制	部分限制
	节水技术	梯级利用、循环利用技术等及典型案例	更新	查询	查询
排水数据	排水管网	管网覆盖率、空白区面积、位置、规划等	更新	查询	查询
	污水处理	污水处理设施(包括集中污水处理厂和企事业单位自建处理设施)位置、能力、工艺、进水水质、出水水质、排放口位置、排放方式、受纳水体、处理成本等	更新	更新	限制
水污染源数据	污染源	排污单位名称、位置、污水产生量、常规及特征污染物种类、污染物浓度、污染物削减量、排放量、减排措施等	查询	限制	限制
	污染减排	园区总体污水产生量、常规污染物和特征污染物产生量、削减量、排放量等	更新	限制	限制

表3-11 能源数据汇总表

数据类别		数据内容	数据权限		
			管理部门	企业	公众
集中供能数据	电能	电价、电网、变电站等	更新	查询	查询
	热能	管网(划片)、热源、价格、方式(水、汽、地热、太阳能)等	更新	查询	查询
	天然气	管网、气源、价格等	更新	查询	查询
用能数据	单位用能	用能单位、能源结构、能源用量、主要耗能工艺/设备能效、单位产品能耗、节能措施、节能效果等	查询	更新	限制
	建筑用能	节能建筑名录、面积、节能措施、节能效果、建筑用能总量、能源结构等	查询	查询	查询
	生产用能	能耗总量、能源结构、节能措施、节能效果等	查询	查询	查询
	技术集成	节能技术、化石能源洁净化利用技术等能源利用先进技术信息	更新	查询	查询

数据类别		数据内容	数据权限		
			管理部门	企业	公众
可再生能源数据	太阳能	利用单位、方式、用途、成本、能效等	更新	查询	查询
	地热	利用单位、方式、用途、成本、能效等	更新	查询	查询
	风能	利用单位、方式、用途、成本、能效等	更新	查询	查询
	生物质能	利用单位、方式、用途、成本、能效等	更新	查询	查询
	技术集成	太阳能、地热能、风能、生物质能等可再生能源利用技术信息	更新	查询	查询
大气污染源数据	污染源	排污单位名称、位置、常规及特征污染物种类、污染物产生量、污染物削减量、排放量、减排措施、减排效果等	查询	更新	限制
	污染减排	园区总体大气常规污染物和特征污染物产生量、削减量、排放量等	更新	限制	限制

表3-12　固体废弃物数据汇总表

数据类别		数据内容	数据权限		
			管理部门	企业	公众
生活垃圾数据	垃圾产生	园区垃圾产生单位、产生量、垃圾组成等	查询	更新	限制
	分类收集	园区垃圾分类标准、分类收集企业信息、分类收集方式等	更新	限制	限制
	处理处置	垃圾清运方式、处理方式、最终去向等	更新	限制	限制
危险废弃物数据	危险废弃物名录	危险废弃物产生单位、产生工艺、种类、产生量、危害等	查询	更新	限制
	处理处置	处理单位资质、能力等信息，处理方式、最终去向等	更新	限制	限制
一般工业固废数据	固废产生	一般工业固废产生单位、固废种类、产量等	查询	更新	限制
	固废交易	固废种类、数量、物化性质、潜在用途、供需信息、联系方式等	查询	更新	限制

4.环境管理信息数据

环境管理数据主要包括园区环境预警、环境应急、科技创新、环境法律法规政策标准、环境规划计划等信息数据。数据具体内容和操作权限(见表3-13)。

5.环境系统构建信息数据

区域产业与生态环境协同效应度量系统涉及的环境系统构建较多,主要有大气污染物预测系统构建、水环境污染物预测系统构建、声环境影响预测系统构建及其他环境保护系统构建等。系统数据还应将这些决策系统构建数据进行合理组织,用于信息的分析处理以及用户的查询和使用。

表3-13 环境管理数据汇总表

数据类别	数据内容	数据权限		
		管理部门	企业	公众
环境预警数据	各相关部门职责、预警方案等	更新	查询	查询
环境应急数据	各相关部门职责、应急措施等	更新	查询	查询
科技创新数据	科研创新单位、已承担项目、项目申请、相关优惠政策等	更新	更新	查询
环境法规政策标准	国家、地方及园区环境相关的法律、法规、政策、标准、管理办法等	管理部门	查询	查询
环境规划、计划	国家、地方及园区的相关规划、计划等	管理部门	查询	查询
相关文件数据	环境相关的法律、法规、政策、标准、规划、计划等文件信息	更新	查询	查询

(三)系统功能需求分析

根据系统的总体目标和数据信息可以看出,区域产业与生态环境协同效应度量系统信息系统应具备信息集成、信息分析、信息查询和信息发布的功能。信息集成是指信息数据的录入、储存和更新功能。信息分析是指对录入数据的整理和分析功能。信息查询是指用户根据不同需求查询到该用户权限下的数据信息的功能。信息发布是指用户查询信息的表达功能。根据系统数据分析和功能需求分析,区域产业与生态环境协同效应度量系统信息系统的功能模块划分如图3-10所示。

(四)系统结构设计

区域产业与生态环境协同效应度量系统信息系统的结构应以数据库为根本,通过数据引擎,经GIS平台为用户提供各类数据的管理、分析和决策系统构建生成及决策方案的交互操作等。其系统结构如图3-11所示。

四、区域产业与生态环境协同效应度量系统信息系统实现分析

区域产业与生态环境协同效应度量系统信息系统要达到信息集成、分析、查询、发布的目的,需利用数据库技术和地理信息系统技术。

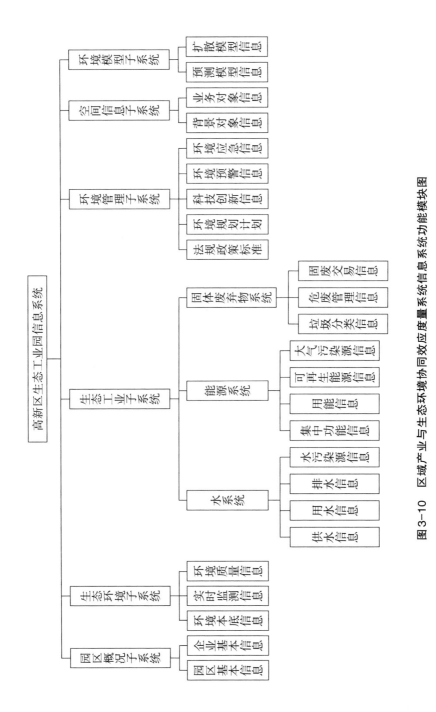

图 3-10 区域产业与生态环境协同效应度量系统信息系统功能模块图

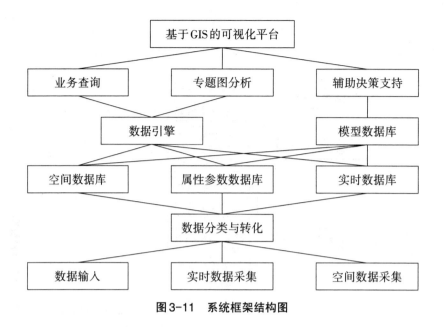

图3-11　系统框架结构图

（一）数据库技术

数据库（database，DB）是通用化的、综合性的、相互关联的数据的集合，是数据管理的一种科学方法。通俗来说，数据库就是指长期存储在计算机的存储设备上，并按照某种系统构建组织起来，可以被特定用于或应用程序所共享的数据集合。数据库技术主要研究科学地对数据进行组织和存储，高效地对数据进行检索和处理，是现代信息系统技术的基础。由于SQ-Server数据库稳定性高、应用广泛，因此区域产业与生态环境协同效应度量系统信息系统应用SQ-Server数据库作为数据存储、分类管理的主要工具。

（二）地理信息系统技术

GIS技术可以认为是在数据库管理系统（DBMS）和计算机辅助设计（CAD）两项软件技术的基础上，附加了对空间数据的管理和分析功能。其强大之处在于能够建立和分析包括高速公路、城市、水域、管网等地理对象的拓扑关系，即除根据其地点和数据属性进行分析外，还可以根据其空间关系进行分析。

随着信息技术，特别是组件技术、计算机网络技术的发展，GIS技术也在逐步完善，功能更加强大。目前GIS的技术手段主要包括ComGIS技术、WebGIS技术和空间数据系统构建技术等几种类型。ComGIS是将系统功能划分为多个具有不同功能的控件，并将各个GIS控件和非GIS控件通过可视化的软件开发工具集成起来，来实现整体系统功能的技术。ComGIS的优点是应用灵活、易于扩展，较适合区域产业与生态环境协同效应度量系统信息系统的功能需求。WebGIS 技术是利用互联网技术在网页上发布空间数据,以供用户浏览和使用,其优点是用户不必在本地的计算机上安装 GIS 软件,通过互联网即可访问远程的 GIS 数据和应用程序,并进行相关操作。

（三）系统操作模式

目前应用较多的系统操作模式主要有三种:单机操作模式、客户/服务器(Client/Serve, C/S)模式和浏览器/服务器(Browser/Server, B/S)模式。单机操作模式即所有的运算和数据存取都在用户本地的计算机上完成,而不与网络上的其他计算机之间进行数据的交换和操作,是最传统的系统操作模式,但对于区域产业与生态环境协同效应度量系统信息系统这样的数据量大、用户较多、实时更新的信息系统,是难以实现其系统功能的。C/S 模式是一种包括客户端和服务器端的两层结构体系,服务器是系统的核心,负责维护后台的数据库,为客户端提供所需的数据信息;客户端是系统的基础,通过客户程序执行应用处理和数据的表述功能,是分布处理与集中数据操作管理的有机结合。C/S 模式的优点是数据处理量大、存取模式安全、客户端响应速度快,但对服务器的要求较高,系统开发、维护成本较高,系统可扩展性差。B/S 模式是一种包括数据服务器、应用服务器和浏览器的三层系统结构,是 C/S 模式的扩展。在 B/S 模式中,大量的数据信息存储在数据服务器上,应用服务器接受用户通过浏览器发出的请求并做出分析,通过各类服务组件访问数据服务器,并将运行处理结果反馈给浏览器,浏览器的功能就是发出请求和显示结果。B/S 模式最大的优点就是用户无须安装任何专门的软件,只通过一台连接到网络上的计算机就可以进入系统,且扩展非常容易,后期开发、维护成本较低。但是由于技术本身的限制,对于基于 GIS 建立的区域产业与生态环境协同效应度量系统信息系统,针对大量图形的操作在响应和传输上还存在一定的困难。

C/S 模式和 B/S 模式相结合的混合模式适合于区域产业与生态环境协同效应度量系统信息系统,能够有效地保障数据的传输、交互使用以及网络流通性。C/S 模式主要针对的是专业用户,发挥空间图形数据处理、传输优势,满足较高的可视化数据处理要求,并进行系统数据的更新、管理和维护等;B/S 模式主要针对的是普通用户,满足普通用户发布和查询业务数据、公告信息等方面的需求。C/S 模式和 B/S 模式相结合的混合模式可以兼具安全、可靠、灵活等特点。

综上所述,区域产业与生态环境协同效应度量系统信息系统开发可以采用 C/S 结构和 B/S 结构相结合的混合模式,基础数据库为 SQ-Server 数据库,开发工具为 MapX 以及基于互联网开发的 Mapx-treme,在 Visual Studio

系统开发平台下进行系统的设计,实现区域产业与生态环境协同效应度量系统信息系统信息集成、信息分析、信息查询、信息发布。

本章小结

本章针对区域产业与生态环境协同效应度量系统的规划,结合高新区有别于一般工业园区的高新技术企业规模小、研发孵化功能强、环境污染的滞后性和隐蔽性等特点,从产业共生模式、水资源优化配置、低碳能源集成和完善的信息系统等四个方面,提出了高新区区域产业与生态环境协同效应度量系统的构建途径:

产业共生系统:其一是基于高新技术产品的检测、测试等技术服务为核心的资源设施共享的技术平台共生系统;其二是依托于总部经济与高新技术相融合的产业共生系统,构建高聚集力、高辐射性、创新活跃的科技型总部经济园区。

基于多目标优化的水系统:构建基于能力、绩效、环境、生态和技术等五个条件约束,新鲜水耗最少、用水费用最小和污染物排放最低为目标的水系统优化系统构建,实现水资源的最优化利用和水环境生态的良好改善。

基于低碳视角的能源集成系统:集成建筑节能、工业节能和管理节能等节能技术,集成IGCC、CCS和碳捕获封存技术的洁净煤燃烧技术,以及太阳能、地热能等高新区可利用的可再生能源技术等,构建适用于高新区的低碳能源集成系统,分析给出各种类型的技术所能够产生的节能、减碳效果。

基于GIS的信息系统:建立区域产业与生态环境协同效应度量系统信息系统的目标是实现科学化、系统化、规范化、数字化与实时化的监控与管理;系统应具备信息集成、信息分析、信息查询以及信息发布的功能;系统数据由空间信息数据、生态环境信息数据、生态工业信息数据、环境管理信息数据和环境系统构建信息数据构成。其中生态工业信息数据又包括水系统数据、能源数据、固体废弃物数据等。

第四章　区域产业与生态环境协同效应度量系统综合评价指标体系研究

　　通常来说,评价的地位非常重要,它是方案由计划到执行的关键环节,具有承前启后的作用,是对上一环节的总结与评定,也是下一环节开始的标志。只有成功地采用数学的方式测量评价时,才能够使科学得到真正的完善。定性分析与定量支持相结合才能更统一,而被人们接受。评价指标体系的应用范围越来越广,涉及的领域包括自然科学、社会科学和工程技术的众多学科,理论研究和实践涉及方案优选、事物优劣排序等方面。回到本章研究的重点,评价指标体系作为一种有效工具,能够在区域产业与生态环境协同效应度量系统建设进行整体综合评价方面发挥积极的作用。它具有非常严密的操作程序和运算规则,在经过系列评价后,得到的评价结果会比较全面、客观和可靠,同时所得评价结果可以进一步量化、查询和比较。运用评价指标体系,能够对区域产业与生态环境协同效应度量系统建设进行定量测算和分析,得到区域产业与生态环境协同效应度量系统在评价期内建设发展的总体水平与协同程度。对评价结果与评价标准进行比较,明确区域产业与生态环境协同效应度量系统建设发展现状与发展目标的差距,使得后续建设的重点和方向更加确定,或者促进不切实际的发展目标能够得到及时修订。因而区域产业与生态环境协同效应度量系统综合评价指标体系对于评价和指导区域产业与生态环境协同效应度量系统的建设与管理有着重要的意义与作用。

　　本章重点是根据前文对高新区特点和区域产业与生态环境协同效应度量系统构建的研究内容和结论,在对现有区域产业与生态环境协同效应度量系统建设标准和综合评价指标体系分析研究的基础上,构建合理的评价框架体系,选取恰当的评价指标和评价标准值,建立一套适用于区域产业与生态环境协同效应度量系统的综合评价指标体系。

第一节　区域产业与生态环境协同效应度量
系统建设的基本设计和方式

产业生态学是区域产业与生态环境协同效应度量系统的核心理论,产业生态学的系统分析方法有生命周期评价(LCA)、工业代谢分析(IM)、系统集成、地理信息系统(GIS)等四种。

一、生命周期评价(LCA)

国际上对生命周期评价的解释有很多种,其中国际标准化组织(ISO)和环境毒理学与化学学会(Society of Environmental Toxicology and Chemistry,SETAC)的定义最为权威。ISO对LCA的定义为总结和评估对一个产品或者服务的投入和产出在整个产品生命周期过程中对环境的影响包括潜在影响的方法。SETAC将LCA解释为评估产品、服务、制造工艺设备和生产活动对环境施加压力的客观过程;可以对其进行合理化和量化,以评估和量化物质、能源和环境的消耗、污染物排放的环境后果旨在减少环境影响和改善环境的计划和战略。该评估贯穿产品、服务和其他活动的整个生命周期,以及原材料的提取和加工;生产、运输和销售产品;产品的使用、处置和维护;废弃物管理和最终处置。在1993年SETAC将LCA阐述为一个三角形模型,它由四个相互关联的组分组形成的。在1997年ISO14040标准将LCA的实施分为以下步骤,分别是目标定义、范围定义、清单分析、影响评价和结果解释评价。对于目标和范围的定义,这是进行生命周期评价的初始,也是最关键的部分,因为它能够对整个评价工作和最后的结论产生直接的影响。明确该项研究开展的背景、目的及对所要研究领域的意义即意味着目标的确定。研究范围的确立与所研究的对象、系统边界范围、明确数据标准和要求以及提出的假设、约束条件等有关。清单分析是关于数据的收集和整理以及计算机程序设置,旨在对产品服务系统的输入指标和输出指标进行量化处理。即在整个产品生命周期中,对产品服务、工艺设备和生产服务活动消耗的原材料、燃料以及活动中向环境排出的包括污水、废气、固体废弃物及其他污染物在内的各种废料进行量化。清单分析是伴随整个产品生命周期展开的。影响评价的实施有四个步骤,分别是选择评价影响模型、特征化模型和选取评价参数,将影响的类型分类,特征化评价和量化评价。影响评价实质上是对产品服务系统进行监督,在这个过程中提供信息,更好地解释和评价整个产品生命周期。另外做影响评价时需注意来自生态系统、资源能源系统和人类生理健康的影响。按照目标范围的定义、清单分析和影响评价三个步骤的结果,尤其是影响评价的最后结论,结果解释就是总结性地评估产品、服务、工艺设备和产品、服务活动,通过对这些要素的定量和定性分析评价提出相应的对策。生命周期评价可以以全方位多角度的观察方式实现,评价一个产品、服务活动的投入产出对环境的影响大小,基于分析评价结果构建资源能源有效利用和废弃物处理系统,改进技术和管理方法,以一种环境友好型的方式管理经济、社会和生态发展的关系,使经济的增长和社会的进步建立在环境压力小的基础上,促进可持续发展的目标达成。

二、工业代谢分析(IM)

20世纪80年代后期,艾尔丝(Ayres)等人提出了"工业代谢"这一概念,是对经济运行中原料与能量流动对环境的影响进行开拓性研究之后提出来的,即将原料和能源转变成最终产品和废弃物的过程中,一系列相互关联的物质变化的总称。工业代谢分析是指基于对系统结构的分析、系统功能的模拟仿真和对输入输出指标进行分析的一种专门研究工业生态系统运行和代谢机理的系统分析方法,它能够模拟自然界和生物的代谢过程。工业代谢分析的方法可以用于工业系统资源能源代谢的过程、规律和量化方法的研究,全球范围内、国家范围内及区域范围内的工业生态系统分析常采用此种方法。与以往的系统分析方法不同,工业代谢分析最终考察目标是环境,通过对资源、环境追踪其提炼、工业加工和生产,直至消费后变成废弃物的整个过程中物质和能量的流向和流量,总体评价工业系统造成的污染情况,并力求找出造成污染的主要原因。工业共生网络和生态工业系统与自然生态系统相似,均由生产者、消费者、分解者和外部环境等四个部分组成。

工业代谢分析的理论基础就是能量守恒定律,揭示经济活动纯物质的数量与质量规模是其主要目的,展示工厂工业活动的全部物质的流动和贮存。因此建立物质收支平衡表是工业代谢分析的主要方法,估算物质流动与贮存的数量,描绘其行进的路线和复杂的动力学机制,同时也指出它们的物理和化学的状态。工业代谢分析方法能够用于全球性的工业生产分析,也可用于国家性或是地区性的工业生产分析,适用的层面具有多样性,也可以是对某一个具体行业、公司或是特定场所的调查分析。

三、系统集成

在一定的区域范围内,促成工业生态系统的构建通常采用系统集成的方法。该方法以提高资源和能源的有效利用率,使经济效益最大化为目标。系统集成将物质流动、能量流动和信息流动纳入考虑的范围,通过加强工业生态系统内各部门、各单位的关联性,加强区域内或园区内企业间的交流和合作,促进资源信息、基础设施的共享和副产品交换利用等合作,旨在提高信息的畅通程度和提高各种活动的效率,同时减少废弃物的排放,协同工业和生态的发展,努力建立高效、低消耗的工业生态共生网络。系统集成主要包括物质、能源、信息和技术四个方面的集成。

(一)物质集成

生态工业研究的核心问题之一是采用系统工程的理论和方法研究如何使工业生态系统中各个活动过程达到物质集成这一目标。物质集成是工业生态系统中系统集成的核心,包括园区内部能源使用和商业废弃物交换中的化学反应,其中物质流是工业系统的最基本要素。根据园区产业规划,确定成员间上下游关系,并根据物质的供应和需求,在内容、数量和方法方面,以成功建立工业生态系统。物质集成可以在三个层面反映生态产业:企业引入环保生产;在企业之间使用废弃物作为潜在的原料或副产品,在物质、能源和信息的帮助下优化园区中有毒物质的使用;在园区之外,充分利用有关材料要求的信息,以便在整个经济周期内形成放射性联系,并开发材料和能源空间。

水系统集成是物质集成的特例。水系统的目标是节水,应考虑水的多用途使用策略。水系统集成可以用节水、开源、循环和处理四个词概括,首先是利用节水技术开展节水工作,从源头减少使用量,节约水源;同时回收利用中水和废水开发新的水源,开拓获取水资源的新路径;采用治污工艺循环使用污水;建立水资源综合利用体系,促进水资源回收、处理和循环利用的各个环节顺利进行。

(二)能源集成

能源集成的一个重要的出发点不仅要求园区内各企业寻求各自的能源使用效率的最大化,而且园区要实现总能源的优化利用,最大限度地使用太阳能、风能、生物质能等可再生能源。在一定条件下,园区消耗总能源的数量甚至可能会减少一半。能源的集成通常可以通过以下三个方法实现:一是,从源头上减少对能源的使用,利用先进的技术、节能工艺节约能源,使用可再生能源保护非可再生资源;二是,建立能源梯级利用体系,合理安排能源的使用,如采取集中供暖和供冷,减少能源不必要的消耗,实现能源的优化使用;三是,大力开发新能源,使用清洁能源,如风能、水能,代替不可再生能源。

(三)信息集成

为了保持工业园区活力和不断发展,需要积极配备完善的信息交换系统,或建立信息交换中心。充分利用现代信息技术,建立翔实的数据库,开发管理信息系统和电子商务系统,利用计算机网络对区域产业与生态环境协同效应度量系统的信息等资源进行整理、发布,以充分发挥信息对整个工业系统发展的重要作用,加强企业内部以及企业与外界的交流,了解市场信息,促进工业生态系统的完善。

(四)技术集成

关键技术的长期创新发展是园区可持续发展的决定性因素。在园区中引入环保生产和无害环境管理是实现园区可持续发展行之有效的途径。技术集成可以从设计之初开始,按照生命周期的概念、执行和生产技术的提高;按照产品生命周期的概念,采用高科技、抗风险技术、应用和技术、园区信息共享—加工技术等。工业要求创造了高科技系统,最大限度地减少消耗资源,同时减少浪费和污染。

四、地理信息系统(GIS)

地理信息系统是集现代计算机学、地理学、信息学、管理学和测绘学为一体的一门新兴方法。地理信息系统是一种辅助管理和决策的支持工具,目标是为了评估多种复杂的规划方案,解决各种管理的问题,利用计算机系统和技术对空间的相关数据信息进行收集、管理、操作、分析、仿真模拟和显示。

地理信息系统主要有地理数据的输入、储存、分析处理和输出等四个功能。其中地理数据主要是通过遥感数据、定位系统、地图矢量化(包括手扶跟踪矢量化和扫描矢量化)等方式获取;在对地理数据进行储存时,通常按照不同研究的需要,采用分层技术将具有地理性质的数据分为若干层,在实际操作时只处理相关层的数据;数据的处理允许操作人员对数据进行必要的修改、添加和各种运算,帮助研究人员从地理数据中挖掘有用的信息;数据处理得到的结果可以输入其他数据库或程序,也可以在计算机屏幕显示出来。

地理信息系统是基于地理空间信息库,对空间信息和动态数据进行处理的系统,是一种空间数据分析处理的全新方式。它有以下三个特点:一是,它是一种极其有效的数据管理系统。可以将工业生态中的大量具有地理特征和空间属性的数据输入地理信息系统,系统能够根据研究要求分层管理这些数据。二是,配备易操作的应用界面。系统的界面采用电子地图和使用者交互的形式,使用者可以运用自身已有的认知和逻辑操作数据。三是,具有强大的分析和运算数据的能力。地理信息系统可以依据地理对象的关联性对空间数据进行连接、分割、统计等操作,能够迅速、准确地解决空间问题。通过地理信息系统可以直观地分析空间数据和展示管理信息,对管理问题提出相应的建议和对策,通常被用于环境管理领域的研究。

第二节　综合评价指标体系框架

一、区域产业与生态环境协同效应度量系统建设标准和评价指标体系对比分析

目前,伴随着工业化的迅速发展,出现了一系列的问题,主要涉及结构性污染和区域性污染,要想使问题得到有效解决,需要积极探索调整产业结构和工业布局的方式以及实现新型工业化的新型发展模式,促使区域产业与生态环境协同效应度量系统建设成为当务之急。2007年,国家环保总局出于指导各类生态工业园的规划、建设和管理的目的,陆续公布了三个不同类型的生态工业园标准,即《综合类生态工业园区标准(试行)》《行业类生态工业园区标准(试行)》《静脉产业类生态工业园区标准(试行)》。各标准颁布伊始,效果非常明显,各个类型的生态工业园标准均规定了本类型验收的基本条件和指标,并根据生态工业的特征和生态工业园区建设的关键部分,制定了适合本类型生态工业园区发展的指标体系。试行一段时间之后,在反映综合类生态工业园的特点与要求方面,以上标准的部分内容存在欠缺,随后对之进行修订。2009年6月,环保部又正式公布了修订后的《综合类生态工业园区标准(发布稿)》,对原有试行标准进行了修订和进一步完善。

《综合类生态工业园区标准(发布稿)》指出,该标准适用于综合类国家生态工业示范园区的建设、管理、验收和绩效评估,还适用于国家级经济技术开发区、国家高新区和省级及省级以下各类工业园区,并指出综合类生态工业园区是由不同行业的企业组成的工业园区,主要指在经济技术开发

区、高新区等工业园区基础上改造而成的生态工业园区。标准设定了7项基本条件，具体包括政策法规的执行、环境质量及污染物排放达标、园区建设规划编制实施、环境管理机构机制、建筑节能水平和工业生态链条等方面，运用层次分析法，将指标体系划分为4个部分，分别为经济发展、物质减量与循环、污染控制和园区管理，共包括26项指标。修订后的《综合类生态工业园区标准》对指标体系进行了适当调整，对与生态工业园区建设要求关联性不强的指标进行了删除，同时增加能够体现循环经济理念、能更好地衡量生态工业园区建设效果的指标，同时针对具有明显地域特征的指标，体现分类指导原则，提出适用于不同类型地区的不同指标值。

从理论上和实践上来指导生态工业园区的建设和发展，出于保证生态工业园区建设和发展的方向的目的，除需要建设标准之外，还需要建立一套综合评价指标体系，要求结构设计合理、指标选择恰当，以此能够合理地评价区域产业与生态环境协同效应度量系统整体和各个重要方面的建设水平，同时能够促使园区管理和建设职能部门确保生态工业园区建设的初衷、条件等，通过分析评价，把握关键问题，确保能够有效地建设生态工业园区，进而提高生态工业园区建设的目的性和针对性。

评价指标体系（System of Evaluation Indicators）是一个有机整体，由一系列反映被评价对象目标、相互联系的指标构成。它反映了被评价对象在实现目标的过程中各个方面的相互依存关系，是开展评价工作的出发点和依据。根据以上定义对标准和评价指标体系的表述，《综合类生态工业园区建设标准》兼具两者的特点和功能。一方面，其是一套建设标准，对综合类生态工业园区建设提出了应共同遵守的基本条件和各主要方面及相关指标的标准值，属于标准的范畴；另一方面，其适用性中又明确该标准用于生态工业园区的验收和绩效评估，属于评价指标体系的范畴。

二、指标体系的框架构建

需要明确的是，建立科学、合理的指标体系是评价工作非常重要的环节，这直接关系着评价结果的正确性和有效性。评价指标体系中的评价指标具有较强的关联性，其内容涉及具体的综合评价对象，在评价目标框架内遵循相关原则来确定。指标体系通常分为水平结构和递阶层次结构，其中水平结构（即并列的若干个指标）通常适用于简单的评价问题；而递阶层次结构一般适用于复杂的综合评价问题，这种结构既便于描述复杂系统的关系，又符合人类的思维习惯，有利于使综合评价过程更加方便准确。

根据上一节的分析，区域产业与生态环境协同效应度量系统建设评价指标体系沿用环保部发布的《综合类生态工业园区标准》的指标体系框架，分别表述为目标层、准则层和指标层：

目标层（A），即区域产业与生态环境协同效应度量系统可持续发展度，是一个综合指标，其评价值是区域产业与生态环境协同效应度量系统建设总体评价的体现，用来衡量区域产业与生态环境协同效应度量系统发展的稳定性、协同性和园区发展水平，努力达成在时间、空间、数量上分别反映园区的发展速度和变化趋势、整体布局和结构特征、总体规模和发展水平。

准则层（B），分别为经济发展（B_1）、物质减量与循环（B_2）、污染控制（B_3）和园区管理（B_4）四个方面。经济发展水平是区域产业与生态环境协同效应度量系统可持续发展的物质保障，雄厚的经济实力可以为资源开发和环境保护提供足够的资金和技术，进而提高区域产业与生态环境协同效应度量系统的科技创新能力，科技创新能力是区域产业与生态环境协同效应度量系统可持续发展的灵魂，为可持续发展提供原动力。可持续发展以资源能源的可持续利用为基本目的，而资源能源的可持续利用又以物质的减量与循环利用为根本前提，以上构成经济可持续发展的关键。而资源能源可持续利用的一项重要成果是环境污染控制，也是区域产业与生态环境协同效应度量系统生态环境质量良好的保障。生态环境质量良好是区域产业与生态环境协同效应度量系统可持续发展最直观的外在体现，也是公众、投资者认可区域产业与生态环境协同效应度量系统建设成果的重要方面。园区管理是园区可持续发展的助力，只有拥有顺畅有效的管理体制，得到广泛的社会公众支持，区域产业与生态环境协同效应度量系统建设才能顺利进行。

指标层（C），为具体的若干项评价指标，主要包括最终确定的互相之间没有直接关系的各方面因素，同时能够表征区域产业与生态环境协同效应度量系统建设。

第三节　评价指标及标准值

一、指标选取的方法

评价指标的筛选是一项非常复杂的工作，对评价者的要求非常高，要求评价者所涉足的知识面具有一定的广度。通过相关文献综述可见，国内外关于生态工业园区的评价指标体系的研究不少,但是仍有许多问题暴露在评价指标的选择方面:一方面是在指标体系不断完备的同时,可能会致使指标体系数目过于庞大,持续出现的新指标会降低评价的可操作性,历史数据缺乏;另一方面是缺乏科学有效的指标选择方法,大部分指标选取的主观性太强,导致信息重叠和缺失比较严重,评价结果的准确性得不到保证。

主观法和客观法是当前指标筛选的两种主要方法。主观法基于主观知识和对评估趋势和趋势的分析,以及作为评价指标体系的重要指标;客观法基于数据的定量分析、相关分析、聚合等,从数量庞大的备选指标中选取那些相关性或关联性小、独立性强的指标组成指标体系。主观法主要包括理论分析法、专家咨询法等,客观法主要有频度分析法、主成分法、因子分析法等。主观法和客观法各有优缺点。主观法,特别是专家咨询法能够有效地发挥专家的特长,在所属领域具有一定的权威性,但因各专家的知识水平和实践经验不同,很容易出现侧重点不一致的现象,会出现随意性和意见难以统一等缺点。客观法主要通过发挥大数据的统计特点,指标选取更容易实现科学严谨性,能够有效地克服主观随意性的缺点,但也存在一定的缺点,即对数据的依赖性较强,不同数据带来的结果会不同;指标的重视程度和价值属性无法得到有效体现,特别表现在指标权重的确定方面。比较有效的方式是将主观法和客观法结合起来,实现优势互补,取长补短。虽然关于生态工业园区建设的相关研究不少,但是关于生态工业园区建设实践开展的时间并不长,相关指标的检测统计不完善,连续性不强,相关部门资料的完整性、系统性不强。以上种种因素造成指标数据收集的难度较大,即便能够收集到一些数据,也无法保证数据的完整性和有效性,导致数据的分布形态不固定、误差较大。因此区域产业与生态环境协同效应度量系统综合评价指标的筛选应该融合主观法和客观法的优势,既保证数据的客观科学,同时也要顾及指标的价值属性。

因此本书在对比现有指标选取方法的基础上,主要采用德尔菲法和相关分析法相结合的方法对评价指标进行选取。德尔菲(Delphy)法,主要通过对专家征求意见,并将意见汇总后进行系统评价,组织者需要保证专家意见的独立性,避免出现"相互污染"的问题,将专家意见经过汇总后整理出有效的合理化建议或方案,再次征求专家意见,再次汇总,重复征求意见环节,专家意见也会逐渐表现出一致性的倾向,继而确定最终的方案。相关分析旨在探讨变量之间密切的程度,它的一个主要指标是相关系数,主要用来描述变量间的相关程度。

$$\beta_{xy} = \frac{\sum_{i=1}^{n}(x_i - \bar{x})(y_i - \bar{y})}{\sqrt{\sum_{i=1}^{n}(x_i - \bar{x})^2 \sum_{i=1}^{n}(y_i - \bar{y})^2}} \qquad (4.1)$$

其中:$\bar{x}$、$\bar{y}$分别是x、y的均值。x_i、y_i分别是x、y的第i个变量。

由于误差的存在,两个变量间的相关系数不为0,不能说明总体中这两个变量的相关系数不是0,因此必须经过检验。检验的零假设是:总体中两个变量间的相关系数0。假设成立的概率$t = \frac{\sqrt{n-2} \cdot \beta}{1 - \beta^2}$。其中$n-2$是自由度。当$t > t_{0.05(n-2)}$时,$P < 0.05$拒绝原假设;否则接受原假设,总体中两个变量的相关系数为0。

二、评价指标的选取

首先,指标选取的步骤及结果。评价指标选取的具体操作过程:一是,按照指标体系框架,参考《综合类生态工业园区标准》的指标体系,增加区域产业与生态环境协同效应度量系统建设特点和模式的相关指标,如可以体现高新区高新技术产业集中特点的"高新技术产业增加值占GDP比例"、可以体现高新区科研功能的"科研投入占GDP比例"等指标(见表4-1)。二是,设计专家咨询表,以上一步选定的指标体系作为依据,分别征求20位专家的意见,涉及生态、环保、经济、规划等领域,请20位专家针对初步选定的指标,进一步提出保留、取消、修改及建议补充的意见,汇总后再次征求意见,如此反复,确保专家的意见最终趋向一致。以60%作为标准,保留同意意见达到60%以上的指标,修改同意意见达到60%以上的指标,除对于首轮咨询提出的增加指标,在后续咨询中征求专家意见。专家咨询意见结果汇总见表4-1、表4-2和表4-3。三是,综观德尔菲法确定的指标体系(见表4-4),可以发现指标体系中与经济发展水平即GDP有关的指标共17项,占了一半以上,故收集了华苑科技园、上海张江高新区、南昌高新区、昆明高新区等国家级区域产业与生态环境协同效应度量系统的相关数据,对指标体系中与GDP有关的指标进行相关分析,去除或合并相关性较大的指标,避免由于信息重叠造成评价结果偏离,相关分析结果见表4-5。

表4-1 区域产业与生态环境协同效应度量系统综合评价指标体系征求意见汇总表1

目标	准则	序号	指标	单位	保留	取消	更改
A区域产业与生态环境协同效应度量系统可持续发展度	B₁ 经济发展	C₁	人均工业增加值	万元/人	75.0	10.0	15.0
		C₂	工业增加值年均增长率	%	70.0	25.0	5.0
		C₃	高新技术产业增加值占GDP比例★	%	90.0	10.0	0.0
		C₄	科研投入占GDP的比例★	%	80.0	10.0	10.0
		C₅	本专科以上劳动者所占比例★	%	40.0	45.0	15.0
		C₆	科研人员所占比例★	%	70.0	30.0	0.0
		C₇	科技进步贡献率★	%	85.0	15.0	0.0
	B₂ 物质减量与循环	C₈	单位工业用地工业增加值	亿元/平方千米	80.0	20.0	0.0
		C₉	单位工业增加值综合能耗	吨标煤/万元	95.0	5.0	0.0
		C₁₀	综合能耗弹性系数	—	85.0	15.0	0.0
		C₁₁	单位工业增加值新鲜水耗	立方米/万元	90.0	10.0	0.0
		C₁₂	新鲜水耗弹性系数	—	80.0	20.0	0.0
		C₁₃	单位工业增加值废水产生量	吨/万元	75.0	10.0	15.0
		C₁₄	单位工业增加值固废产生量	吨/万元	85.0	10.0	5.0
		C₁₅	工业用水重复利用率	%	90.0	10.0	0.0
		C₁₆	工业固体废弃物综合利用率	%	80.0	10.0	10.0
		C₁₇	中水回用率 人均水资源年占有量≤1000m³ / 1000m³<人均≤2000m³ / 人均水资源年占有量 1000~2000m³ / 人均水资源年占有量>2000m³	%	20.0	5.0	75.0
	B₃ 污染控制	C₁₈	单位工业增加值COD排放量	千克/万元	75.0	5.0	20.0
		C₁₉	COD排放弹性系数	—	65.0	35.0	0.0
		C₂₀	单位工业增加值SO₂排放量	千克/万元	75.0	5.0	20.0
		C₂₁	SO₂排放弹性系数	—	65.0	35.0	0.0
		C₂₂	危险废弃物处理处置率	%	80.0	10.0	10.0
		C₂₃	生活污水集中处理率	%	30.0	5.0	65.0
		C₂₄	生活垃圾无害化处理率	%	40.0	45.0	15.0
		C₂₅	废弃物收集和集中处理处置能力	—	25.0	70.0	5.0
	B₄ 园区管理	C₂₆	环境管理制度与能力	—	45.0	40.0	15.0
		C₂₇	生态工业信息平台的完善度	%	20.0	30.0	60.0
		C₂₈	园区编写环境报告书	期/年	10.0	80.0	10.0

目标	准则	序号	指标	单位	保留	取消	更改
		C_{29}	重点企业清洁生产审核实施率	%	75.0	15.0	10.0
		C_{30}	公众对环境的满意度	%	90.0	10.0	0.0
		C_{31}	公众对生态工业的认知率	%	85.0	5.0	10.0

注:表中加★指标为新增区域产业与生态环境协同效应度量系统建设特色指标。

表4-2　区域产业与生态环境协同效应度量系统建设评价指标体系征求意见汇总表2

项目	序号	新增指标名称	单位
B_2物质减量与循环	C_1	可再生能源所占比例	%
	C_2	节能建筑比例	%
B_3污染控制	C_3	单位GDP碳排放强度	t-C/万元

表4-3　区域产业与生态环境协同效应度量系统建设评价指标体系征求意见汇总表3

项目	序号	原指标名称	新指标名称	单位
B_2物质减量与循环	C_1	中水回用率	非传统水源利用率	%
B_3污染控制	C_2	生活污水集中处理率	污水达标排放率	%
B_4园区管理	C_3	生态工业信息平台的完善度	区域产业与生态环境协同效应度量系统信息平台完善度	%

表4-4　德尔菲法确定的区域产业与生态环境协同效应度量系统建设评价指标体系

目标	准则	序号	指标	单位
A区域产业与生态环境协同效应度量系统可持续发展度	B_1经济发展	C_1	人均GDP	万元/人
		C_2	GDP年均增长率	%
		C_3	高新技术产业增加值占GDP比例★	%
		C_4	科研投入占GDP的比例★	%
		C_5	本专科以上劳动者所占比例★	%
		C_6	科研人员所占比例★	%
		C_7	科技进步贡献率★	%
	B_2物质减量与循环	C_8	单位土地面积地区生产总值	亿元/平方千米
		C_9	单位GDP综合能耗	吨标煤/万元
		C_{10}	综合能耗弹性系数	—
		C_{11}	单位GDP新鲜水耗	立方米/万元
		C_{12}	新鲜水耗弹性系数	—

目标	准则	序号	指标	单位
		C_{13}	单位GDP废水产生量	吨/万元
		C_{14}	单位GDP固废产生量	吨/万元
		C_{15}	工业用水重复利用率	%
		C_{16}	工业固体废弃物综合利用率	%
		C_{17}	非传统水源利用率	%
		C_{18}	可再生能源所占比例	%
		C_{19}	节能建筑比例	%
	B_3 污染控制	C_{20}	单位GDP COD排放量	千克/万元
		C_{21}	COD排放弹性系数	—
		C_{22}	单位GDP SO_2 排放量	千克/万元
		C_{23}	SO_2 排放弹性系数	—
		C_{24}	危险废弃物处理处置率	%
		C_{25}	污水达标排放率	%
		C_{26}	单位GDP碳排放强度	t-C/万元
	B_4 园区管理	C_{27}	区域产业与生态环境协同效应度量系统信息平台完善度	%
		C_{28}	重点企业清洁生产审核实施率	%
		C_{29}	公众对环境的满意率	%
		C_{30}	公众对生态工业的认知率	%

表 4-5 相关分析结果

		C_1	C_2	C_3	C_4	C_7	C_8	C_9	C_{10}	C_{11}	C_{12}	C_{13}	C_{14}	C_{20}	C_{21}	C_{22}	C_{23}	C_{26}
C_1	Pearson 相关性	1	-.775	-.324	.804	-.058	.900	-.440	.410	.838	.407	.847	-.305	.804	.901	.990**	-.581	-.440
	显著性（双侧）		.225	.676	.196	.942	.100	.560	.590	.162	.593	.153	.695	.196	.099	.010	.419	.560
C_2	Pearson 相关性	-.775	1	-.185	-.740	-.248	-.508	.176	-.013	-.404	-.010	-.449	-.032	-.247	-.839	-.852	.419	.176
	显著性（双侧）	.225		.815	.260	.752	.492	.560	.987	.596	.990	.551	.968	.753	.161	.148	.581	.824
C_3	Pearson 相关性	-.324	-.185	1	-.499	-.236	-.293	-.235	-.967*	-.290	-.967*	-.227	-.161	-.677	.103	-.209	.749	-.235
	显著性（双侧）	.676	.815		.501	.764	.707	.765	.033	.710	.033	.773	.839	.323	.897	.791	.251	.765
C_4	Pearson 相关性	.804	-.740	-.499	1	.540	.489	.181	.678	.385	.676	.382	.316	.541	.555	.804	-.917	.181
	显著性（双侧）	.196	.260	.501		.460	.511	.819	.322	.615	.324	.618	.684	.459	.445	.196	.083	.819
C_7	Pearson 相关性	-.058	-.248	-.236	.540	1	-.470	.906	.440	-.567	.440	-.572	.968*	-.312	-.278	-.021	-.663	.906
	显著性（双侧）	.942	.752	.764	.460		.530	.094	.560	.433	.560	.428	.032	.688	.722	.979	.337	.094
C_8	Pearson 相关性	.900	-.508	-.293	.489	-.470	1	-.746	.267	.992**	.265	.993**	-.671	.898	.862	.861	-.280	-.746
	显著性（双侧）	.100	.492	.707	.511	.530		.254	.733	.008	.735	.007	.329	.102	.138	.139	.720	.254
C_9	Pearson 相关性	-.440	.176	-.235	.181	.906	-.746	1	.361	-.799	.363	-.818	.977**	-.499	-.658	-.426	-.430	1.000**
	显著性（双侧）	.560	.560	.765	.819	.094	.254		.639	.201	.637	.182	.023	.501	.342	.574	.570	.000
C_{10}	Pearson 相关性	.410	-.013	-.967*	.678	.440	.267	.361	1	.232	1.000**	.178	.331	.623	-.027	.318	-.891	.361
	显著性（双侧）	.590	.987	.033	.322	.560	.733	.639		.768	.000	.822	.669	.377	.973	.682	.109	.639
C_{11}	Pearson 相关性	.838	-.404	-.290	.385	-.567	.992**	-.799	.232	1	.230	.997**	-.747	.900	.812	.790	-.194	-.799
	显著性（双侧）	.162	.596	.710	.615	.433	.008	.201	.768		.770	.003	.253	.100	.188	.210	.806	.201
C_{12}	Pearson 相关性	.407	-.010	-.967*	.676	.440	.265	.363	1.000**	.230	1	.176	.332	.622	-.030	.315	-.890	.363
	显著性（双侧）	.593	.990	.033	.324	.560	.735	.637	.000	.770		.824	.668	.378	.970	.685	.110	.637

		C_1	C_2	C_3	C_4	C_7	C_8	C_9	C_{10}	C_{11}	C_{12}	C_{13}	C_{14}	C_{20}	C_{21}	C_{22}	C_{23}	C_{26}
C_{13}	Pearson 相关性	.847	-.449	-.227	.382	-.572	.993**	-.818	.178	.997**	.176	1	-.755	.871	.846	.807	-.166	-.818
	显著性(双侧)	.153	.551	.773	.618	.428	.007	.182	.822	.003	.824		.245	.129	.154	.193	.834	.182
C_{14}	Pearson 相关性	-.305	-.032	-.161	.316	.968*	-.671	.977*	.331	-.747	.332	-.755	1	-.489	-.497	-.270	-.494	.977*
	显著性(双侧)	.695	.968	.839	.684	.032	.329	.023	.669	.253	.668	.245		.511	.503	.730	.506	.023
C_{20}	Pearson 相关性	.804	-.247	-.677	.541	-.312	.898	-.499	.623	.900	.622	.871	-.489	1	.588	.716	-.505	-.499
	显著性(双侧)	.196	.753	.323	.459	.688	.102	.501	.377	.100	.378	.129	.511		.412	.284	.495	.501
C_{21}	Pearson 相关性	.901	-.839	.103	.555	-.278	.862	-.658	-.027	.812	-.030	.846	-.497	.588	1	.934	-.210	-.658
	显著性(双侧)	.099	.161	.897	.445	.722	.138	.342	.973	.188	.970	.154	.503	.412		.066	.790	.342
C_{22}	Pearson 相关性	.990**	-.852	-.209	.804	-.021	.861	-.426	.318	.790	.315	.807	-.270	.716	.934	1	-.545	-.426
	显著性(双侧)	.010	.148	.791	.196	.979	.139	.574	.682	.210	.685	.193	.730	.284	.066		.455	.574
C_{23}	Pearson 相关性	-.581	.419	.749	-.917	-.663	-.280	-.430	-.891	-.194	-.890	-.166	-.494	-.505	-.210	-.545	1	-.430
	显著性(双侧)	.419	.581	.251	.083	.337	.720	.570	.109	.806	.110	.834	.506	.495	.790	.455		.570
C_{26}	Pearson 相关性	-.440	.176	-.235	.181	.906	-.746	1.000**	.361	-.799	.363	-.818	.977*	-.499	-.658	-.426	-.430	1
	显著性(双侧)	.560	.824	.765	.819	.094	.254	.000	.639	.201	.637	.182	.023	.501	.342	.574	.570	

**. 在 .01 水平(双侧)上显著相关；*. 在 0.05 水平(双侧)上显著相关。

其次,指标选取结果说明。

(1)增加高新区特色指标说明。在环保部发布的《综合类生态工业园区标准》指标体系的基础上,本书征求专家意见后,在原始指标体系中增加了反映高新区产业、劳动者、经济组成等特点的相关指标,简要说明如下:增加"高新技术产业增加值占GDP比例"指标。高新区是高新技术企业聚集的园区,高新技术产业应该是整个园区的主导产业,而作为主导产业最直接的体现就是其增加值在国内生产总值中所占的比例。增加"高新技术产业增加值占GDP比例"的指标作为区域产业与生态环境协同效应度量系统规划经济发展水平的评价指标,可以根据其指标值时刻掌握高新区的总体发展方向,避免高新区在长期发展过程中发生偏离高新技术产业为主导产业的轨道。增加"科研投入占GDP比例""本专科以上劳动者所占比例""科研人员所占比例""科技进步贡献率"等科研相关指标。高新区是发展高新技术产业的载体,高新技术企业是其主要组成单位。高新技术企业是利用高新技术从事高新技术产品研究、生产的企业实体,聚集了大量的知识和智力,是高投资、高风险和高收益的产业。科技活动人员和研发人员是高新区发展高新技术产业和企业自主创新、技术创新的主导力量,而对科技研发的投入则是高新技术产业和企业生存发展的基础和保障。

(2)专家咨询修改意见说明。经过专家咨询后,区域产业与生态环境协同效应度量系统建设综合评价指标体系共包含30项单项评价指标,专家建议取消的指标共4项,分别为"废弃物收集和集中处理处置能力""环境管理制度与能力""园区编写环境报告书""生活垃圾无害化处理率";建议修改的指标共3项,"中水回用率"修改为"非传统水源利用率","生活污水集中处理率"修改为"污水达标排放率","生态工业信息平台完善度"修改为"区域产业与生态环境协同效应度量系统信息平台完善度";建议增加的指标共3项,分别为"可再生能源所占比例""节能建筑比例""单位GDP碳排放强度"。

简要说明如下:取消"废弃物收集和集中处理处置能力""环境管理制度与能力""园区编写环境报告书""生活垃圾无害化处理率"。取消前三项指标的原因主要有两点:一是,这三项指标均为非定量评价指标,在一定程度上限制了后续综合评价值的计算;二是,这三项指标所表征的内容均可通过其他指标间接反映出来,如废弃物收集和集中处理处置能力指标,由危险废弃物处理处置率、生活垃圾无害化处理率的高低,可以反映园区废弃物收集和集中处理处置能力的完善程度。取消"生活垃圾无害化处理率"主要考虑到高新区作为工业园区,没有或者有少量的常住居民,生活垃圾相对于工业固体废弃物和危险废弃物产生量较少,且多为企事业单位的办公和餐饮垃圾,对其无害化处理率进行考核必要性不大。

"中水回用率"修改为"非传统水源利用率"。中国的水资源严重短缺,许多大城市的生活用水供给不足,生产用水更是难以保障。区域产业与生态环境协同效应度量系统建设中,水资源的节约利用、梯级利用、循环利用以及非常规水源的使用非常重要。"中水回用率"指标仅关注了中水的利用,而忽略了海水、雨水等天然非传统水源的利用。中水回用需要对生产设施、管网等基础设施投入大量的资金,而对于临海和雨量丰富地区的高新区,充分有效地利用海水、雨水等非传统水源,也是解决淡水资源匮乏、用水紧张的重要途径。"生活污水集中处理率"修改为"污水达标排放率"。在产业园区内,生活污水主要是企业厂区内的职工生活污水以及孵化器等集中办公区域的生活污水。有生产污水产生的企业大多有污水处理设施,厂区污水处理达标后方可排入市政管道或者受纳水体。集中办公区域的污水则集中进入市政管道后进入污水处理厂集中处理。因此对园区污水处理情况的考核,"生活污水集中处理率"指标不如"污水达标排放率"指标更全面也更有效。"生态工业信息平台的完善度"修改为"区域产业与生态环境协同效应度量系统信息平台完善度"。这两项指标最大的区别在于前者仅为生态工业的信息平台,根据《综合类生态工业园区标准》,生态工业信息平台发布的信息主要为园区污染物排放情况,固体废弃物产生、供需和流向,园区主导行业清洁生产技术信息等;而后者除包含以上生态工业相关信息外,还包括园区环境质量信息、入园企业相关信息、环境预警系统相关信息,等等。

增加"可再生能源所占比例""节能建筑比例""单位GDP碳排放强度"指标。这三项指标均是体现能源可持续利用和污染减排的指标。可再生能源如太阳能、地热能、风能等均属于非碳能源,这些非碳能源的利用不但可以降低传统矿物能源的消耗,而且可以有效地减少碳排放量和对大气环境的污染。节能建筑是指遵循气候设计和节能的基本方法,对建筑规划分区、群体和单体、建筑朝向、间距、太阳辐射、风向以及外部空间环境进行研究后,设计出的低能耗建筑。节能建筑的特点主要是对自然条件如自然光、自然风的利用,有效降低消耗、减少污染排放。高新区作为国家高新技术产业化的集中区域,理应在可再生能源的利用和节能建筑上做出表率,为其他类型的区域产业与生态环境协同效应度量系统提供典范。"单位GDP碳排放强度"指标是针对目前被广泛关注的低碳经济提出的,对园区能源消费过程中二氧化碳等温室气体的排放进行评价和考核。碳当量的计算以园区煤炭、天然气、燃料油等含碳化石能源的消耗总量为基数,这种计算方法也是针对目前区域产业与生态环境协同效应度量系统建设中关于污染物排放总量的一种理解误区,即认为若园区内没有独立的电厂、供热设施等能源直接消耗企业,那么污染物排放总量就不算在园区范围内。本书认为,无论园区内有没有电厂等,只要消耗了能源,就应该计算相应的污染物排放总量。

此外有多位专家指出,高新区是一种并非以工业生产为主要目的的工业园区,而是一种能够将高科技实现产业化的社会载体,在进行工业生产的同时,兼具大学和科研机构的作用,并且教育、研究、开发、生产和生活所需的各种基础设施齐备,旨在不断将科技成果转化为现实生产力,并推动科技、经济与社会的协同发展。因此在对高新区的经济发展水平进行规划、评价的时候,不能只考虑工业增加值,而是要综合考虑其对整个国民经济的贡献情况,故选取经济发展水平以及与经济相关的资源能源消耗指标的时候,均采用GDP相关指标,即"人均工业增加值"改为"人均GDP","工业增加值年均增长率"改为"GDP年均增长率","单位工业用地工业增加值"改为"单位土地面积地区生产总值","单位工业增加值综合能耗"改为"单位GDP综合能耗","单位工业增加值新鲜水耗"改为"单位GDP新鲜水耗","单位工业增加值废水产生量"改为"单位GDP废水产生量","单位工业增加值固废产生量"改为"单位GDP固废产生量","单位工业增加值COD排放量"改为"单位GDP COD排放量","单位工业增加值SO_2排放量"改为"单位GDP SO_2排放量",这也是对高新区经济发展实际情况和独有特点的真实体现。

国家《综合类生态工业园区标准》及其他生态工业园区标准中均没有生态工业园区的生态环境质量方面的指标,但是高新区是利用自身优越的环境、周到的服务和各项优惠政策来吸引资金和人才的特定区域,良好的生态环境也是其重要的优势条件之一。在第一轮专家咨询中有专家提出增加生态环境质量方面的指标,但在第二轮咨询过程中,专家的意见普遍认为物质的减量与循环利用和污染控制做得好,生态环境质量自然会有显著改善,而且公众对环境的满意率已经可以从侧面反映园区环境质量的优劣,此外目前国家现有标准中关于环境质量的指标标准值多为非量化值,如达到功能区标准,在后续的综合评价计算中也会造成一定的不便,因此未将生态环境质量相关指标列入综合评价指标体系中。

(3)相关分析结果说明。从表4-5中可以看出,具有高度相关性(相关系数大于0.95)的指标共有九对,分别为"人均GDP"和"单位GDP SO_2排放量"、"高新技术产业增加值占GDP比例"和"综合能耗弹性系数"、"高新技术产业占GDP比例"和"新鲜水耗弹性系数"、"科技进步贡献率"和"单位GDP固废产生量"、"单位土地面积地区生产总值"和"单位GDP新鲜水耗"、"单位GDP综合能耗"和"单位GDP固废产生量"、"综合能耗弹性系数"和"单位GDP碳排放强度"、"综合能耗弹性系数"和"新鲜水耗弹性系数"以及"单位GDP新鲜水耗"和"单位GDP废水产生量"。本书就相关分析结果进行了再一次的专家咨询,进一步保证指标的权威性。

最后,指标解释。最终选定30项单项指标(见表4-4)。30项指标解释及数据来源如下:

1)人均GDP

指标解释:指评价周期内(一般以一年为一个评价周期)园区从业人员人均创造的GDP,以万元/人表示。

数据来源:统计部门。

2)GDP年均增长率

指标解释:指区域产业与生态环境协同效应度量系统评价期前三年GDP增加值年均增长率。计算公式:

$$GDP年均增长率(\%) = \left[\left(\frac{当年GDP(万元)}{上三年前GDP(万元)} \right)^{\frac{1}{3}} - 1 \right] \times 100$$

数据来源:统计部门。

3)高新技术产业增加值占GDP比例

指标解释:指评价周期内高新技术产业的增加值占GDP的比例。计算方法:

$$高新技术产业增加值占GDP比例 = \frac{高新技术产业增加值(万元)}{地区生产总值(万元)} \times 100$$

数据来源:统计部门。

4)科研投入占GDP比例

指标解释:指评价周期内园区各单位支持开展研究与发展活动、科技成果转化和应用活动、科技服务活动的费用占园区当年GDP的百分比。

数据来源:统计部门。

5)本专科以上劳动者所占比例

指标解释:指评价周期内园区内具有本专科以上学历的劳动者人数占全部劳动者人数的百分比。

数据来源:统计部门。

6)科研人员所占比例

指标解释:指评价周期内园区内科技研发人员人数占全部劳动者人数的百分比。

数据来源:统计部门。

7)科技进步贡献率

指标解释:指评价周期内科技进步对园区经济增长的贡献份额。

数据来源:统计部门。

8)单位土地面积地区生产总值

指标解释:指评价周期内园区单位用地面积产生的地区生产总值。

数据来源:统计部门。

9)单位GDP综合能耗

指标解释:指评价周期内园区综合能耗总量与园区地区生产总值之比。计算公式:

$$单位GDP综合能耗 = \frac{园区综合能耗总量(吨标煤)}{园区地区生产总值(万元)}$$

数据来源:经济主管部门、统计部门。

10)综合能耗弹性系数

指标解释:指评价周期内园区综合能耗总量增长率与地区生产总值增长率的比例。计算公式:

综合能耗增长率(%) =

$$\frac{当年综合能耗总量(吨标煤) - 上年综合能耗总量(吨标煤)}{上年度综合能耗总量(吨标煤)} \times 100\%$$

$$综合能耗弹性系数 = \frac{园区综合能耗增长率}{园区GDP增长率}$$

数据来源:经济主管部门、统计部门。

11)单位GDP新鲜水耗

指标解释:评价周期内园区新鲜用水量增长率与地区生产总值增长率的比例。计算公式:

$$单位GDP新鲜水耗(m^3/万元) = \frac{园区新鲜水耗总量(m^3)}{园区地区生产总值(万元)}$$

数据来源:统计部门、环保部门。

12)新鲜水耗弹性系数

指标解释:指评价周期内园区新鲜水耗总量增长率与地区生产总值增长率的比例。计算公式:

新鲜水耗增长率(%) =

$$\frac{当年新鲜水耗总量(m^3) - 上年新鲜水耗总量(m^3)}{上年度新鲜水耗总量(m^3)} \times 100\%$$

$$新鲜水耗弹性系数 = \frac{园区新鲜水耗增长率}{园区GDP增长率}$$

数据来源:经济主管部门、统计部门。

13)单位GDP废水产生量

指标解释:指园区单位GDP产生的废水量(不包括企业梯级利用的废水)。计算公式:

$$单位GDP废水产生量(t/万元) = \frac{园区废水产生量(t)}{园区GDP(万元)}$$

数据来源:环保部门。

14)单位GDP固废产生量

指标解释:指园区单位GDP产生的固体废弃物总量。计算公式:

$$单位GDP固废产生量(t/万元) = \frac{园区固废产生量(t)}{园区GDP(万元)}$$

数据来源:环保部门、统计部门。

15)工业用水重复利用率

指标解释:指工业重复用水量占工业用水总量的百分率。

工业重复用水量指评价周期内企业生产用水中重复再利用的水量,包括循环使用、一水多用和串级使用的水量(含经处理后回用量)。工业用水总量指评价周期内企业厂区内用于生产和生活的水量,等于工业用新鲜水量与工业重复用水量之和。计算公式:

$$工业用水重复利用量(\%) = \frac{工业重复用水量(m^3)}{工业用水总量(m^3)} \times 100\%$$

数据来源:环保部门。

16)工业固体废弃物综合利用率

指标解释:指园区内工业固体废弃物综合利用量占工业固体废弃物产生量(包括综合利用往年贮存量)的百分率。

工业固体废弃物综合利用量指评价周期内企业通过回收、加工、循环、交换等方式,从固体废弃物中提取或者使其转化为可以利用的资源、能源和其他原材料的固体废弃物量(包括当年利用往年的工业固体废弃物贮存量)。综合利用量由原产生固体废弃物的单位统计。

计算公式:

工业固体废弃物综合利用量(%) =

$$\frac{工业固体废弃物综合利用量(t)}{工业固体废料产生量 + 综合利用往年贮存量(t)} \times 100\%$$

数据来源:环保部门。

17)非传统水源利用率

指标解释:指除新鲜用水之外的非传统水源水(包括再生水、海水淡化水、雨水等)在用水总量中所占的百分比。计算公式:

$$非传统水源利用量 = \frac{区内非传统水源水使用总量(万立方米)}{区内用水总量(万立方米)} \times 100\%$$

数据来源:统计部门、环保部门。

18)可再生能源所占比例

指标解释:指园区可再生能源利用量占园区各种能源利用总量的百分比。

数据来源:园区管理部门。

19)节能建筑比例

指标解释:指园区内节能建筑占建筑物总数的比例(临时建筑除外)。

数据来源:园区管理部门。

20)单位GDP COD排放量

指标解释:指评价周期内园区单位GDP排放的废水中污染物所需化学需氧量。包括直排废水和经企业或城市污水处理厂处理后排放的废水。计算公式:

$$单位GDP \ COD排放量 = \frac{全年COD排放总量(kg)}{全年国内生产总值(万元)} \times 100\%$$

数据来源:统计部门、环保部门。

21)COD排放弹性系数

指标解释:指评价周期内园区COD排放增长率与地区生产总值增长率的比例。计算公式:

COD排放量增长率(%) =

$$\frac{当年COD排放量(kg) - 上年COD排放量(kg)}{上年COD排放量(kg)} \times 100\%$$

$$COD排放弹性系数 = \frac{园区COD排放增长率}{园区GDP增长率}$$

数据来源:统计部门、环保部门。

22）单位GDP SO$_2$排放量

指标解释：指评价期内园区单位GDP向大气中排放的SO$_2$量。计算公式：

$$单位GDP\ SO_2排放量 = \frac{全年SO_2排放总量(kg)}{全年国内生产总值(万元)} \times 100\%$$

数据来源：统计部门、环保部门。

23）SO$_2$排放弹性系数

指标解释：指评价周期内园区SO$_2$排放增长率与地区生产总值增长率的比例。计算公式：

$$SO_2排放量增长率(\%) = \frac{当年SO_2排放量(kg) - 上年SO_2排放量(kg)}{上年SO_2排放量(kg)} \times 100\%$$

$$SO_2排放弹性系数 = \frac{园区SO_2排放增长率}{园区GDP增长率}$$

数据来源：统计部门、环保部门。

24）危险废弃物处理处置率

指标解释：危险废弃物指列入国家危险废弃物名录或者根据国家规定的危险废弃物鉴别标准和鉴别方法认定的具有危险特性的废弃物。危险废弃物的处理处置指依据国家相关的法律、法规、标准对园区产生的危险废弃物进行处理处置的行为。计算公式：

$$危险废弃物处理处置率(\%) =$$
$$\frac{危险废弃物处理处置量(t)}{危险废弃物产生量(t) - 贮存量(t) + 上年贮存量(t)} \times 100\%$$

数据来源：环保部门。

25）污水达标排放率

指标解释：指通过处理后达到国家或地方排放标准的污水量与园区污水排放总量的百分比。

数据来源：环保、统计部门。

26）单位GDP碳排放强度

指标解释：指评价周期内园区单位GDP经济活动所导致的二氧化碳排放量折算成碳的数值。

数据来源：环保、统计部门。

27）园区信息平台完善度

指标解释：园区内信息平台建设的完善程度。信息平台主要包括生态工业相关信息和园区环境管理的相关信息。

数据来源：园区管理部门。

28)重点企业实施清洁生产审核比例

指标解释:指园区内实施清洁生产,并通过清洁生产审核的工业企业数量占重点工业企业数量的比例。

数据来源:园区管理部门。

29)公众对环境的满意度

指标解释:指被抽查的园区内常住人口对园区生态环境满意的人数占被抽查人口总人数的百分比。

数据来源:现场问卷调查。

30)公众对生态工业的认知率

指标解释:指被抽查的园区内从业人员对生态工业了解和认同的人数占被抽查的从业人员总人数的百分比。

数据来源:园区管理部门。

三、评价标准值的确定

评价标准具有一定历史沿革性,在不同的社会历史时期表现出不同的要求,具有静态和动态两种性质。因此动态性与前瞻性对于标准的设定非常重要。在进行区域产业与生态环境协同效应度量系统评价时,需要对各项评价指标与确定的标准值之间的异同进行衡量和比较,经过比较后的结果可以用来反映被评价系统的结构、功能和状态等。

从现有的研究情况可见,已有许多学者对确定评价标准值进行了相关研究,本书主要参考宋永昌等拟定的生态城市指标标准值选取的几项原则,进行比较研究:优先采用具有国家标准或国际标准的指标;对于国外先进高新区的现状值可以作为参考;参考国内先进高新区的现状值,做趋势外推,确定标准值;依据现有的环境与社会、经济协同发展的理论,力求定量化作为标准值;对那些目前统计数据尚不完整,但在指标体系中又十分重要的指标,在缺乏有关指标统计数据时,暂用类似指标替代;评价中一些重要但又难以量化的指标,可以通过主观评判或专家打分的方法加以定量化。

各指标标准值及其来源(见表4-6)。其中大部分指标的标准值是来源于国家现行的各种标准或国内外先进水平,少数指标根据国家现有高新区的实际情况进行了调整。

表4-6 区域产业与生态环境协同效应度量系统综合评价指标体系标准值及来源

序号	指标	单位	标准值	标准值来源
C_1	人均GDP	万元/人	≥20	国内趋势外推
C_2	GDP年均增长率	%	≥20	国内趋势外推
C_3	高新技术产业增加值占GDP比例★	%	≥60	科技部标准
C_4	科研投入占GDP的比例★	%	≥10	国内趋势外推
C_5	本专科以上劳动者所占比例★	%	≥30	国内趋势外推
C_6	科研人员所占比例★	%	≥15	国内趋势外推
C_7	科技进步贡献率★	%	≥60	科技部标准
C_8	单位面积土地地区生产总值	亿元/平方千米	≥9	环保部标准
C_9	单位GDP综合能耗	吨标煤/万元	≤0.2	国内趋势外推
C_{10}	综合能耗弹性系数	—	<0.6	环保部标准
C_{11}	单位GDP新鲜水耗	立方米/万元	≤4	国内趋势外推
C_{12}	新鲜水耗弹性系数	—	<0.55	环保部标准
C_{13}	单位GDP废水产生量	吨/万元	≤2	国内趋势外推
C_{14}	单位GDP固废产生量	吨/万元	≤0.02	国内趋势外推
C_{15}	工业用水重复利用率	%	≥75	环保部标准
C_{16}	工业固体废弃物综合利用率	%	≥95	国内趋势外推
C_{17}	非传统水源利用率	%	≥40	专家建议
C_{18}	可再生能源所占比例	%	≥15	欧洲先进标准
C_{19}	节能建筑比例	%	≥70	专家建议
C_{20}	单位GDP COD排放量	千克/万元	≤0.2	国内趋势外推
C_{21}	COD排放弹性系数	—	<0.3	环保部标准
C_{22}	单位GDP SO_2 排放量	千克/万元	≤0.2	国内趋势外推
C_{23}	SO_2 排放弹性系数	—	<0.2	环保部标准
C_{24}	危险废弃物处理处置率	%	100	环保部标准
C_{25}	污水达标排放率	%	100	环保部标准
C_{26}	单位GDP碳排放强度	t-C/万元	0.2	国际先进水平
C_{27}	园区信息平台完善度	%	100	环保部标准
C_{28}	重点企业清洁生产审核实施率	%	100	环保部标准
C_{29}	公众对环境的满意率	%	≥90	环保部标准
C_{30}	公众对生态工业的认知率	%	≥90	环保部标准

第四节 综合评价方法

一、综合评价模型

(一)综合评价值的计算

综合评价模型通过采取一系列运算规则对指标体系进行处理最终得到评价结果。在本书中分为三层的综合评价指标体系,采用线性加权求和模型逐级向上合成的方式计算区域产业与生态环境协同效应度量系统总体可持续发展度。由于所设置指标承载信息的类型不同,在任何一个综合评价指标体系中,各单项指标在描述某一现象或状况的过程中所起的作用程度也不同。因此综合评价指标值是一种加权求和的关系,并不等于各分指标简单相加,即:

$$S = \sum_{i=1}^{n} w_i f_i(I_i) \quad i = 1, 2, L, n \tag{4.2}$$

式中:$f_i(I_i)$ 为指标 I_i 的某种度量(指标测量值);

w_i 为各指标权重值,体现了各指标在综合评价中所起不同的重要程度,满足 $\sum_{i=1}^{n} w_i = 1, 0 \leqslant w_i \leqslant 1$。

因此多指标综合评价中一个重要的环节是科学地计算指标评价值和指标权重。在本书中,指标层评价值 P_i 即为利用数学手段对指标原始数据进行相应的处理后而得出的具有无量纲、极性一致且具有可比性的数值,具体计算方法见4-3-2。准则层评价值 v_i 是根据其所属的指标层评价值加权求和而得,计算公式如下:

$$V_i = \sum_{i=1}^{n} P_i \cdot w_i \tag{4.3}$$

其中:P_i 为某指标层指标评价值,w_i 为该指标对于该准则层指标的权重。

目标层评价值 U_i 是准则层指标评价值加权求和而得,计算公式如下:

$$U_i = \sum_{i=1}^{m} V_i \cdot W_i \tag{4.4}$$

其中:V_i 为某准则层指标评价值,W_i 为该准则层指标对于目标的权重。

(二)综合评价等级的确定

区域产业与生态环境协同效应度量系统各领域和总体发展水平的评价结果由以上计算所得的评价值所表示。通过计算所得到的只是一个数据,无法进行发展阶段的判断,即判断区域产业与生态环境协同效应度量系统建设水平处于哪一个阶段,数值判断的评价值越高,区域产业与生态环境协同效应度量系统建设水平越高。因此本书为确定区域产业与生态环境协同效应度量系统可持续发展程度,在已有研究的基础上,重点参照各种综合指数的分组方法,对综合评价值再进一步进行分级,设计出一个五级分级标准,并给出相应的分级评语(见表4-7)。

表4-7 区域产业与生态环境协同效应度量系统可持续发展度分级表

分级	可持续发展度	评语
第Ⅰ级	大于75.0	可持续发展程度很高
第Ⅱ级	50.0~75.0	可持续发展程度较高
第Ⅲ级	35.0~50.0	可持续发展程度一般
第Ⅳ级	20.0~35.0	可持续发展程度较差
第Ⅴ级	小于20.0	可持续发展程度很差

二、指标评价值的计算

(一)计算方法的选取

由于各指标的原始数据的极性、量纲与数量级都不尽相同而不具有可比性,如果用各个指标的原始数据直接进行计算,所得的综合评价结果的意义不明确,甚至与实际情况相距甚远,起不到综合评价的作用。因此通过对原始数据进行处理,更好地充分利用,保证综合评价结果的客观、合理、可比,重点在于把不同极性、不同量纲、不同数量级的原始指标值转化为可以综合的相对的评价数值。指标评价值的计算主要分为两大类,即相对评价法和绝对评价法,目前构造的具体数学表达式不同是各种研究中所使用的各种方法的主要区别。

1. 相对评价法

相对评价法主要是比较所有评价对象(或样本)的相同指标,常采用的计算公式如下:

对于正向指标:

$$P_{ij} = \frac{x_{ij} - x_{\min}}{x_{\max} - x_{\min}} \quad i=1,2,\ldots m; j=1,2,\ldots n \quad (4.5)$$

对于逆向指标:

$$P_{ij} = \frac{x_{mac} - x_{ij}}{x_{\max} - x_{\min}} \quad i=1,2,\ldots m; j=1,2,\ldots n \quad (4.6)$$

式中,P_{ij}为第i个评价对象的第j项指标的评价值,x_{ij}为第i个评价对象的第j项指标的原始值或数量值,$m_{\max}$、$m_{\min}$分别为所有评价对象中第j项指标的最大值和最小值。

2.绝对评价法

绝对评价法通过直接进行比较指标的原始值或量化值与确定的评价标准值,从而得到指标评价值,一般采用的计算公式如下:

对于正向指标:

$$P_{ij} = \begin{cases} \dfrac{x_{ij}}{x_{j_0}} & x_{ij} \; \mathrm{p} \; x_{j_0} \\ 1 & x_{ij} \; \mathrm{f} \; x_{j_0} \end{cases} \quad i=1,2,\dots m; j=1,2,\dots n \qquad (4.7)$$

对于逆向指标:

$$P_{ij} = \begin{cases} 1 & x_{ij} \; \mathrm{p} \; x_{j_0} \\ \dfrac{x_{j_0}}{x_{ij}} & x_{ij} \; \mathrm{f} \; x_{j_0} \end{cases} \quad i=1,2,\dots m; j=1,2,\dots n \qquad (4.8)$$

式中,P_{ij}为第i个评价对象的第j项指标的评价值,x_{ij}为第i个评价对象的第j项指标的原始值或数量值,x_{j_0}为第j项指标的标准值。

在具体的实践中,以上两种评价方法各有利弊,评价目的的不同决定了对于相对评价法和绝对评价法的选择不同。一般来说,当需要对多个不同评价对象进行比较和评判时多采用相对评价法,当需要对评价对象与评价标准的差距和评价对象绝对发展水平评定时多采用绝对评价法。因此根据本书所建立的评价指标体系,倾向于选用绝对评价法。

(二)指标评级值计算方法

本书在对指标评价值的计算过程中,采用杨根辉提出的改进的阈值法,计算公式如下:

对于正向指标:

$$P_{ij} = \begin{cases} \dfrac{x_{ij}}{x_{j_0}} & x_{ij} \; \mathrm{p} \; x_{j_0} \\ 1 & x_{ij} \; \mathrm{f} \; x_{j_0} \end{cases} \quad i=1,2,\dots m; j=1,2,\dots n \qquad (4.9)$$

对于逆向指标:

$$P_{ij} = \begin{cases} 1 & x_{ij} \; \mathrm{p} \; x_{j_0} \\ -\dfrac{x_{ij}}{x_{j0}} + 2 & x_{j_0} \; \mathrm{p} \; x_{ij} \; \mathrm{p} \; 2x_{j_0} \\ 0 & x_{ij} \; \mathrm{p} \; x_{j_0} \end{cases} \quad i=1,2,\dots m; j=1,2,\dots n \qquad (4.10)$$

改进的阈值法解决了传统阈值法导数正向指标与负向指标函数导数(变化率)不一致、评价值图像不对称、函数值域对称的问题,在表达形式上体现了数学理论的对称,在应用上反映了真实的实际情况。

三、指标权重的确定

(一)权重确定方法的选取

确定指标权重的方法有很多,通过相关资料研究发现,主要分为两大类:主观赋权法(如层次分析法、德尔菲法等)和客观赋权法(如主成分分析法、熵值法等)。本书采用的主要是层次分析法、德尔菲法和主成分分析法,通过进一步分析和比较发现,三种方法的利弊如下:

一是,层次分析方法有系统性、灵活性、实用性等优点,主要适用于多目标、多层次、多因子的复杂系统的决策和评价。其理论与应用在近年来取得了很大的进步,例如,在中国举世瞩目的三峡水库论证中,对于水库正常蓄水高度方案的充分分析就是利用了层次分析法,进而掌握了坝高对未来政治、经济、军事与环境的影响。然而层次分析法的缺点也非常明显,即非常容易受到个人的主观因素影响。

二是,德尔菲法的一个突出优势表现在发挥各位专家的作用方面,它注重集思广益和追求准确性,促进各位专家积极表达意见的分歧点,同时通过取长补短达到优化的目的。与此同时,德尔菲法同时能够保证意见的独立性,能够有效地规避权威人士对他人意见的影响,保障每位专家畅所欲言,能够发出不同的声音,能够集思广益,修改自己原来不全面的意见。德尔菲法一个明显的缺点是过程比较复杂,耗费大量的时间。

三是,主成分分析法的优点是可以避免一种指标对另一种指标的影响,指标的选择更容易,工作量更小,不容易漏掉关键指标。但其缺点是过于强调客观性,过分依赖于数学手段,忽视了评价者对评价指标的价值判断。

本书在框架构建的过程中充分考虑指标的层次关系,建立评价指标体系,在指标筛选过程中用相关分析避免了指标间的相关影响。通过对上述三种指标权重的确定方法比较发现,层次分析法最适用本研究。20世纪70年代美国匹兹堡大学教授萨蒂(T.L.Saaty)提出层次分析法(Analytical Hierarchy Process,AHP),它是最优化技术的一种,是一种综合决策分析方法,主张定量与定性相结合,具有多目标、多准则性质。该方法涉及Perron-Fronbineus理论、Fuzzy数学、数理逻辑、统计推断、度量理论等多个数学分支,在思想上,比较完整地体现了系统工程学的系统分析和系统综合的思想,以系统的角度看待一个复杂问题,明确系统内部因素之间的隶属关系,将有条理的有序层次的系统学方法运用到复杂问题中,用层次递阶图直观地反映系统内部因素之间的相互关系(系统分析阶段),将复杂系统问题的求解分解为简单得多的各子系统的求解,而后逐级地进行综合(系统综合阶段)。同时层次分析将对客观事物的分析与综合过程比拟为人脑,为便于数学模型分析将定性的比较通过标度进行量化,使定权进一步客观化,有效地减少甚至避免了主观臆断性,进一步提高了定权的可信度。目前层次分析法作为一种简洁而实用的方法普遍运用到分析各类复杂的社会、经济及科学管理领域中的问题,也是现阶段综合评价上使用频率较高的一种方法。

层次分析法的具体操作过程如下:

一是,建立层次结构模型:剖析所面临的复杂问题,按照层次的不同将问题进行划分,例如目标层、准则层、指标层、亚指标层等等,用框图形式说明层次的递阶结构与因素的隶属关系。

二是,构造判断矩阵:按照重要性程度的不同,根据人们对各因素优劣、偏好、强度的认识,借用判断矩阵元素的值加以反映,通常利用1—9及其倒数的标度方法(见表4-8)。

表4-8　1—9标度的含义

标度	含义
1	表示两个元素相比,具有同样重要性
3	表示两个元素相比,前者比后者稍微重要
5	表示两个元素相比,前者比后者明显重要
7	表示两个元素相比,前者比后者强烈重要
9	表示两个元素相比,前者比后者极端重要
2,4,6,8	表示上述相邻判断的中间值
上述值的倒数	若元素i与元素j的重要性之比为a_{ij},那么元素j与元素i重要性之比为$a_{ij} = 1/a_{ij}$

三是,层次单排序及其一致性检验:判断矩阵 A 的特征根为 $AW = \lambda_{max}W$ 的解 W,经归一化后即为同一层次相应因素相对重要性的排序权值,这一过程称为层次单排序。为进行层次单排序(或判断矩阵)的一致性检验,需要计算一致性指标:

$$CI = \frac{\lambda_{max} - n}{n - 1} \tag{4.11}$$

当随机一致性比率 $CR = CI/RI \leq 0.1$ 时,认为层次单排序的结果有满意的一致性,否则需要调整判断矩阵的元素取值。

四是,层次总排序及其一致性检验:层次总排序主要是通过计算同一层次所有因素对于最高层(总目标)相对重要性的排序权值而得到。从最高层次到最低层次逐层开展。同时,层次总排序的一致性检验,也是从高到低逐层进行。

指标权重结果及分析:

本书采用群组层次分析法确定指标权重,标度类型为1—9,经七个专家单独打分并汇总结果,采用加权几何平均法集结各专家的判断矩阵,得出区域产业与生态环境协同效应度量系统规划指标体系各层次结构的判断矩阵(见表4-9至表4-13)。

一是,区域产业与生态环境协同效应度量系统建设。判断矩阵一致性比例:0.0115;对总目标的权重:1.0000。

表4-9 目标层—准则层判断矩阵表

A	B_1	B_2	B_3	B_4	Wi
B_1	1.0000	0.4055	0.4055	0.6934	0.1344
B_2	2.4662	1.0000	1.4422	1.7100	0.3633
B_3	2.4662	0.6934	1.0000	2.0801	0.3177
B_4	1.4422	0.5848	0.4807	1.0000	0.1846

从表4-9中可以看出,在准则层中,物质减量与循环的权重最高,污染控制次之,说明在区域产业与生态环境协同效应度量系统建设过程中,应高度重视这两个方面的工作,这也体现出区域产业与生态环境协同效应度量系统减少资源消耗、保护生态环境的目标。经济发展的权重最低,但是这并不说明这方面的工作不重要,相反高新区建设的终极目标还是要创造经济效益,如果一个产业园区对地区和国家的经济发展没有贡献,那么这个园区也就失去了存在的意义。只是在本指标体系中,对于区域产业与生态环境协同效应度量系统建设这个目标而言,经济发展的权重相对其他三项较低。

二是,经济发展。判断矩阵一致性比例:0.0164;对总目标的权重:0.1344。

表4-10 指标层—准则层判断矩阵表1

B_1	C_1	C_2	C_3	C_4	C_5	C_6	C_7	Wi
C_1	1.0000	1.7100	0.4055	1.2164	1.7100	1.7100	0.6934	0.1373
C_2	0.5848	1.0000	0.3057	0.4932	0.6934	0.6934	0.5228	0.0738
C_3	2.4662	3.2711	1.0000	2.4662	4.2172	4.2172	2.0801	0.3264
C_4	0.8221	2.0274	0.4055	1.0000	2.0801	2.0801	1.0000	0.1482
C_5	0.5848	1.4422	0.2371	0.4807	1.0000	1.0000	1.0000	0.0910
C_6	0.5848	1.4422	0.2371	0.4807	1.0000	1.0000	1.0000	0.0910
C_7	1.4422	1.9129	0.4807	1.0000	1.0000	1.0000	1.0000	0.1324

从表4-10中可以看出,经济发展准则层中各指标的权重差异较大。其中,高新技术产业增加值占GDP比例的指标的权重最高,体现了高新区以高新技术产业为主导产业的特点,也说明区域产业与生态环境协同效应度量系统建设也应以高新技术产业的发展为主,而不能偏离这一主方向;其次为科研投入占GDP比例、人均GDP和科技进步贡献率;本专科以上劳动者所占比例和科研人员所占比例两项指标的权重一致,说明这两项指标对于区域产业与生态环境协同效应度量系统建设的经济发展水平贡献是相同的;权重最低的是GDP年均增长率,区域产业与生态环境协同效应度量系统建设尽管注重经济增长,但更注重经济增长的同时转变经济发展方式,实现资源—环境—经济的可持续发展。

三是,物质减量与循环。判断矩阵一致性比例:0.0189;对总目标的权重:0.3633。

表4-11　指标层—准则层判断矩阵表2

B₂	C₈	C₈	C₁₀	C₁₁	C₁₂	C₁₃	C₁₄	C₁₅	C₁₆	C₁₇	C₁₈	C₁₉	Wi
C₈	1.0000	0.6934	4.2172	0.6934	4.2172	1.4422	1.0000	3.5569	3.5569	0.5848	0.4932	0.5848	0.0928
C₈	1.4422	1.0000	4.2172	1.0000	4.2172	1.4422	1.0000	3.0000	3.0000	0.4932	0.5848	1.2164	0.1051
C₁₀	0.2371	0.2371	1.0000	0.2371	1.0000	0.2000	0.2000	0.3333	0.3333	0.1895	0.2513	0.2513	0.0217
C₁₁	1.4422	1.0000	4.2172	1.0000	4.2172	1.0000	1.0000	3.0000	3.0000	0.5848	0.5848	0.8434	0.1003
C₁₂	0.2371	0.2371	1.0000	0.2371	1.0000	0.2371	0.2371	0.6934	0.6934	0.1895	0.2513	0.2513	0.0253
C₁₃	0.6934	0.6934	5.0000	1.0000	4.2172	1.0000	1.0000	3.0000	3.0000	0.4932	0.5848	0.5848	0.0888
C₁₄	1.0000	1.0000	5.0000	1.0000	4.2172	1.0000	1.0000	3.0000	3.0000	0.5848	0.4932	0.5848	0.0944
C₁₅	0.2811	0.3333	3.0000	0.3333	1.4422	0.3333	0.3333	1.0000	1.0000	0.4055	0.4055	0.4055	0.0398
C₁₆	0.2811	0.3333	3.0000	0.3333	1.4422	0.3333	0.3333	1.0000	1.0000	0.4055	0.4055	0.4055	0.0398
C₁₇	1.7100	2.0274	5.2776	1.7100	5.2776	2.0274	1.7100	2.4662	2.4662	1.0000	1.0000	1.4422	0.1438
C₁₈	2.0274	1.7100	3.9791	1.7100	3.9791	1.7100	2.0274	2.4662	2.4662	1.0000	1.0000	1.4422	0.1372
C₁₉	1.7100	0.8221	3.9791	1.1856	3.9791	1.7100	1.7100	2.4662	2.4662	0.6934	0.6934	1.0000	0.1110

从表4-11中可以看出,物质减量与循环准则下各单项指标按照权重值可以分为四个等级。第一等级指标的权重最高,包括可再生能源所占比例和非传统水源利用率两项,说明区域产业与生态环境协同效应度量系统建设中对提高替代资源的利用最为重视,提高替代资源的利用率,既是资源可持续利用的重要途径之一,也是对高新技术水平的间接体现。第二等级指标的权重次之,包括单位面积土地地区生产总值、单位GDP综合能耗、单位GDP新鲜水耗、单位GDP废水产生量、单位GDP固废产生量和节能建筑比例,这几项指标的权重值相差不大,也说明了在区域产业与生态环境协同效应度量系统建设中,要注重对各种资源的可持续利用。第三等

级的指标包括工业用水重复利用率和工业固体废弃物综合利用率两项,是对资源循环利用的体现。第四等级指标的权重最小,包括综合能耗弹性系数和新鲜水耗弹性系数两项。

四是,污染控制。判断矩阵一致性比例:0.0230;对总目标的权重:0.3177。

表4-12　指标层—准则层判断矩阵表3

B_3	C_{20}	C_{21}	C_{22}	C_{23}	C_{24}	C_{25}	C_{26}	Wi
C_{20}	1.0000	3.5569	1.4422	3.0000	0.5228	1.4422	0.6934	0.1776
C_{21}	0.2811	1.0000	0.4807	1.4422	0.4055	0.5848	0.4932	0.0768
C_{22}	0.6934	2.0801	1.0000	3.0000	0.6198	0.6934	0.6934	0.1368
C_{23}	0.3333	0.6934	0.3333	1.0000	0.4055	0.4932	0.4409	0.0646
C_{24}	1.9129	2.4662	1.6134	2.4662	1.0000	1.4422	1.4422	0.2226
C_{25}	0.6934	1.7100	1.4422	2.0274	0.6934	1.0000	1.4422	0.1575
C_{26}	1.4422	2.0274	1.4422	2.2680	0.6934	0.6934	1.0000	0.1640

从表4-12中可以看出,相对于污染控制,危险废弃物处理处置率指标的权重最高,这也说明了区域产业与生态环境协同效应度量系统建设应对高新区危险废弃物产生量虽小但分散且危险性隐蔽等特点给予高度重视。其次为单位GDP COD排放量、单位GDP碳排放强度、污水达标排放率和单位GDP SO_2排放量等四项指标,这四项指标的权重值差别不大,说明区域产业与生态环境协同效应度量系统建设应对水、气、固废等环境要素的污染给予同样的重视。COD排放弹性系数和 SO_2 排放弹性系数两项指标的权重最低,这与物质循环与减量准则中的综合能耗弹性系数和新鲜水耗弹性系数的情况基本一致。针对这一点,本书认为目前大多数高新区尚处于建设和发展阶段,对弹性系数的考核意义相对较小。

五是,园区管理。判断矩阵一致性比例:0.0115;对总目标的权重:0.1846。

表4-13　指标层—准则层判断矩阵表4

B_3	C_{27}	C_{28}	C_{29}	C_{30}	Wi
C_{27}	1.0000	1.4422	2.4662	2.4662	0.3881
C_{28}	0.6934	1.0000	3.0000	2.0801	0.3253
C_{29}	0.4055	0.3333	1.0000	1.0000	0.1367
C_{30}	0.4055	0.4807	1.0000	1.0000	0.1499

从表4-13中可以看出,对于园区管理目标而言,园区信息平台完善度

指标的权重最高,说明园区信息平台在区域产业与生态环境协同效应度量系统建设中的重要作用。其次为重点企业清洁生产审核实施率指标,清洁生产是产业生态化的重要手段,也是区域产业与生态环境协同效应度量系统建设的重要手段之一。公众对环境的满意率和公众对生态工业的认知率的权重相差不大,但公众对园区生态环境的满意率直接反映了园区生态环境质量的好坏,可以从公众的角度为园区发展实时敲响生态环境质量的警钟。同时公众对生态工业的认知和认同是区域产业与生态环境协同效应度量系统建设的意识基础,只有公众对生态工业有了充分的了解和认同,才能积极配合园区区域产业与生态环境协同效应度量系统的建设工作,真正为之努力。

本章小结

本章主要的研究方法涵盖生命周期评价、工业代谢分析和地理信息系统等。本章在对比分析了环保部发布的《综合类生态工业园区标准(发布稿)》和所有建立的生态工业园区综合评价指标体系形式上和功能上的区别与联系的基础上,参考《综合类生态工业园区标准(发布稿)》,建立了一套区域产业与生态环境协同效应度量系统的综合评价指标体系。综合评价指标体系分为目标层——区域产业与生态环境协同效应度量系统可持续发展度,准则层——经济发展、物质减量与循环、污染控制和园区管理和指标层三个层次;采用了德尔菲法和相关分析主客观相结合的方法筛选出三十项指标,并参考宋永昌等拟定的六项标准值确定原则确定了各单项指标的标准值,在指标选取和标准值设定过程中,突出体现了高新区科技创新、物质流和能源结构相对简单、水质要求较高、环境污染物量小但分散、信息作用相对重要等特点。综合评价模型采用逐级线性加权的方法进行,并依据国内外的各种综合指数的分组方法,设定了共五级的区域产业与生态环境协同效应度量系统可持续发展度分级表。指标层指标评价值的计算采用杨根辉提出的改进的阈值法,指标权重的确定采用群组层次分析法,计算所得的综合评价值对照分级表进行评价。指标权重使评价体系进一步与高新区的特点相符合,各单项指标的评价值反映的是区域产业与生态环境协同效应度量系统建设各方面的水平,而区域产业与生态环境协同效应度量系统可持续发展度的综合评价值反映了区域产业与生态环境协同效应度量系统建设的整体水平。

第五章 区域产业与生态环境协同效应度量系统动态规划仿真模型

区域产业与生态环境协同效应度量系统规划完成后,对于规划实施阶段可能出现的问题,以及规划实施后效果的预测是当前规划过程中的一个难题。尤其是对于一个区域而言,规划实施过程中的不确定因素很多,比如国家政策、地方政府意愿、区域发展定位变化等,常常会使园区发展与规划最初的愿景发生较大的偏离,而且这种偏离的可预见性往往很差,这就需要一个动态的规划模拟系统来糅合各种各样的影响因素,形成一个规划的动态预测模型。在传统三维(即规模、结构、布局)概念规划的基础上,新增加时间维度,形成规模、结构、空间布局、时间的四维概念规划,使区域产业与生态环境协同效应度量系统的规划能够在付诸实施之前即可预知实施之后的发展趋势和指标状态,做到及早发现问题,及早调整,及早采取应对方案和措施。

系统动力学(System Dynamics,SD)既是认识和解决系统问题的综合性学科,也是研究信息反馈系统的学科。它主要是对复杂因素的系统考量,采用动态性分析的策略,它的理论基础涉及系统理论、控制理论和信息理论,特别强调运动、发展、系统、整体和联系的观点,对于半定量、趋势性问题的研究效果比较明显。目前系统动力学的应用范围非常广泛,涉及城市社会系统、工业企业、生态经济系统乃至世界范围的人口、资源、环境、经济系统。

运用系统动力学建模可以把区域产业与生态环境协同效应度量系统看作一个完整开放的系统,综合考虑区域产业与生态环境协同效应度量系统规划实施过程中的各种复杂因素,构建数学规范模型,利用计算机模拟技术分析系统结构功能与动态行为的内在关系,以及解决问题的对策。

本章运用系统动力学的Vensim软件构建适用于区域产业与生态环境协同效应度量系统的动态仿真模型,实现动态模拟系统的发展行为和趋势,模拟结果可作为区域产业与生态环境协同效应度量系统可持续发展水平动态评价的依据,了解在建设区域产业与生态环境协同效应度量系统进程中在时间维度上的发展水平、可能引发的问题,进而实现及时调整规划方案,维护系统良性、可持续发展。

第一节　系统动力学建模基础

一、系统动力学的基本概念与内涵

从系统动力学的观点看,系统的构成要素主要包括物质、信息和运动。它是依据系统动力学理论建立的数学模型,以DYNAMO专用语言为基础,借助于数字计算机进行模拟,致力于处理行为随时间变化的系统的问题。

(一)反馈系统

"反馈"主要侧重于信息的传递和反向传递,其侧重于"反馈",即"反向链接"。反馈系统是包含反馈及其作用的系统,借助对系统本身历史的反馈,它会对自身造成影响的系统,从而影响未来的行为。回程道路由一系列因果关系组成的闭路,或由信息和交通组成的封闭路线组成。实质上,反馈系统是一个反向系统,或反馈系统是封闭系统。一个简单的系统是同质的;一个复杂的系统,通常是一个有三个回路的系统。

正反馈和负反馈是两种反馈形式。正反馈的特点是,形成的过程对下一个过程产生了积极的影响。这样做或采取行动将是一个相反的方式来加强最初的趋势。负反馈的特点是自动找到预定目标,并在实现目标时将继续做出反应(或者更接近)。正反馈的循环有积极的反馈特点,例如,人口增长的自然过程代表了反馈的积极特点;负反馈是一种消极的反馈。在上述两种回路中占主导地位的系统被称为正反馈系统或负反馈系统。反馈回路是系统的基本结构。许多相互关联的反馈回路组成了一个复杂的系统。

(二)系统的结构

系统的结构一般存在下述体系与层次:一是,确定系统S范围的界限。二是,子系统或子结构$Si(i=1,2,\cdots,p)$。三是,系统的基本单元,反馈回路结构$Ej(j=1,2,\cdots,m)$。四是,反馈回路的组成与从属成分:a.反馈回路的主要变量,状态变量;b.反馈回路的另一主要变量,变化率(速率)。变化率的组成:目标、现状、偏差与行动。

二、系统动力学建模的一般过程

当具体认识与解决问题时,系统动力学具有一定的复杂性,要经过一定的反复性、循序渐进,以达到预定目标。这个过程大体可分为系统分析、系统结构分析、模型建立、模型模拟分析、模型的检验与评估、模型应用等六个步骤。

一是,系统分析。这是建立模型的第一步,即对矛盾和问题的分析。在建立模型的开始,应明确目标、问题和要求,基本的矛盾和冲突的分析,系统与环境之间的矛盾的分析,系统的基本变量,参数的明确定义的边界,以及相关数据的收集。二是,系统结构分析。主要关注分析的是系统变量之间的关系,各子系统与系统之间的层次结构,初步明确系统、结构和反馈机制。三是,模型建立。基于明确的系统主线路、结构和反馈,创建数学方程,描述定性和半定性变量,并通过外推、线性回报、平均值等绘制技术方案。四是,模型模拟分析。用仿真模型的深度分析系统在系统软件或系统动态Vensim软件建模,试图找到一个解决问题的办法,并尽可能引入新的矛盾和问题结果的帮助等等。五是,模型的检验与评估。通常,他们中的许多人分散在上述步骤中,而不是严格意义上的。六是,模型应用。一般情况下,认为验证模型与历史数据两者的相对误差不超过15%的前提下(即两者数据相吻合),通过对模型中的相关参数进行改变,对系统进行调控,对系统未来的发展情况进行预测,并进行对比分析。

系统动力学建模的一般过程(见图5-1)。

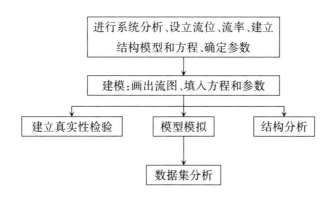

图5-1 系统动力学建模的一般过程示意图

三、系统动力学建模软件介绍

本书使用的系统动力学软件为Vensim软件,它源于美国麻省理工学院,由美国Ventana Systems公司开发,它是一款可视化的仿真、分析系统图形软件,是目前在全球范围内应用最广的系统动力学建模软件。

图形化方法是Vensim的建模方法,除了具有一般的模型仿真模拟功能外,还具有复合模拟、数组变量、真实性检验、灵敏性测试、模型最优化等强大功能。在建立模型时,各变量之间的因果关系记录也比较简单,如可用图形化的箭头连接变量,并把变量之间的关系以方程式的方式写入模型中以记录其功能。在模型建立的同时,即建立了变量间的输入与输出、因果关系与回路。模型架构十分简单,修改便捷,使用者较容易了解模型的建立方式。

Vensim为模型提供结构分析和数据集分析。结构分析包括因果树分析(逐层列出对指定变量起作用的变量)、结果树分析(逐层列出变量对其他变量的影响)和反馈列表。运行模型后,可以执行数据集分析。对于给定变量,可以给出其随时间变化的图表,可以列出数据表,可以给出因果图分析,可以列出随时间作用于变量的所有其他变量的比较图表,结果可以给出图形分析,可以列出变量的比较图表以及随时间作用于其上的所有变量,同时可以给出变量和作用于其上的所有变量的比较图表。比较多次运行的结果。用户可以使用自定义图形作为图形分析和最终结果的输出,其中列出了多个变量随时间变化的图形以及变量之间关系的图形。

该软件具有以下特点:

界面友好,易于操作。

中文界面易读。

可以快速、直观地建立模型并定义方程,以避免编程。

自动检查,软件可以提供模型方程检查和单元检查,自动提示错误定位和原因。

功能强大,如表功能、延迟功能等。

数据信息输出方式方便、灵活、共享。

模型优化功能强大,提供真实性测试,准确判断模型的合理性和真实性。

Vensim有Vensim PLE、PLE Plus、Professional和DSS版本,适合不同的用户。本书使用的是VensimPLE32 Version5.8b版本。

第二节　区域产业与生态环境协同效应度量
系统动态规划仿真模型的构建

系统动力学不仅能够模拟微观的企业或公司系统,还能够模拟宏观的社会与经济系统,能处理高阶次、非线性、多重反馈、复杂时变的系统问题,并且能够对这些领域的发展决策与运行进行实验分析,利于决策的合理化与科学化。本书引入系统动力学仿真模型来进行区域产业与生态环境协同效应度量系统的模拟,建立一套区域产业与生态环境协同效应度量系统的动态评价方法。本章主要是详细介绍SD模型的构建过程,其中包括确定模型边界、各个子系统间以及其内部因果关系,确定各子系统的主要变量以及方程,确定SD模型流图,估计模型参数,检验模型的有效性,等等。

一、模型的边界

从系统的角度来看,系统的界限并不是一个地理意义上的边界,而是根据建模的宗旨,把与问题有关的相关概念和变量囊括进入系统。这样的新系统仍然是一个开放的系统,与研究对象之外的部分仍有物质和信息的输入输出。对于区域产业与生态环境协同效应度量系统而言,以区域的行政边界作为模型的边界,具有相对清晰可见的系统边界。但区域产业与生态环境协同效应度量系统本身是一个相对开放的大系统,不仅系统内有各种关联,还受周边各种环境的影响,因此容易与周边的环境、资源产生联系。模型模拟的时间为2008~2020年,基准年为2008年,模拟时间间隔为一年。

二、模型的主要状态变量

区域产业与生态环境协同效应度量系统SD模型共选择了125个变量和参数(变量、参数SD方程参见附录)。其中主要的状态变量如下:

一是,科研投入:为经济子系统的主要状态指标,是影响科技贡献率、高新技术产业产值的主要因素。

二是,人口GDP:是经济子系统的主要评价标准,是影响单位GDP新鲜水耗的主要因子。

三是,水资源供给量:是水资源子系统的主要评价标准,是影响水资源供需平衡的主要因子。

四是,再生水使用量:是水资源子系统的主要评价标准,是影响污染物排放量的主要因子。

五是,能源消耗量:是能源子系统的主要评价标准,是影响单位GDP能耗的主要因子。

三、模型子系统的划分

区域产业与生态环境协同效应度量系统(以高新区生态工业园系统为参照)主要包含人口子系统、经济子系统、水资源子系统、环境子系统和能源子系统组成。高新区生态工业园区的组成(见图5-2)。

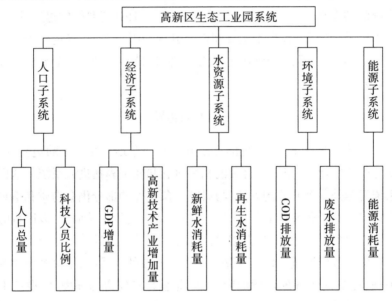

图5-2 高新区生态工业园区的组成

四、各子系统的因果关系分析

系统动力学认为,各个系统之间及各系统内部的各要素之间互为因果关系,并且这种因果关系构成闭合的封闭线路。系统的边界确定之后,还应该确定各子系统的构成要素和影响因子,最后各子系统之间的接口也需要进一步明确,并将此关系通过SD方程来实现量化。

(一)人口子系统

人口子系统模块主要是研究人口数量的增减及其引起的生活用水量的增减。在区域产业与生态环境协同效应度量系统中,人口中科技人员的比例直接关系到工业园区中的科技研发能力、科技进步的贡献率,甚至关系到高新技术产业产值的增长情况,以及高新技术产业产值在GDP中的比例。

人口子系统主要的相关方程及单位如下:

总人口(万人)=就业人口+居住人口

科研人员数量(万人)=科研人员比例×总人口数

(二)经济子系统

经济子系统模块主要是通过各产业之间建立生态产业链网,实现物质闭路循环、能源的梯级利用,水循环使用。同时通过对环保以及科技投入的调整,对园区内的环境进行整体管理和调控,以便更好地促进环境系统和社会经济系统的协同发展。生产力的发展通常受到科技进步强有力的推动,不仅可以提高利用资源的效率,还能够降低单位产出的污染排放数量,进而增强科技方面的竞争力。而环境投资力度的加大,对于园区环境的改善具有非常积极的作用,为园区的生产发展提供和谐的空间,促进园区产业的可持续发展。

经济子系统主要的相关方程及单位如下:

GDP增量(万元)=GDP×GDP增长率

高新技术产业增加值(亿元)=GDP×高新技术产业增加值占GDP比例/10000

科研投入量(万元)=GDP×科研投入占GDP比例

环境保护投资额(万元)=GDP×环保投资占GDP比例

(三)水资源子系统

资源子系统模块在区域产业与生态环境协同效应度量系统中应包括水资源和土地资源,如果从循环经济的视角来看,水资源的供给与需求非常重要,人们的生活用水、公司生产用水和环境生态用水是园区用水的三种主要方式,而水资源的主要消耗形式是常规水资源和非常规水资源,常规水资源主要来自自来水,非常规水资源则来自再生水和雨水。水资源子系统的主要功能:在三个最主要的用水领域对各种类型的水资源进行充分合理的分配,提高雨水的使用效率,在低质水系统中最大限度地使用再生水,对于新鲜自来水要实现最大限度地节约,为园区的未来建设和可持续发展保留足够的空间。

水资源子系统主要的相关方程及单位如下:

总用水量(万 m³/d)=生活用水总量+再生水总量+雨水总量

新鲜水总量(万 m³/d)=生活用新鲜水量+产业用新鲜水量

再生水量(万 m³/d)=产业用再生水量+生活用再生水量+绿化灌溉用

再生水量+生态补水用再生水量+市政用水量+道路用水量

雨水利用收集总量（万 m³/d）=区域年均降水量×区域汇水面积×径流系数×（1-折减系数）

（四）环境子系统

环境子系统模块表征区域产业与生态环境协同效应度量系统资源消耗状况和再生利用情况。从系统模拟的角度而言，它的一条主线是水系统，通过水系统这条主线将环境相关变量纳入，水系统利用还能部分体现生态环境如绿化用地、景观水面生态补水等变量，污染物排放状况也通过再生水和雨水的利用情况表现出来。

环境子系统主要的相关方程及单位如下：

污水产生总量（万吨）=产业污水排放总量+生活污水排放总量

污水排放总量（万吨）=污水产生总量-再生水回收利用量

COD产生总量（吨）=产业污水排放总量×产业污水COD浓度+生活污水排放总量

COD排放总量（吨）=（污水排放总量-再生水量）×污水处理厂排水COD浓度

COD削减量（吨）=COD产生总量-COD排放总量

（五）能源子系统

工业园的生产和生活保障主要通过能源子系统模块表征出来，它关系到整个区域产业与生态环境协同效应度量系统的动力，同时园区的大气污染源也主要来源于能源子系统。能源子系统研究的关键应该包含以下几个方面的内容：在有限的资源的条件下满足未来社会和经济的发展要求，在保障未来发展的前提下使园区的空气更加洁净，实现社会经济的可持续发展，为园区的未来建设保留发展空间。

能源子系统主要的相关方程及单位如下：

能源总耗（吨标煤）=天然气能源消耗总量+热能消耗总量×电能消耗总量

单位GDP综合能耗（吨标煤/万元）=GDP/能源总耗

五、模型的系统流图

通过分析各子系统因果关系回路，建立了区域产业与生态环境协同效应度量系统的系统动力学模型（以高新区生态工业园系统为参照）（见图5-3）。

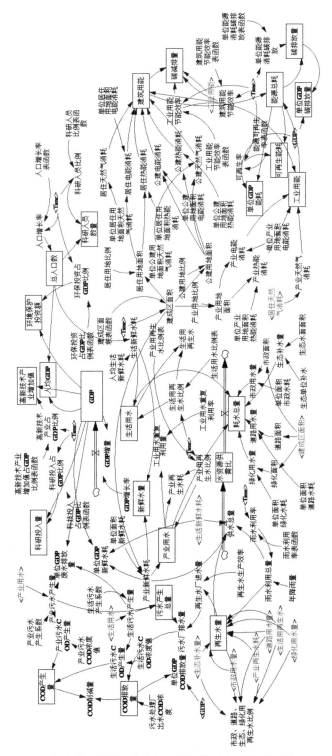

图5-3 高新区生态工业园系统动力学模型流图

第三节　模型参数的确定

一、模型参数的种类

系统动力学模型中的参数主要有常数类、初始值、表函数等。

一是,常数类。是指在时间的维度上不会发生太大变化的参数,比如生活污水排放系数、生产污水排放系数、污水处理厂出水的污染物排放浓度、区域总面积等,它们几乎很难随时间发生变化,因此可以近似地把这些参数取为常数。

二是,初始值。通常情况下,确定模型的初始值是比较困难的。一般有三种处理方法:将历史数据拟合、在平衡点处将模型初始化、初始化处理某些特殊的增长(或衰减)过程。在本书中,一般取自区域的统计资料或者是区域的平均值作为模型初始值。

三是,表函数。在模型中主要用来描述变量间关系的函数,这种函数在模型中应变能力是最强的,可以以图表的方式来描述系统中一些无法用精确的模式量化的变量间关系。为方便有效地处理本书中众多变量间的非线性关系,在建立模型的过程中使用了大量的表函数。

二、模型参数的估算方法

常用模型参数的估算方法主要有:

注重对历史统计资料的收集和统计,对区域产业与生态环境协同效应度量系统特点取算术平均数。

深入企业进行实际调查取样,走访园区相关部门进行资料搜集,例如统计、规划、环保等部门;

在现有数据的基础上,充分考虑参数的性质,运用不同的数学公式、数学方法进行趋势外推预测;

在模型模拟运行的过程中,充分利用运行结果,采取适当的方式,不断修正系统参数,保证其更加合理。

本章小结

本章运用系统动力学 Vensim 软件,糅合区域产业与生态环境协同效应度量系统(高新区生态工业园为参照)进程中各种各样的影响因素,建立了由人口子系统、经济子系统、水资源子系统、环境子系统和能源子系统共同构成的区域产业与生态环境协同效应度量系统动态规划仿真模型。在人口与经济子系统中将科研人员、科技进步贡献率、高新技术产业增加值等指标纳入；在水资源子系统中将第四章多目标优化水系统的结果纳入，将非传统水源利用、水资源的梯级利用、循环利用加以考虑，充分体现了区域产业与生态环境协同效应度量系统的特点。

该仿真模型在传统三维（即规模、结构、布局）概念规划的基础上，新增加时间维度，形成规模、结构、空间布局、时间的四维概念规划，使区域产业与生态环境协同效应度量系统的规划能够在付诸实施之前即可预知实施之后的发展趋势和指标状态，为区域赢得科技竞争力、实现可持续发展提供定量化参考。做到及早发现问题，及早调整，及早采取应对方案和措施。

第六章　区域产业与生态环境协同效应度量系统的应用分析

本章是实证分析,以华苑科技园为例,将前文所述的各项区域产业与生态环境协同效应度量系统的构建途径运用于园区未来的区域产业与生态环境协同效应度量系统规划建设,重点做了水系统优化、低碳能源系统和系统动力学动态模拟,并对模拟结果采用区域产业与生态环境协同效应度量系统综合评价体系,开展沿时间序列的动态评价。

第一节　以华苑科技园为例

华苑科技园位于天津市区西南部,从1996年开始建设,规划面积11.58平方千米,由环内和环外两块区域构成,环内2平方千米,环外9.58平方千米。

一、自然概况

园区地处天津市的上风位,空气清新,环境质量是市区较好的地区之一。属于大陆性季风气候,四季分明,年平均气温11.6℃,最热月(7月)平均气温26.4℃,最冷月(1月)平均气温-5.1℃,全年平均降水量590.2 mm,年平均蒸发量为1800~1900mm,全年平均日照数为2770.4小时,平均日照率为62.5%。风随季节变化显著,冬、春季多大风,常年主导风向为西南风,累计年平均风速3.3m/s。区内主要河流为西大洼排干。

二、社会经济概况

园区内人口流动性大,不存在大规模的居民区。2007年末,园区从业人员7万人,31~50岁之间的从业人员占到52.35%,55.01%为管理人员及专业技术人员。

"十一五"期间园区生产总值年均增长36%。2007年,实现生产总值120亿元,340亿元的工业总产值,33.4亿元的财政收入。现有企业为3200家,有10家世界500强企业在区内投资,累计吸引外资12.19亿元,固定资产投资39.1亿元。全区共有10家博士后工作站,生产总值的8%为R&D经费支出;建成125万平方米的孵化面积,其中有1781家在孵企业。2007年,全区信息与软件、新能源、生物与医药、新材料、机电一体化和环保六大产业规模以上企业共完成工业产值237亿元,占园区规模以上工业总产值的69.7%。2006年成功创建"ISO14000国家示范区"。

三、资源环境概况

水资源:天津市凌庄子自来水厂负责园区全部用水,一部分企业自建有污水处理设施和中水回用体系。规划中水由咸阳路再生水厂负责供应,目前环外区的再生水管网已建成。

土地资源:园区土地总面积11.58平方千米,现有土地建筑容积率1.16,建筑密度38.4%。

能源:园区主要使用清洁能源,如电力、热力、天然气和太阳能,无燃煤设施,有少数几家自建有柴油炉以满足企业生产需要;园区电力为外接电力,环内的220kV和35kV变电站各设1座,环外规划设3座35kV变电站;南开区天拖南集中供热锅炉房负责环内区热力供应,环内区设有13座换热站;天津市一煤气(燃料为天然气)负责向环外区供应蒸汽,一煤气统一回收蒸汽凝结水;在夏季,大多数企业通常采用集中或单体式空调机制冷;此外还有少数几家企业采用地源热泵作为供热制冷的能量来源。2007年园区能源消耗总量为33万吨标准煤,其中工业企业能耗26万吨标煤,占园区总耗能78%。

生态环境:园区生态环境总体水平优于周边地区。截至2007年底,全区绿化总面积602万平方米,其中公共绿化面积122万平方米,企业厂区绿化面积480万平方米。区内绿化树种40余种,绿篱及路心池绿墙27.6万平方米。对人行道进行复层式、立体性绿化改造,建成区绿化覆盖率达到36%。西大洼排干从环外区内正中穿过,西大洼排干包括两条河道,一条为西大洼排水河,另一条为西大洼排咸河,前者南北向穿区而过,后者东西向穿区而过。西大洼排水河经明渠变暗渠水系改造后,变为地下截污管道穿过,沿海泰南北大街,海泰创新大街,海泰华科大街,海泰大道等主干道路,新挖宽15~20米、深2米,总长16.5千米的半环形景观河道,形成区内地表水系,水源拟以咸阳路再生水厂的再生水为补充水源,目前为雨水及地下渗水。

污染源及排污总量:区内除燃气外,无燃煤锅炉,全区无大气污染监控重点源。SO_2和PM_{10}排放总量持续保持在较低水平。小型企业、自主研发型企业为区内的主要企业类型,生活污水为企业排污主要构成部分,仅有少数大型企业纳入天津市城市环境质量综合整治定量考核和环境统计管理范围,水污染重点源13家,COD排放总量373吨/年、氨氮排放总量8吨/年。2007年全区办公、生活垃圾11843吨/年统一由南开环卫收集、转运,未进行分类;工业固体废弃物产生总量1610吨/年,其中一般工业固体废弃物1566吨,全部实现综合利用;危险废弃物44吨,全部由有资质的危险废弃物处理处置单位无害化处理。

第二节 华苑科技园水系统优化

调用Matlab软件系统优化工具箱中的fgoalattain函数,对华苑科技园的多目标优化水系统模型进行计算。

一、计算参数的确定

根据园区2007年的调研数据,以及华苑科技园(环外)总体规划,确定水资源优化配置所需的相关参数(见表6-1)。

表6-1 水系统优化模型相关参数

含义	单位	值	含义	单位	值
园区总面积	km²	11.58	市政用地面积比例	%	2
人口总数	万人	16	道路用地面积	%	15
GDP	亿元/年	1300	绿地面积	%	35~45
年降水量	mm	552	水面面积	km²	0.55
单位市政用地面积用水量	万m³/km²·d	0.3	自来水供水能力	万m³/d	6
单位道路用地面积用水量	万m³/km²·d	0.1	雨水可收集能力	万m³/d	0.6
单位绿地面积灌溉水量	万m³/km²·d	0.3	再生水供水能力	万m³/d	5
单位水面面积生态补水量	万m³/km²·d	0.2	污水处理厂出水COD浓度	mg/L	100
单位产业用地面积用水量	万m³/km²·d	0.5	再生水厂出水COD浓度	mg/L	50
工业园区人均生活水耗	L/人·天	80	生活用自来水价格	元/m³	3.9
园区COD排放总量	t/a	260	产业用自来水价格	元/立方米	6.7

含义	单位	值	含义	单位	值
生活排水系数		0.9	再生水供水价格	元/立方米	3
产业排水系数		0.7	雨水价格	元/立方米	2
污水处理厂出水率		0.9	再生水厂出水率		0.85

二、计算结果

调用 Matlab 软件系统优化工具箱中的 fgoalattain 函数求解,得到的结果如下:

2015年:

生活用水:

自来水水量比例系数:82%

再生水水量比例系数:18%

工业用水:

自来水水量比例系数:70%

再生水水量比例系数:30%

生态用水:

自来水水量比例系数:0

再生水水量比例系数:60%

雨水水量比例系数:40%

2020年:

生活用水:

自来水水量比例系数:72%

再生水水量比例系数:28%

工业用水:

自来水水量比例系数:50%

再生水水量比例系数:50%

生态用水(包括绿地灌溉用水、景观水面生态补水、市政用水和道路冲洗用水):

自来水水量比例系数:0

再生水水量比例系数:70%

雨水水量比例系数:30%

三、水系统优化成果

根据模型优化而得出的计算结果,可以得出水系统优化后的需水构成(见表6-2、表6-3)。其中,生态用水水量中雨水所占比例为10%,这部分主要为绿化灌溉和景观水面补水水量。优化后需水量及需水结构与优化前(一次供需平衡)相比结果(见表6-4)。

表6-2　优化后2015年需水量及需水构成

指标	自来水(%)	再生水(%)	雨水(%)	总计(万m³/a)
生活用水量	82	18	—	490
工业用水量	70	30	—	930
生态用水量	—	60	40	330
需水总量(万m³/a)	1040	580	130	1750

表6-3　优化后2020年需水量及需水构成

指标	自来水(%)	再生水(%)	雨水(%)	总计(万m³/a)
生活用水量	72	28	—	670
工业用水量	50	50	—	2050
生态用水量	—	70	30	510
需水总量(万m³/a)	1500	1580	150	3230

表6-4　水系统优化前后需水量变化

项目	优化前需水		优化后需水		优化结果	
	2015年	2020年	2015年	2020年	2015年	2020年
自来水(万m³/a)	1510	1960	1040	1500	降31%	降23%
再生水(万m³/a)	530	1160	580	1580	升9%	升36%
雨水利用(万m³/a)	40	80	130	150	新增	升88%
合计(万m³/a)	2080	3200	1750	3230	降16%	升1%

由表6-4可以得出以下结论:

一是,优化后新鲜自来水水量的需求降低。经过优化,2015年和2020年分别降低了31%和23%。这主要是由于再生水和雨水资源在优化中受到了充分重视,2015年和2020年再生水的利用量分别增加了9%和36%,雨水收集利用水平不断提高,新增雨水利用量90万m³/a和70万m³/a,既节约了新鲜水资源,又保证了用水费用的经济性。

二是,优化后生活、工业和生态用水量均有较大提高。尤其是工业用水提高幅度最大,但生态用水可全部采用再生水和雨水,节约了大量新鲜水资源,实际工业用新鲜水的增量仅9%,生活用新鲜水不增反有所降,再生水利用率得到大幅提高,雨水的收集利用率也有所提高。优化前后再生水回用率均有较大幅度的提高,2015年再生水回用率从34%提高至47%,2020年再生水回用率从49%提高至67%。水资源得到了最大限度地优化利用,与之相对应的,排入环境中的污染物也会大量减少,甚至有做到零排放的可能。

第三节　京津冀某区域产业与生态环境协同效应度量系统动力学动态仿真模拟

采用建立的区域产业与生态环境协同效应度量系统动力学动态仿真模型,对京津冀某区域产业与生态环境协同效应度量系统按照规划建设后的发展状况进行预测,预测基准年为2007年,预测期至2020年。

一、模型参数的确定

根据第六章系统动力学模型参数的估算途径,以京津冀2003~2007年五年的历史数据为基础,确定本次区域产业与生态环境协同效应度量系统动力学模型的参数(见表6-5)。

表6-5　本次区域产业与生态环境协同效应度量系统动力学模型各主要参数取值

编号	名称	数值	单位	编号	名称	数值	单位
1	GDP增长率	20%	无因次	14	人均生活新鲜水耗	80	L/人·d
2	公建用地比例	9.5%	无因次	15	单位公建用地面积热能消耗	5	万 kW/km²
3	再生水生产效率	90%	无因次	16	单位公建用地面积天然气消耗	250	m³/km²
4	居住用地比例	7.2%	无因次	17	单位公建用地面积电能消耗	4	万 kW/km²
5	工业用水重复利用率	85%	无因次	18	单位面积市政水耗	109.5	万吨
6	产业污水产生系数	70%	无因次	19	单位面积新鲜水耗	182.5	万吨
7	生活污水产生系数	80%	无因次	20	单位面积绿化水耗	0.5	万吨

编号	名称	数值	单位	编号	名称	数值	单位
8	产业用地比例	0.31	无因次	21	单位面积道路水耗	36.5	万吨
9	产业热能单位消耗	4.50	万kW/km²	22	单位居住用地面积电能消耗	4	万kW/km²
10	产业电能单位消耗	2	万kW/km²	23	单位居住用地面积天然气消耗	94.12	m³/km²
11	生活污水COD浓度值	350	mg/L	24	单位居住用地面积热能消耗	1	万kW/km²
12	污水处理厂出水COD浓度	100	mg/L	25	年降雨量	552	mm
13	产业污水COD浓度值	500	mg/L				

二、模型检验

系统动力学模型检验的目的是验证所建立的模型是否能够较好地反映区域产业与生态环境协同效应度量系统的本质特征。从所建立的系统动力学模型来看:首先,它是在全面分析区域产业与生态环境协同效应度量系统的基础上建立的,能反映各子系统之间动态制约关系的系统动力学模型,实质上在建模的过程中,模型的检验证实工作始终贯穿于循环往复建模过程的始终;其次,利用Vensim PLE软件提供的真实性检验(Realty Cheek)方法,对建立的区域产业与生态环境协同效应度量系统动力学模型的真实性进行检验,检验结果完全满足要求。

在此仅以人均GDP为例进行说明。将模型的仿真计算结果与园区的历史数据进行对比,来验证模型的合理性和有效性。表6-6模拟计算结果与历史数据的对比,图6-1为相对误差率。

表6-6 区域产业与生态环境协同效应度量系统模拟与历史数据对比

时间(年)	人均GDP模拟值(万元)	人均GDP实际值(万元)	相对误差率
2003	3.96	4.15	0.05
2004	5.48	5.85	0.07
2005	7.79	7.57	-0.03
2006	11.39	12.05	0.06
2007	17.14	17.14	0.00

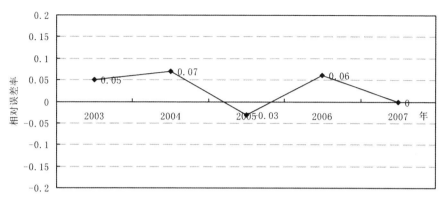

图6-1 区域产业与生态环境协同效应度量系统模拟结果与历史数据的相对误差率

可以看出人均GDP的拟合程度较高,最大相对误差为0.07,可见模型对于系统的仿真结果与实际情况吻合得较好,可以用于整体工业园指标的模拟。

三、模型计算结果

模拟计算结果见表6-7,图6-2至图6-7。

表6-7 系统动力学模拟汇总结果

时间(年)	GDP(亿元)	高新技术产业增加值(亿元)	总人口数(万人)	科研人员总数(万人)	环保投资额(亿元)	总能耗(吨标煤)	碳排放量(吨二氧化碳)
2007	120	83	7	1.1	3.1	366406	230836
2008	144	102	7.9	1.3	4.0	376745	235154
2009	173	126	8.9	1.5	5.3	384315	237645
2010	207	155	9.8	1.8	6.9	390912	239307
2011	249	191	10.7	2.1	8.7	398471	240791
2012	299	235	11.5	2.4	11.1	403963	240660
2013	358	289	12.3	2.7	14.0	411515	240725
2014	430	354	13.0	3.0	17.6	425673	242165
2015	516	435	13.7	3.3	22.0	440602	242791
2016	619	533	14.4	3.7	27.4	459535	243626
2017	743	649	14.9	4.0	34.0	484277	243373
2018	892	787	15.3	4.3	42.1	513151	242204
2019	1070	953	15.7	4.5	52.0	554980	242922
2020	1284	1156	16.0	4.8	64.2	598278	239311

续表6-7　系统动力学模拟汇总结果

时间(年)	用水总量 (万 m³/d)	新鲜水总量 (万 m³/d)	再生水量 (万 m³/d)	雨水利用总量 (万 m³/d)	污水排放量 (万 m³/d)	COD排放量 (吨/总水量)
2007	760	558	91	111	411	373
2008	853	616	123	114	470	400
2009	951	675	161	116	532	425
2010	1055	732	205	118	599	446
2011	1169	792	256	121	672	464
2012	1290	849	316	124	749	477
2013	1419	907	385	127	832	484
2014	1580	975	475	130	933	487
2015	1752	1043	577	133	1042	482
2016	1955	1117	702	136	1170	468
2017	2193	1197	856	140	1319	442
2018	2473	1284	1046	143	1495	400
2019	2829	1390	1293	146	1718	337
2020	3226	1492	1585	150	1969	250

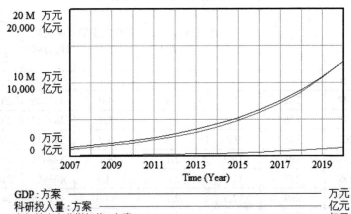

图6-2　2007~2019年GDP、高新技术产业增加值和科研投入示意图

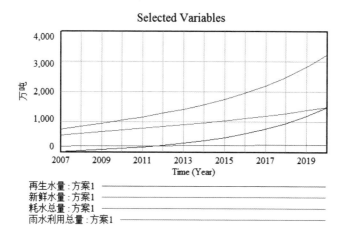

图6-3　2007~2019年雨水、再生水、新鲜水及耗水总量示意图

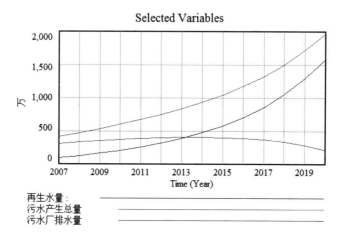

图6-4　2007~2019年污水产生总量、再生水利用总量和污水排放总量示意图

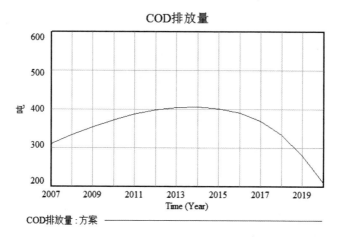

图6-5　2007~2019年COD排放量示意图

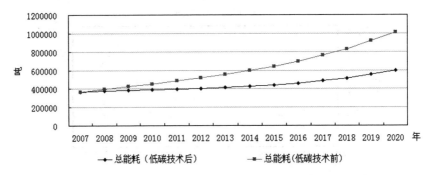

图6-6　2007~2019年采用低碳能源集成技术前后总能耗对比图

图6-7　2007~2019年采用低碳能源集成技术前后碳排放量对比图

由图6-2至图6-7可见,随着GDP和科研投入的增加,高新技术产业增加值上升的速度越来越快,占GDP的比例也越来越大。

随着技术水平的提高,雨水的可收集利用量在逐年增加,再生水的利用量、利用途径也在逐年增加,虽然耗水总量增加了,但新鲜水量的增加速度要比耗水总量趋缓;再生水利用率越来越高,污水处理厂出水排入环境中的量有一个缓慢上升后的下降,总体趋势是越来越少;与之相对应的COD的排放总量经过一段时期的逐年上升阶段,在2014年左右达到一个顶峰后,开始下降,形成一个拐点。说明高新区随着经济的快速增长,有一个污染逐步上升的阶段,到2014年达到顶峰,之后随着环保投资的逐年增加、技术水平的提升以及企业、公众环境意识的提高,污水再生回用比例提高,污染物则转而逐年下降。

通过对低碳能源技术、可再生能源利用以及先进的能源管理经验的运用,能耗的增长率明显呈逐年下降趋势。与之相对应的,低碳能源技术得到普遍实施后,即使能源消耗总体呈现上升的趋势,但碳排放量的增长趋势明显变缓,碳减排的效果非常明显。

综上所述,工业园区作为能源消耗相对较大的区域,同时也是低碳能源技术使用和节能潜力相对较大的区域,在这些区域率先开展低碳能源技术的集成运用,对于整个大区域降低能耗,减少碳排放量,促进企业、工业园区承担碳减排任务,开展碳交易试点,为缓解全球气候变化起到了积极作用。

第四节　基于系统动力学的区域产业与生态环境协同效应度量系统动态评价

运用建立的区域产业与生态环境协同效应度量系统综合评价指标体系,对京津冀某区域产业与生态环境协同效应度量系统建设状况(2007年)以及上一节中运用系统动力学动态仿真模型预测的规划建设后的发展趋势和状况进行综合评价。

一、计算结果

按照之前所建立的综合评价方法,各单项指标评价值、准则层指标评价值及综合评价值如表6-8、表6-9所示。

表6-8　单项指标评价值计算结果

准则	序号	指标名称	2007	2010	2012	2014	2016	2018	2020
经济发展	1	人均GDP	0.86	1.00	1.00	1.00	1.00	1.00	1.00
	2	GDP年均增长率	1.00	1.00	1.00	1.00	1.00	1.00	1.00
	3	高新技术产业增加值占GDP比例	1.00	1.00	1.00	1.00	1.00	1.00	1.00
	4	科研投入占GDP的比例	0.80	0.85	0.88	0.91	0.94	0.97	1.00
	5	本专科以上劳动者所占比例	1.00	1.00	1.00	1.00	1.00	1.00	1.00
	6	专业及技术人员所占比例	1.00	1.00	1.00	1.00	1.00	1.00	1.00
	7	科技进步贡献率	0.92	0.93	0.95	0.97	0.98	1.00	1.00
物质减量与循环	8	单位土地面积地区生产总值	1.00	1.00	1.00	1.00	1.00	1.00	1.00
	9	单位GDP综合能耗	0.66	1.00	1.00	1.00	1.00	1.00	1.00
	10	综合能耗弹性系数	1.00	1.00	1.00	1.00	1.00	1.00	0.72
	11	单位GDP新鲜水耗	0.86	1.00	1.00	1.00	1.00	1.00	1.00
	12	新鲜水耗弹性系数	0.99	0.35	0.69	0.74	0.76	0.73	0.68

准则	序号	指标名称	2007	2010	2012	2014	2016	2018	2020
	13	单位GDP废水产生量	0.58	0.69	0.80	0.92	1.00	1.00	1.00
	14	单位GDP固废产生量	1.00	1.00	1.00	1.00	1.00	1.00	1.00
	15	工业用水重复利用率	1.00	1.00	1.00	1.00	1.00	1.00	1.00
	16	工业固体废弃物综合利用率	1.00	1.00	1.00	1.00	1.00	1.00	1.00
	17	非传统水源利用率	0.69	0.77	0.85	0.96	1.00	1.00	1.00
	18	可再生能源所占比例	0.00	0.30	0.47	0.63	0.79	0.91	1.00
	19	节能建筑比例	0.29	0.50	0.60	0.69	0.76	0.82	0.86
污染控制	20	单位GDP COD排放量	0.77	1.00	1.00	1.00	1.00	1.00	1.00
	21	COD排放弹性系数	0.18	0.30	0.87	1.00	1.00	1.00	1.00
	22	单位GDP SO$_2$排放量	0.24	0.39	0.53	0.70	0.92	1.00	1.00
	23	SO$_2$排放弹性系数	1.00	0.49	0.97	0.65	0.46	0.32	0.23
	24	危险废弃物处理处置率	1.00	1.00	1.00	1.00	1.00	1.00	1.00
	25	生活污水集中处理率	1.00	1.00	1.00	1.00	1.00	1.00	1.00
	26	单位GDP碳排放强度	1.00	1.00	1.00	1.00	1.00	1.00	1.00
园区管理	27	区域产业与生态环境协同效应度量系统信息平台完善度	0.80	0.82	0.85	0.90	0.95	0.98	1.00
	28	重点企业清洁生产审核实施率	0.00	0.20	0.40	0.60	0.80	1.00	1.00
	29	公众对环境的满意度	1.00	1.00	1.00	1.00	1.00	1.00	1.00
	30	公众对生态工业的认知率	1.00	1.00	1.00	1.00	1.00	1.00	1.00

表6-9 准则层指标及综合评价值计算结果

评价项目	2007	2010	2012	2014	2016	2018	2020
经济发展	0.94	0.97	0.98	0.98	0.99	1.00	1.00
物质减量与循环	0.65	0.77	0.84	0.90	0.94	0.96	0.97
污染控制	0.79	0.83	0.92	0.94	0.95	0.96	0.95
园区管理	0.60	0.67	0.75	0.83	0.92	0.99	1.00
综合评价结果	0.72	0.80	0.87	0.91	0.95	0.97	0.97

二、现状评价结果分析

从表6-8和表6-9中可以看出,2007年,该区域产业与生态环境协同效应度量系统建设水平综合评价指标:可持续发展度为0.72,属于可持续发展程度较高的第Ⅱ级发展水平,并接近第Ⅰ级水平,表明该区域产业与生态环境协同效应度量系统建设具有较好的基础。在各项评价指标中,有15项已经达到标准要求,达标率为50%。在尚未达标的15项指标中,可再生能源所占比例和重点企业清洁生产审核实施率的发展水平最低,节能建筑比例、单位 GDP SO_2 排放量以及单位 GDP 废水产生量也较差,亟待提升;其他未达标指标与标准值的差距不大。在各准则层指标中,园区经济发展水平的可持续发展度最高,达到第Ⅰ级水平,并接近区域产业与生态环境协同效应度量系统建设标准要求;其次为污染控制水平,其可持续发展度也已达第Ⅰ级水平,但接近下限;物质减量与循环和园区管理的可持续发展度均为第Ⅱ级水平,与区域产业与生态环境协同效应度量系统建设标准还有一定距离。

三、预测评价结果分析

园区可持续发展度预测结果趋势(见图6-8),园区各准则层指标预测结果趋势(见图6-9)。

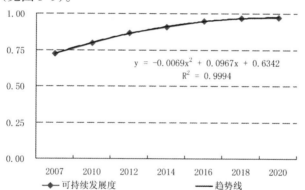

$$y = -0.0069x^2 + 0.0967x + 0.6342$$
$$R^2 = 0.9994$$

图6-8 2007~2020年园区可持续发展度预测结果趋势图

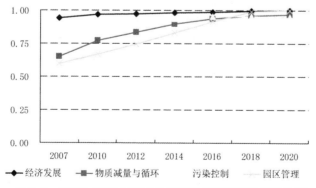

图6-9 2007~2020年园区各准则层指标预测结果趋势图

根据预测结果,园区2020年区域产业与生态环境协同效应度量系统总体可持续发展度可以达到0.99,属于可持续发展度很高的第Ⅰ级水平。各准则层指标评价值除物质减量与循环达到0.98之外,均达到1.0,即完全达到区域产业与生态环境协同效应度量系统建设标准。从图6-8和图6-9中可以看出,如按照本书所建立的区域产业与生态环境协同效应度量系统建设途径发展,在2007年到2020年间该区域产业与生态环境协同效应度量系统建设总体可持续发展度和各准则层指标的可持续发展度均是逐年提高的。

在四个准则层指标中,经济发展指标的现状起点很高,已经接近区域产业与生态环境协同效应度量系统建设标准,到2018年即可实现完全达标;物质循环与减量指标现状为可持续发展Ⅱ级水平,通过建立生态产业共生网络、配置合理的水资源系统和低碳能源系统,到2020年接近区域产业与生态环境协同效应度量系统建设标准;污染控制指标现状可持续发展度刚刚进入Ⅰ级水平,通过企业实施清洁生产、水系统和能源系统的优化,到2020年接近区域产业与生态环境协同效应度量系统建设标准;园区管理指标尽管现状起点不高,为可持续发展Ⅱ级水平,但通过园区对清洁生产实施的大力推动、建立完善区域产业与生态环境协同效应度量系统信息系统,到2020年也可实现完全达标。

对四个准则层指标可持续发展度进行相关性分析可以发现(分析结果见表6-10),各准则层指标的相关性很高,表明在区域产业与生态环境协同效应度量系统构建过程中,各准则层的相互影响很大,需要兼顾区域产业与生态环境协同效应度量系统建设的各个方面,才能显著提高园区整体的可持续发展程度。

表6-10 各准则层指标可持续发展度相关性分析结果表

	经济发展	物质减量与循环	污染控制	园区管理
经济发展	1			
物质减量与循环	0.9876	1		
污染控制	0.9231	0.9600	1	
园区管理	0.9466	0.9670	0.9045	1

本章小结

水系统优化结果表明:在经过优化之后,对于新鲜自来水水量的需求度降低,2015年和2020年分别降低了31%和23%;雨水收集利用水平不断提高；再生水回用率增加幅度较大，2015年和2020年分别达到47%和67%，较优化前分别增长了23%和18%，既节约了新鲜水资源，又做到了污染物排放量的减少，并保证了用水费用的经济性。

系统动力模拟结果表明：增加科研投入能够有效地带动经济发展，园区GDP、高新技术产业增加值等经济、科技指标明显呈逐年上升的趋势，高新技术产业增加值在GDP中的比例也越来越大，与之伴生的高新技术研发能力也越来越强，在地区经济的带动中发挥越来越重要的作用；再生水利用率越来越高，随着经济发展，污染物在经过短暂的一个上升后到达拐点，伴随环保投资的加大、公众环境意识提高开始逐年下降；通过采取一系列低碳能源技术、可再生能源利用以及先进能源管理经验，能耗增长率逐年下降，碳排放量增长趋势明显变缓，碳减排效果明显。

依据上述系统动力学模拟结果，采用前期确立的评价体系开展评价，评价结果表明，在2007年到2020年间，该区域产业与生态环境协同效应度量系统建设总体可持续发展度和各准则层指标的可持续发展度均是逐年提高的，可持续发展度由2007年的0.72提高到2020年0.99，由Ⅱ级发展水平提升到Ⅰ级发展水平。

第七章　区域产业与生态环境
协同发展的建议

区域产业与生态环境协同发展的建立的目的是面向市场,使其成为新时期构建创新型国家的重要技术支撑平台和科技孵化基地,它是产业集群的有力支撑。对于推动地区经济发展、提高生态环境经济活力和提升高校办学质量都具有重要的现实意义。区域产业与生态环境的协同必须对整个生态环境城市群发展的和谐功能、联动功能加以充分考虑。有效城市组合的构建应该遵循经济原则、生态原则和文化原则。在充分认识宏观调控重要性的基础上,注重把握各个县市自身生态环境发展的特点,针对区域产业与生态环境间的各环节进行适当的改良和优化,注重各县市之间的协同发展,打造产业与企业间积极的关联效应与协同效应。进入新时期,国家对污染防治的重视程度越来越高,对生态环境的保护力度越来越大,尽管如此,区域产业与生态环境协同发展的过程中依然出现新的问题,本章的研究重点是基于区域产业和生态环境的发展的新困境提出具体的建议。

第一节　构建促进区域产业与生态环境良性协同的机制

在充分依靠高效的运行机制的前提下,组织机构发挥工作效能,才能按照预定的规划发生协同行为,达到实现预期绩效的目的。在构建区域协同组织模式的基础上,有待进一步科学地创设相应的组织运行机制体系,其中包括决策、执行主体及翔实的工作目标、规范的决策程序、严明的行为规则、具体的监管手段等方面。

一、商定区域产业与生态环境良好协同的共同章程

重视区域产业与生态环境领导协调委员会会议或发展论坛的作用,通过"顶层设计",共同商讨并制定高层性基本制度框架文件,保障区域产业

与生态环境协同发展的实施,如《区域产业与生态环境协同发展共同章程》《区域产业与生态环境协同发展联盟公约》等。这些章程和公约对区域产业与生态环境协同发展过程中需要共同遵循的重大原则性事宜和具有远景性发展的战略予以明确指示,包括发展空间、战略目标、协同原则、组织框架、机制体系、政策取向、公共服务、生态环境干涉等,最终奠定以经济合作为先导的生态环境一体化发展的制度基石。

二、构建区域产业与生态环境协同合作运行体系

依照《共同章程》或《框架协议》,将事务性的工作职责赋予区域产业与生态环境常设协同合作组织机构,以此达到执行或实施主体权责适宜、组织行为规范有序、生态环境协同高效的目的。

一是,明确协同行为的决策主体和实施主体。生态环境协同共治的实际决策人应当包含三大层面的决策主体,即行政高层(市长联席会)、部门中层(生态环境行政组织)与业界底层(民众团体或市场主体)。而政府部门与非政府组织是主要的实施主体。

二是,明确协同目标。在推进生态环境协同合作的过程中,应该加强对生态环境空间内行为取向的前瞻性与一致性的认识。组织行为的目标主要涉及规划统筹好生态环境开发、土地控制、产业布局、设施配置等,要经过相关的科学预测,制定计划要经过精心的设计,不能只顾及眼前的利益,要有长远的目标。注重信息、交通等公共基础设施的合理布局,充分顾及与生态环境的融合性,要注意对资源的节约利用,要与城市成长实际和自然生态情景相契合。形成区域产业与生态环境产业间的分工合作机制,发挥市场的治理和监管作用,做好区域产业与生态环境相关工作。注重对市场竞争的良好秩序的建立和维护,将政府行政职能架构与行政行为方式从纵向度的单维治理改成横向度与纵向度并存的多维治理,以此实现生态环境公共服务协同的目的,确保实现府际组织行为的水平联动和共治的目标。

三是,明确协同行为规则。在协同过程中必须充分认识到平等、共治精神的重要性,促使组织的协同力与决策公信力得到充分彰显。

四是,明确协同行为手段。必须遵循国家的法律法规,遵守生态环境共同章程或部门协商制定一系列规则制度等,包括实务性行政规则、导向性产业政策、配套性公共服务、均衡性激励举措、过程性组织监察、周期性绩效评估、应急性社会救助和公益慈善性社会保障乃至发布的公务性信息等。

三、建立和完善区域产业与生态环境协同的驱导、监管和约束规则

为了有效地促进区域产业与生态环境间产生良性的协同关系,严格防止发生机会主义的行为,有效地促进区域产业与生态环境协同发展过程中的行为符合相关规定并高效运行,需要建立干预体系和驱导、监管、约束规则,以此实现区域产业与生态环境协同行为的逐步完善。干预体系主要由协同政策干预体系、绩效监控干预体系、功利调适干预体系、应急救助干预体系和生态保育干预体系构成,最终实现覆盖范围广、控制严格、共同治理、可持续发展的区域产业与生态环境协同发展目标。驱导政策主要涉及生态环境间协同发展的招商引资政策、产业激励政策、绩效考评政策和公共服务等相关指导性竞合政策。监管、约束规则既可以表现为法律、法规正式形式,又包括行业规范等非正式的形式。监管、约束规则应该对以下事实加以明确:需要制定相关的行为准则,保障协同生态环境各参与主体;需要形成相关的界限,明确协同关系中的权利和责任;需要形成相关的行为条款,以此对违规行为实施处罚。

在生态环境区域产业主体的相互作用和相互影响下,形成生态环境系统创新网络,它是通过网络系统形成的知识和技术组成的有机整体。其中,政府作为推动者和调控者,在生态环境区域产业创新网络形成过程中发挥推动和调控作用,在法律法规、制度安排和文化氛围营造方面发挥积极的作用,为区域产业与生态环境协同发展系统创新提供重要的保障。而各区域产业合作主体间的学习交流在生态环境创新系统中处于主体地位,生态环境创新绩效的效率依赖于区域产业各主体间长期合作竞争的协同创新的关系,注重构成要素间的共生和协同,注重要素与整体网络机制之间的协同和关联,这些对生态环境区域产业协同发展的创新绩效具有至关重要的影响。

区域产业生态环境协同发展是将生态环境内的组织个体知识、技术等进行扩散,达到资源共享,推动生态环境创新绩效提高,达到生态环境经济发展的目的,通过不断进行知识学习和技术交流,加强企业的创新要素与生态环境资源的结合度,促进形成生态环境资源相加大于单个区域产业个体要素功能之和的格局。在对生态环境充分尊重的基础上,加强协同创新网络中成员的协同合作,积极营造利用优势资源、优化创新资源、提升技术创新能力的局面,把握时机促进区域产业各协同方互相学习和发展,力图在创新绩效方面有所提高,实现生态环境内协同创新的效应。网络效应、规模效应、集群效应、学习效应和非线性创新效应作为协同创新带来的效

应而存在。协同对于生态环境内的区域产业协同创新具有非常重要的意义，而不能想当然地将协同理解为创新主体间的简单合作。协同包括交互式的复杂系统工程的深刻含义，它是多方面的综合因素的集合体，包含技术、社会、经济等要素。在系统内，系统组建和有效运行的关键包括创新主体、合作方式、市场环境、组织保障、契约关系、政策和社会支持力度等。这些综合因素和关键模块的系统性和有效性决定着协同创新的实现（见图7-1）。

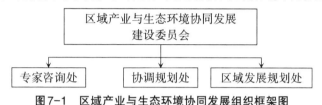

图7-1 区域产业与生态环境协同发展组织框架图

第二节 构建区域产业与生态环境良好协同的组织构架

区域产业与生态环境良性协同的组织保障主要表现在组织结构的完善配置，是保持区域产业与生态环境协同关系的优良成长性、灵活适应性和组织创新性的关键所在。针对区域产业和生态环境的实际发展的要求，构建区域产业与生态环境良性协同的组织运作体系模式，遵循"省统筹、市为主、市场化"的工作原则（见图7-2）。

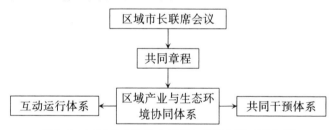

图7-2 区域产业和生态环境合作机制体系构架图

一、健全区域产业与生态环境协同发展的领导协调体系

成立领导协调委员会，专门负责生态环境协同建设，遵循分类指导的原则，主要从全局上负责对区域产业与生态环境协同过程中的产业发展、资源利用、体系建设、政策机制创新等工作进行统筹和协调。领导协调委员会下设综合部门、规划部门和专家智囊团，分别负责综合协调各类事务、负责提升完善及督导规划实施总体规划和各生态环境规划、聘请高级专业人才、及时跟踪区域产业与生态环境协同情况及总结经验教训并提供决策

依据和智力支持。为有效地传导、落实组织的重大决策与行为指令,具体就区域产业与生态环境的协同发展事宜进行协调,特下设生态环境协同工作部与区域产业协同合作委员会,隶属于区域产业与生态环境协同发展统筹协调处,这样从组织基础层面上做好了推动区域产业与生态环境协同发展的保障。

二、组织结构层层深入

注重组织结构自上而下地逐级实施,以最高的省级领导协调委员会作为起始点,慢慢渗透入常设性统筹协调工作部门、省级行政部门或行业协会,最终落实到生态环境协同的市级合作协调委员会、行政部门和行业协会第三个层次的相关工作事务中。再进一步,相关领域、行业的专业协会继续延伸到县、镇(乡)、村的行政层级,遵循层级化、生态环境化、属地化、专业化与行业化管理服务的原则,分别为生态环境协同提供统筹、联络和协调服务工作。

参与生态环境协同管理的多个主体消除自由散漫的缺点,逐渐加强之间的紧密合作,从宏观的规划逐渐注重基层的需要和关注的重点,从技术协作型转变为契约型并最终走向合作稳定持续的一体化型;在优化配置资源要素的基础上,探索深广性整合市场功能的途径,形成多主体的经济、社会合作网络结构,实现产业协同、市场共通与文化融合;区域产业各协同主体要积极选择耦合协同程度较高的模式,同时在进行组织设计时,要提高组织的自我管理能力和边界渗透性,以利于合作方之间进行良好的耦合协同,从而提高合作效率和创新绩效。

第三节 努力配置区域产业与生态环境的多元化市场协同主体

"互助互补、共同发展"的观念在区域产业与生态环境协同发展进程中具有非常重要的作用,能够有效地促进产业整体提升。要充分认识自身的优势和不足,积极发挥比较优势作用,能够做到扬长避短,积极利用总部经济模式,在产业差异定位方面做到重点突出。北京、天津逐步由制造业向服务业转换,出于对河北的土地、人力等资源的考虑,将很多传统产业向河北转移。在"三年大变样"的背景下,河北省的吸附力和承载力逐渐增强,引进了许多优良的、大型的、高收益的项目。区域产业对于生态环境的影响非常明显,它能够起到承上启下的积极作用,在承接和吸引京津的资金、人才和技术等要素的同时,将丰富的技术、信息等资源涓流到腹地其他生态环境。作为京津冀地区的高校和科研院所需密切追踪该生态环境的产业发展趋势,突出本地生态环境特色和优势,与一些大型龙头企业集团构建区域产业战略联盟,建立科技创新和成果转化的平台。

参与区域产业与生态环境协同发展的主体较多,而且表现出一定的群体化行为,由于各行业领域参与度和贡献度不同,促使社会资源形成优势组合,并在一定程度上表现出供需互补关系,有利于强大的生态环境市场竞争张力的最终形成。

区域产业与生态环境协同发展的中坚力量由各种类型和规模的企业构成。

第一,激发国有企业的能量。国有企业通常以生力军的身份投入区域产业与生态环境协同发展之中,可以通过采用不同资源优化配置方式提升国有企业的竞争能力和盈利能力,例如改造、重组、多元化等方式。也可以通过政策范围内,引导民间资本和外资参与国企股份改革,有的放矢地推进国有企业战略性改组等。

第二,重点打造龙头骨干型企业。相关部门积极制定相关政策,提高扶持或并购的力度,有效地促进跨国、跨地区、跨所有制的大公司大集团的形成。除此之外,要做好对龙头骨干型企业的服务工作,特别要重视科技服务的到位率,注重龙头企业的研发能力的提高,引导和鼓励大企业积极承担国家科研项目,共同促进区域生态的改良发展。以大型龙头企业作为依托,积极倡导成立国际和国家产业技术联盟,大力鼓励龙头骨干型企业积极上市,建立企业国际化绿色发展的快速通道。

第三,培育和扶持高科技企业、高成长性企业。以区域产业和生态环境协同发展作为出发点,积极鼓励企业间的技术合作,倡导构建由大企业发挥龙头带动作用的、相关配套产业完善、大中小型企业之间互动紧密、成熟产业与新兴产业稳定、创新发展的生态环境协同系统,继而发展成为以创新为主要导向的集群形态。创造条件积极促成高成长企业与龙头企业之间的合作。

第四,激活中小企业,积极发展非公有制经济。专门针对中小企业形成的激励机制、长效机制和运行机制,探索形成"科技孵化+创业投资""创业导师+专业孵化""共性平台+创新网络"的新型孵化机制,激发中小企业的创新、创业能力。此外必须充分认识到,非公有制经济的发展将会在很大程度上促进区域产业与生态环境的协同发展。相关机构需要积极引导和鼓励区域产业、经济发展良好的县市企业和居民有效探寻企业合作项目和空间，注重通过直接投资办厂、兼并其现有企业、联合创办企业和设立加工基地等多种方式展开生态环境协同，降低成本、提高产品竞争力。

第五，为鼓励吸引外资企业参与生态环境协同，积极采用使投资的环境得到改善、使投资的审批手续逐渐简化、使投资的准入门槛得到降低等方式。

第六，鼓励产学研等协同主体间的合作。高校、科研机构或科技中介具有比较明显的人才、设备和资料信息等优势，积极构建联通政府、科研机构、中介机构等的广阔渠道和宽阔接口，注重鼓励加强不同类型企业与产学研主体之间的交流合作，对前沿技术和最新资讯能够及时地掌握，做到对自身的发展路径进行及时调整的目的，及早实现产品及理念的升级，在激烈的市场竞争中占得先机。

第七，实现区域产业与生态环境协同创新资源整合。区域产业与生态环境创新资源整合系统的结构比较复杂，它的构成要素包含生态环境创新资源整合的主体、客体和驱动力三部分。而生态环境内创新资源整合的主体又由调控管理主体、研发执行主体和创新服务主体构成。具体而言，调控管理主体通常涉及各级政府职能管理部门，其主要针对创新资源的整合发挥计划、调控和管理的功能；企业、高校和科研机构构成了研发执行主体，主要发挥创新活动的功能，致力于创新资源整合的运行，对创新资源要素进行分配，负责创新成果的研发及运用；而创新服务主体主要由各种创新服务中介机构构成，它的主要作用是调控管理主体和研发执行主体之间的关系，有效地促进生态环境创新资源的整合。

放眼整个生态环境创新资源整合系统，在市场、政府和社会三种驱动力的共同作用下，创新资源整合主体对于创新资源整合机制的形成发挥了积极的作用，促成了整合客体在整合主体的作用下对各类生态环境创新资源的高效整合，提高了环境创新资源的配置效率，对于生态环境经济的核心竞争力也有了进一步的提升，改变了生态环境经济的类型，由资源依赖型转向创新驱动型，节约了资源的同时提高了效率。

总之，区域产业与生态环境内各主体均要本着在实现自身发展的同时顾及整体利益的原则，加强交流，协同并进，集思广益，促进区域产业与生态环境的良性协同，提升整个生态环境的竞争力。区域产业各协同主体在生态环境经济发展中可以形成一种相对的生态环境内专业化分工合作机制。在生态环境经济创新系统理论范畴内，其创新驱动的内涵在于技术创新来源于相关技术专业知识的长期有效学习与沉淀，而技术创新促进生态环境经济的产业化和商业化。在此生态环境经济发展的链条中，就各区域产业协同主体而言，知识的积累、交流、更新和创新人才的培养，以及由知识到技术的创新实现，对科技创新的追求和发展是高等院校和科研机构的重要任务和首要责任；而将研发的新技术进行成果转移、由科技创新发展为现实的社会生产力则是企业追求的目标和责任。要实现区域产业协同主体的三方责任，政府要在满足各自需求和遵循市场机制运作规律基础上，根据区域产业发展的各个阶段，为该分工协作体系建立相对应的保障体系，各主体间的需求信息建立相应的信息反馈途径，同时为各主体方的职能作用提供相应的职能实现途径，为实现技术创新到生产力的成果转化提供相应的成果转移途径。区域产业协同创新会对生态环境创新绩效水平产生影响，无论这个影响是正向的还是负向的，生态环境创新绩效的提升与否会对区域产业协同创新有一个明显的反馈效应。具体而言，有利于生态环境创新绩效水平提高的创新方式会被逐渐加强，进而逐渐被固化，从众多创新途径中脱颖而出；而如果生态环境创新水平受到某种区域产业协同创新路径的阻碍，那么这种路径的可行性很可能会受到质疑，极有可能在与其他路径的竞争中败下阵来。换句话说，在一定程度上后期的生态环境创新绩效水平容易受到前期的创新绩效的影响，可能是正向的或负向的，正是由于存在这方面的反馈效应，才会导致生态环境创新绩效对区域产业协同创新的方式具有了一个逆向影响的能力。

第四节　做好区域产业与生态环境协同系统的保障工作

一、建设好区域产业与生态环境协同发展要素的支撑体系

区域产业与生态环境协同发展中两个最活跃的基本要素是资金和人力，生态环境中资金和各类人才的流动，能够有力地支撑和保障协同发展的顺利进行。资金的充裕度能够对生态环境协同产生较为深远的影响，建议采取下列措施建设金融保障体系。

第一，依托政府引导，促进风险资本聚集。一方面鼓励政府投入设立或改善科技型中小企业创新基金、创业资金、研发专项资金和创新合作基金等，根据企业成长的不同方式和不同阶段积极构建多层次政府资金资助计划；另一方面通过采取积极吸引民间资本、各类风险投资公司、贷款担保公司和国际金融组织的方式，引导并构建"科技创业金融服务区"。

第二,积极参与并争取中国非上市企业的股权交易代办系统相关工作,对在区域产业与生态环境协同发展过程中具备相应条件的企业进行辅导和培训,积极为区域内企业提供股份制改造、投融资、挂牌交易等相关服务,大力构建海外上市计划,构建"培育一批、改制一批、辅导一批、申报一批、核准发行一批"的阶梯形上市推进结构,大力促进企业海内外上市融资。

第三,拓展其他融资渠道。支持银行等金融机构对区域内相关产业大力开展"知识产权质押""联保联贷""可动产质押"等相对灵活多样的金融创新服务模式,积极鼓励民营资本参与到产业投资、基础设施和公用事业建设中来。

在人力支撑方面,借鉴北京中关村国家自主创新示范区、武汉东湖国家自主创新示范区建设"人才特区"的经验,积极为区域产业与生态环境展开规范化、制度化、长期化协同发展做好相关智力储备。首先,实施招才引智计划。依据区域产业与生态环境协同发展的人才需求情况,积极制定不同层次人才的引进方案,积极探索建立"政府调控+市场供需"的人才引进机制和渠道,并倡导人才数据库的建立。其次,建立良好机制以促进人才流动。采用灵活多样的人才聘用方式,大力推广项目聘用、任务聘用等方式,促进区域产业与生态环境协同发展系统间的人才流动。再次,重视人才自我培养工作。一方面注重领军人才群体培养,发挥其带动和支撑区域产业发展的积极作用;另一方面注重职业能力培训的作用,不断培养和提升区域产业与生态环境协同急需的紧缺专业技术人才、应用型人才等。最后,利用各类载体建设优化招才引智的外部环境,包括生活环境、创业环境和法治环境等,达到区域产业人才能"引得进、留得住、用得好"的效果。

二、加强生态环境内区域产业的公共服务平台和中介服务机构建设

良好的公共服务平台建设可为区域产业合作各方提供协同创新的基础和保障,同时为区域产业协同各方的利益提供了一定的协调机制。生态环境行政部门要在区域产业合作中的产业布局和技术引进过程中加强对仪器设备采购平台、技术集成交换平台、技术成果交流合作平台及科技成果转化平台等方面的建设,从而在生态环境内的区域产业过程中实现资源共享、信息充分自由流动,提高生产力自由、高效和重复利用和低耗使用,如一些试验设计开发在一定生态环境范围内要实现相关试验资源和成果的共享,从而避免资源在重复使用中的浪费,诸如区域产业联盟中的资金使用、项目管理和人才服务等方面都应该以公共服务为平台。同时大力发展促进技术转移和成果应用的相关服务中介、服务中心等机构,提高基础

研究的转化率,实现技术研发过程中的采购管理、技术购买和新产品使用等环节的有机整合。在此过程中,地方政府要在土地划拨、财政税收优惠政策和相关配套政策方面予以大力支持,实现在技术出口退税、财政贴息贷款和土地出让金减免等政策规章方面的利益特许和政策倾斜。

在生态环境经济发展中,为实现区域产业各主体方科技成果的转移,科技中介服务体系的建立和完善处于非常重要的地位,因为科技中介服务体系在各类区域产业协同主体资源集成与扩散中发挥了积极的纽带和桥梁作用,同时促进了科技知识向技术创新和成果转移。通常情况下,科技中介服务机构、组织管理系统和政策法律法规组成了科技中介服务体系。这三个部分相互作用、相辅相成。在整个体系中,中介机构是主体部分,而组织管理系统和政策法律法规是整个体系的保障和支持部分。科技中介服务体系一方面可以促进区域产业成果的科技转化和技术转移,最大化区域产业的创新绩效;另一方面可以为区域产业主体的利益提供公平、公正和公开的第三方利益协调机制。因此,必须重视并大力支持各类科技中介服务机构的培育和发展工作,对于提供技术支援的中介机构要给予重点发展和优先发展,如生产力促进中心及企业孵化器等。与此同时,要在中介机构中注重发挥科研院所、高等院校和社会团体和行业协会的作用,从而提高中介机构的专业化、行业化和规模化。

三、做好生态环境协同研究的数据统计工作

生态环境协同发展战略的制定和实施必须以事实为依据、以数据为基础,生态环境的统计数据则是生态环境发展状况最直接和最真实的显示。中国目前的统计数据虽然覆盖范围已经很广、门类也很细致,但仍有一些待提高的地方:第一,国内的宏观统计数据一般统计到市(县)一级,下一行政层级的统计数据不易获取且统计指标简单粗糙;第二,受统计技术所限,一些具有动态性、开放性特点的指标没有纳入统计体系中。随着统计技术的发展和统计指标的完善,区域产业与生态环境协同效应的测度研究能更深入、更细化。

生态环境内相关数据资源的共享要以政策调控、法规保障和技术支持为基础,要加强法律法规建设,有效地实现生态环境资源利用与共享,同时积极遵循权责分明、评价科学、公开有序和管理规范的原则,不断健全和完善数据资源服务平台建设与合理运行的绩效考核机制。生态环境内的整合数据资源需要以一定组织的建立为基础,承接生态环境内各主体间的现代信息技术方法,采取共建、共享的方式来运作和使用,需要设定第三方公

共平台专门负责生态环境内数据的挖掘、收集、加工、分析、重新组合、编码、发布，提供专门的查询服务，建立针对专门数据的开放式服务系统，比如平台共享网络体系和平台管理服务体系。

在合作共享的过程中，针对不同来源和不同用途的数据资源可采用不同的运行方法，如对政府出资产出的国有科学数据采取"完全与开放"数据共享政策和公益性共享机制，可向全社会开放，生态环境内的相关研究人员和各阶层工作人员都可以在不高于工本费用的基础上，以方便快捷平等的方式获得相关的资源。同时为帮助其最大效率地使用数据资源，政府还应提供相应的技术服务培训。这部分数据即可采取共享服务网络体系，建立共享平台对外查询的开放式界面，向生态环境内各区域产业主体提供可共享的创新资源相关信息，比如共享资源的主要内容、数量、用途和具体的查询方法等，从而为各协同主体提供及时方便的、针对需求的共享数据。而对私有科学数据应该将其推向市场，采取自由竞争的原则，与此同时，国家通过相关税收政策进行宏观调控，并可集中相关资源建立管理服务体系，该体系的职能是对相关数据平台进行数据的及时更新和平台的管理维护等，保障生态环境内数据资源的数量和质量。与此同时，作为对生态环境内数据资源的调控和管理，政府还可以以数据资源为驱动和导向，发掘生态环境内区域产业各主体的需求，并把其价值和优势充分显示出来，从而提高其信息沟通和交流能力，提高生态环境内区域产业主体的合作和创新绩效。

第五节　提高区域产业与环境的协同程度并扭转生态环境恶化趋势

一、注重三大产业的合理规划与发展

从产业结构的角度研究产业发展对环境的影响时，结合外部效应理论，对三大产业各个行业发展过程中的环境外部性进行分析。

首先，第一产业主要以绿色植物为生产对象，是生态环境的重要屏障，高效的林业碳汇以及现代农业、有机农业的发展能够极大地实现碳储存，保护生态环境。但是化学肥料的过度使用，不合理的过度畜牧，都会造成草场植被的严重破坏，不考虑地域、土壤、气候、环境的盲目种植，也都会对生态环境产生巨大危害。农业也是温室气体的第二大重要来源，秸秆焚烧是近几年造成京津冀地区严重雾霾的罪魁祸首之一。

其次,第二产业尤其是工业的发展,为经济的发展带来了巨大的利润,但是也对环境造成了严重的污染。工业产业的能源消费,传统老旧工业过低的产值对应的较高的碳排放,落后的产业带来微量经济增长的同时产生了大量的环境污染,而产业的利润在重污染的治理面前只是杯水车薪。不过随着工业的发展开始以高科技为主导,更多高产能、低耗能、低排放的新兴工业产业的出现,还有以二氧化碳为原材料的二氧化碳回收产业的兴起,都使得工业开始以新的思路来解决污染排放问题,向着既保护环境、节能减排,又增加产值、获取更多利润的方向迈进。

最后,第三产业是未来经济发展的核心,经济的高端化离不开第三产业的推进。有着"永远的朝阳产业"之称的旅游业的大力发展提高了环境质量,推动了人们对自然资源、野生物种的保护,在产业与环境协同发展中发挥着重要作用。再生资源回收业等产业的兴起,也在极大地在发展经济的同时保护了生态环境。但是随着人们生活质量的提高,不得不关注第三产业中由于不合理的、违规的发展而带来不必要的资源浪费。同时要关注第三产业中高利润、零排放的行业,如金融、商务、咨询等,这些行业具有极大的开发潜力,需要大力开发来带动整个经济的高端化进程。

二、注重发挥生态环境的特征优势,发展合适产业

从生态环境特征的角度研究产业发展对环境的影响时,通过生态环境特征的优势利用与生态环境特征的限制规避。首先,根据不同的生态环境特征,要结合生态环境优势发展最适合该生态环境的产业,这些产业的发展,既能够符合当地特色,又能够促进和加强当地的特色,同时不会产生大量的额外成本和额外排放。区域产业的发展不能"抱着金碗找饭吃",只有通过对生态环境资源环境进行合理、科学地评价,找到生态环境优势资源,通过建立优势产业,把资源优势转变为竞争优势,才能实现区域产业与环境的协同发展,既拉动了当地经济,又合理地最大限度地保护了当地资源。其次,区域产业发展,同时要考虑生态环境和资源特征,要做到没有的资源不去用,不适合发展的不发展,优势不再的产业及时转移。要结合生态环境特征,不能因为产业能带来好的效益就去强加发展,及时对生态环境内不适宜继续发展的产业进行转移,使生态环境的投入不会一场空,符合生态环境资源的发展需要。从生态环境特征的角度研究产业发展对环境的影响时,通过对京津冀生态环境的资源环境约束的现状和应对措施进行研究描述,认识到产业发展要以不破坏自然环境为前提,要在资源环境承载力能支撑的范围内进行,通过提高资源利用率、建立废弃物循环再利用平

台、降低存量、低碳准入、积极开展战略环评等措施,远离约束条件中的阈值,不触碰污染的雷区,从而实现区域产业发展与生态环境协同。

三、注重区域产业发展与环境协同度度量模型结果的利用

通过分析三方面的区域产业现状后,分别在各自角度建立了区域产业发展与环境协同度的度量模型,来定量、准确地分析生态环境中的产业与环境的协同程度,由各自的度量模型可以得到:第一,区域产业发展与环境的协同度与区域产业结构有关,区域产业调整后产业带来的正环境外部性越高、负环境外部性越低,产业结构调整得就越好,产业发展与环境的协同度就越高,越协同。第二,区域产业发展与环境的协同度与区域产业对优势资源的利用程度有关,区域产业的发展对生态环境中的优势资源的利用程度越高,产业发展就与资源环境越匹配,当地的产业效益就越好,资源环境开发得也就越好,产业发展与环境的协同度就越高,越协同。第三,区域产业发展与环境的协同度与资源环境约束条件有关,对于生态环境中资源环境承载力多项的约束,产业在发展中规避得越多,对于被约束的资源使用得越少,对于被约束的污染物排放得越少,生态环境被保护得就越好,产业发展与环境的协同度就越高,越协同。

总之,通过以上三个子模型,构建区域产业发展与环境协同度的度量模型,不仅从产业结构优化、生态环境优势资源利用程度、生态环境资源环境约束条件这三个方面进行协同度的分析考量,还从整体区域产业与环境的协同度进行定量分析,依据协同度等级评价表对模型输出结果进行评价。协同度的度量模型为破解区域产业发展与生态环境发展之间的矛盾提供解决思路,为研究区域产业与环境的协同程度提供参考,为产业调整、节能减排、生态环境发展规划与政策的制定提供方案路径,也为决策者提供了一个科学、便捷、有效的分析工具。

第六节　实现区域产业与生态环境的可持续发展

一、坚持可持续发展

通过相关文件资料可以看出,中国有着宏大的经济发展目标,即必须设法推动实现环境和社会可持续发展的目标。融入全球经济为技术改进和获取能源提供了机会。中国还有许多可供选择的创新政策和措施,可以

显著地改变获取和使用能源的方式。这些机会的选择,以及长期的社会、人口和经济形势,将影响中国未来的能源系统,从而影响温室气体排放,特别是二氧化碳的排放。中国建立可持续能源道路的能力具有全球性影响。中国每年的温室气体排放量几乎占发展中国家的一半,占全球排放量的12%。随着中国的能源消耗不断增加,预计未来温室气体排放量将不可避免地增加。但是能源消耗和排放增加的速度可能会有很大差异,这取决于可持续发展是否被视为重要的政策目标。如果中国政府选择采取措施提高能源效率和改善能源供应的整体结构,未来的经济增长可能会受到相对较低的能源消费增长的影响。在过去的20年里,中国的能源强度部分通过技术和结构变化而减少。需要制定具体方案,以协助中国政府探讨解决在形成符合中国国情的可持续发展道路时所面临的问题。绿色增长背景下强调了对可持续发展措施的积极追求以及快速的经济增长。这些背景在实施一套共同的能源供应和效率政策的程度上有所不同。中国在1998年至2020年间的国内生产总值可翻两番,能源使用量增加70%至130%。在提高工业效率和结构方面的持续进步对于保持经济增长至关重要,同时能源使用的增长最小。在某些行业,产量可能会随着能源使用的增加而增长。到2020年,汽车行业的膨胀将加深中国对进口石油的依赖,达到每年3.2亿吨,这是全球市场可以轻松供应的数量。为了减缓运输能源使用的增长,除了更严格的燃油效率标准和先进的车辆外,还需要大力推广便利的公共交通。在快速发展的建筑领域,需要转换燃料利用方式。到2020年,即使其他燃料的快速增长和提高煤炭使用效率取得重大进展,中国对煤炭资源的依赖性仍然占很大比例。此外,天然气供应,包括进口管道天然气和液化天然气,将不得不大幅扩张,以满足家庭、商业建筑和电力公用事业的需求。假如不追求可持续的能源发展战略,1998年至2020年期间与能源相关的碳排放量可能会增加一倍以上,但如果积极推行此类政策,碳排放量只会增加50%。虽然中国的能源部门面临着许多未来的挑战,但中国在实现发展目标的同时限制能源使用的增长在技术上是可行的。虽然能源部门面临着许多未来的挑战,中国在实现发展目标的同时限制能源使用的增长在技术上是可行的。为实现环境和社会可持续发展目标,在政策制定方面,需要进行长期的努力。能源部门面临着许多未来的挑战,中国在实现发展目标的同时在技术上限制能源使用的增长是可行的。

二、正确处理可持续发展与人类的关系

相关研究者采用更全面的方法来理解和描述人类之间的关系,以及人

类和环境之间的关系,例如,非洲南部的"乌班图"观念,更明确地强调关系价值、集体福祉和人类之间的联系。虽然当代大多数以人类为中心的关于幸福的讨论都是基于一个独特的自我,但随着时间的推移,不存在一个自我或一个具有独特身份的人。相反,"自我"只是"一系列无常的精神和身体元素或聚合的因果关系"。这些方法将幸福的概念扩展到其他生命,有时含蓄地把自然环境作为非自我关心的幸福概念的组成部分。同样,在亚马孙和中非的某些传统中,人类和其他生物被认为是内在相连的,因为人类可以变成动物,反之亦然。这表明,这些世界环境观可以转化为实践方式,将集体和社会层面的福祉观付诸实施。这种世界观可能包括自然环境的所有方面,作为幸福的组成要素。这些世界观也与理论立场相一致,即根据客观环境来定义幸福,尽管这些理论和价值体系往往具有非常明显的文化性和地域性。

近年来,相关学者已经广泛地强调了区域产业与生态环境的可持续发展对人类生存的重要性。然而由于区域产业与生态环境不协调发展所带来的问题日渐突出,例如,大气中二氧化碳浓度增加、全球平均温度上升、极端天气事件的频率和严重程度增加、氮超载使河流和湖泊酸化、紫外线辐射导致臭氧层遭到破坏、有毒重金属和持久性化学品在生物和生态系统中持续存在、地球上的森林正在萎缩、高生产力的湿地正在消失、珊瑚礁正在死亡、自然生态系统正在由于土地使用的指数变化而丧失、外来物种正在入侵等等。由于区域产业发展过程中对生态环境保护的重视程度不够,导致物种灭绝的速度比正常情况快了许多倍。同时区域产业都直接或间接、立即或最终受到生态和社会经济恶化的影响。此外有一点必须引起足够的重视,通常情况下,区域产业发生在生态圈内,并因此依赖于生态圈所提供的重要的"生命支持"服务。区域产业与生态环境同样依赖于健康的社会制度。如果没有受过教育的公民、公共安全和秩序、储蓄和信贷的供应、合法的正当程序或权利的遵守,区域产业与生态环境的协同发展将无从谈起。因此区域产业与生态环境的可持续发展需要提上日程。

世界环境与发展委员会定义了最具影响力的可持续发展的核心理念,即"满足当前需要而不损害后代人满足自身需要的能力"。当然这一概念在未来的一段时间内会显得模糊、难以捉摸或是具有争议性。有一个广泛的共识是,确保后代不比现存的更糟,需要维持福利收益的资本禀赋。一个可持续发展的社会依赖于其资本存量所产生的"收入",而不是耗尽这些资本。可持续发展的时代已经到来,但是现实中仍然存在许多阻碍可持续发展的因素,涉及对传统发展模式的固守、消费和技术模式的老化、原有制度的制约等。实现区域产业与生态环境的可持续发展必须科学有效地利用现有资源,减少对周围环境的破坏。例如,将有害排放物排除在生物圈内,以低于或等于再生率的速率使用可再生资源(如森林、渔业和淡水等),保留尽可能多的生物多样性,寻求恢复生态系统的方式,以可再生资源替代品替代不可再生资源(如石油、天然气等),不断降低风险和危害。可持续发展的主要焦点是目前的环境恶化率,日益增加的人口、需求、空气和水的日益增长及其可能存在的污染以及将来的解决方案。"可持续性"概念提醒人类在持续和发展之间取得平衡。发展是适应时代发展的需要,不损害未来一代人的能力满足他们的需要。定义赋予可持续性意义是人类需求得以满足。人类为了生存和生命的延续需要从环境中汲取能量。人类对资源的需要是无限的,而自然资源是有限的,这意味着区域产业与生态环境需要和谐相处。区域产业与生态环境赋予人类最大的现实意义存在于现在和未来,在不干扰环境的前提下实现可持续发展,然而面对当今世界形势的复杂多变,实现区域产业与生态环境可持续发展任重道远。

三、实现可持续发展与绿色制造

在过去几年中,可持续绿色制造作为可持续生产的第一步,越来越受到人们的重视。同时发展先进制造能力的机会减少了人工制造对能源利用、水资源消耗和整体温室气体排放和碳循环的影响。"绿色"和"可持续"是在制造业背景下定义的,描述了用于评估制造业的度量和工具,并且给出了如何开始和正在做的事情的一些具体实例。当今世界面临许多挑战,能源和环境已成为人们最关心的问题之一。这些担忧通常伴随着更大的挑战——可持续发展。其中影响制造业最直接的部分通常被称为可持续绿色制造。实施绿色制造通常被认为是迈向可持续生产的第一步。发展先进制造能力的机会,同时,减少能源使用、水资源消耗的影响和温室气体排放和碳足迹等。将"绿色和可持续"这两个术语首先定义在制造环境中,并描述评估制造业的方法和工具。最后,给出了如何开始可持续绿色制造的具体实例,并讨论了绿色制造的未来方向。但首先需要明确这个方向的驱动产业是什么? 对于工业来说,这些担忧在许多方面已经走到了前列。在特定的秩序中,这包括:第一,来自政府的压力。来自国家或国家层面以及地区政府。比如说,像欧盟一样。政府的压力往往是按规定执行的,最近对产品的材料成分、能源使用等的一些要求已经实施,对缺乏遵守的处罚,增加了运营成本,解决了税收优惠和其他激励措施。第二,采取提高效率/降低拥有成本的行动。减少资源浪费是制造业的基本要素。第三,资源稀缺或风险。对于依赖于包括材料和水在内的基本资源的持续供应的过程或系统,要减少对这些资源的依赖,可以减少由于供应中断或由于供需变化或货币汇率变化而引起的成本波动所带来的风险。第四,持续改进是提高生产过程效率的一个关键要素。第五,来自社会、客户或消费者的肯定。消费者应该专注于减少浪费、减少能源和资源消耗。第六,来自竞争对手的压力。在应对社会和消费者的驱动方面,许多公司在减少环境影响他们的产品或系统的一部分。第七,保持市场的领导地位。将环境保护作为发挥领导职能的一个重要方面。第八,理解供应链的影响。这是制造业的隐藏部分,它是无法直接控制的,容易被忽视,这些是未知的,可能会产生持续的问题。从制造的方面看,以上列出了一些主要的条件。所有未来的能源、交通、健康、生活方式、居住、防御、食物和水的供应系统将依托逐渐增多的精确元素和成分,即精密制造。此外,由于消费者的环保意识需求,汽车、消费品、建筑等以最小的能耗尽可能持续地推动制造技术的进一步发展,例如,燃料电池发电系统和太阳能板等新能源系统的开发。减少能源、材料、空间的消耗,发挥新的控制功能和再制造的特点。可持续绿色制造的机器将会日益高效地运行,逐渐提高资源的利用效率。第八,必须遵守政府的规定,共同营造良性竞争的氛围,共同促进技术进步,实现区域产业的可持续绿色发展。我们都熟悉布伦德委员会关于可持续发展的定义,即可持续发展是在不损害子孙后代重新获得自己财产的能力的前提下,满足当前需要的发展。这与制造无关,但强调了至少要“无害”的关键点。美国商务部对可持续制造的一个更具意义的定义被改编为创造出非正式的制造产品,这种产品通常使用最小化负面的材料和工艺,必须强化对能源和自然资源的有效利用。

本章小结

本章在前几章研究的基础上提出了区域产业与生态环境协同发展的建议,共涉及六个方面,即构建促进区域产业与生态环境良性协同的机制,构建区域产业与生态环境良好协同的组织构架,努力配置区域产业与生态环境的多元化市场协同主体,做好区域产业与生态环境协同系统的保障工作,提高区域产业与生态环境的协同程度并扭转生态环境恶化趋势,实现区域产业与生态环境的可持续发展。

第八章　新时代背景下生态文明建设的
研究进展

中共十八大报告作为生态文明建设的历史性起点,首次提出"大力推进生态文明建设"的战略决策,重点强调生态文明建设的基础作用。2015年4月,《中共中央　国务院关于加快推进生态文明建设的意见》颁发,发布了指导思想、基本原则与主要目标。2015年,中共十八届五中全会将"增强生态文明建设"纳入国家五年规划当中。2017年,中共十九大报告指出:中国特色社会主义进入了新时代,提出了一系列新理念、新思想、新战略,更是将建设生态文明上升为中华民族千年大计的历史高度。2018年,第十三届全国人大第一次会议通过的《中华人民共和国宪法修正案》加入了生态文明建设的相关内容。本质上,生态文明建设是将可持续发展提升到绿色发展层面,关系人民福祉,关乎民族未来。时至今日,越来越多的学者通过研究为其赋予了新时代内涵。在国家大力倡导建设美丽中国的背景下,生态文明建设以及绿色发展越来越被众多学者所关注,本章通过对生态文明建设的现有研究进行总结分析,以期对生态文明建设领域的发展有所帮助。

第一节　研究内容分析

2017年,中共十九大报告提出中国发展新的历史方位,即中国特色社会主义进入了新时代。同年12月,"新时代"入选"2017年度中国媒体十大流行语"。

生态,通常指的是生物的生存条件。随着社会发展,现在对生态的理解不仅仅代表生物的生存状态,更是生物与环境的内在联系。生态最早产生于古希腊学者对生物的研究,社会在进步,生态一词也随之慢慢转变为形容词,涉及的领域越来越广泛,如生态文明、生态产业、生态系统等。

文明，是社会表现出较高发展阶段的状态，具有历史性，有益于增强人类对客观世界的适应和认知，它是人类精神、发明创造、公共秩序和善意的结合，符合人类的精神追求，可以被绝大多数人所接受和认可。

生态文明，人类文明发展的新阶段，是继原始文明、农业文明、工业文明之后的第四次文明。它以尊重和保护自然为基础，以建设可持续的生产和消费模式为目标，以人与人、人与自然、人与社会和谐共生为目标。引导人们走上可持续、和谐、全面的发展道路。生态文明是深刻反思人类工业文明的结果，是人类文明的概念、道路、模式和文明发展的重大进步。核心是人与自然并存，经济发展与生态环境相协调。

生态文明建设，重点强调人与自然和谐共生，实现良性循环发展，分别从人与自然、社会结构、生产生活方式以及价值观等方面强调生态的重要性，大力支持绿色发展。中共十八大以来，生态文明建设日益受到重视，深刻揭示了推进生态文明建设的重大意义。生态文明建设是经济持续健康发展的关键保证，也是人民群众的普遍愿望。

中国特色社会主义进入新时代，中国生态文明建设也迎来了新天地。随着中国社会主要矛盾的转化，在经济发展的同时，人们日益渴望蓝天白云，愿见清水绿岸，期盼鸟语花香。新时代生态文明建设，不仅仅是环境问题，更是中国经济从高速增长向高质量发展转型的必然要求。

一、国外研究现状

在国外，开展生态学方面的研究较多，特别是进入20世纪以来，各个国家对生态文明的重视程度越来越高。1920年，美国"人类生态学说"形成的外来生态文明思想，提出城市管理者应该采用一些自然生态原则，即城市生态文明的萌芽。1955年，美国著名评论家罗伊·莫里森在其《生态民主》一书中首次提出"生态文明"的概念。1962年，美国学者蕾切尔·卡森（Rachel Louise Carson）在书中披露了农药滥用对环境和人类的危害，公众对环境问题的关注已成为人类环境意识的象征。全球生态文明的概念产生于环境运动，传播于70年代的西方社会。这场运动开始大大地改变西方国家对环境保护的态度。沃尔夫冈·哈勃（Wolfgang Haber，2007）反向强调能源、土地和食物是人类的生态陷阱；火和燃料既是人类文化的起源又是对生态环境的威胁；土地和食物为人类生活提供保障，但是人类对土地过度的利用以及对食物种类过度的追求导致了生态环境的恶化。朱丽叶·班尼特（Juliet Bennett，2016）提出关于生态文明的新想法，即积极和平，旨在促进人类改变原有的习惯，走向一个更加和平的生态文明。克里斯蒂安·沃尔法特(Christian Wohlfart,2016)等以黄河流域所面临的环境问题为切入点,表明以往经济繁荣是以牺牲环境为代价,进而引发一系列污染、退化等问题,现如今为改善生态环境,应该因地制宜,根据不同情况制定符合当地发展的策略,加强政策体制改革。康拉德(Konrad A.,2017)通过研究捕鱼行业对海洋资源影响的相关文献,已知过度捕捞已经使得海洋资源几乎无法恢复,并严重危及全球粮食安全,只有大力倡导可持续发展才能使得海洋水生资源得以保护。艾伦·汉密尔顿(Alan Hamilton,2017)等强调植物在生态系统和经济运作中起着至关重要的作用,推动生态文明的实现。物种作为植物界的基本单位,从长远角度来看,物种遗传多样性的保存,是生态文明建设的首要目标。

二、国内研究现状

在国内,关于生态文明的论述由来已久。中国古典哲学强调"天人合一",即人与自然和谐共生。侯国林等(2015)在全球气候变暖的背景下,运用CiteSpace方法对旅游与气候变化的研究进展进行分析,结果表明:旅游和气候变化正在沿着"影响—适应—缓解"的方向发展;目前针对如何减缓旅游业碳排放的研究已然成为热点话题,以期推进绿色旅游业的发展。伍新木等(2015)对中国水资源管理的研究文献进行可视化分析,水资源作为三大战略资源之一,它将成为制约21世纪人类社会经济发展的最重要资源。因此加强水资源管理得到了全球的响应。中国学界长期的研究热点集中于政策解读、经济属性等方面,随着生态文明建设的提出,未来将围绕如何加强水生态文明建设进行研究。李美慧等(2016)通过对山区绿色发展的现状进行归纳总结,表明绿色发展对于山区经济的重要性,作为可持续发展与生态文明建设的重要保障,坚持绿色发展理念,明确绿色发展思路,强化绿色产业发展等是今后山区发展的重要路径。赵其国等(2016)首先对中国生态环境所面临的问题进行总结,指出目前中国所面临的生态问题极为严峻。其次,表明生态文明建设的提出是必然结果,中国也有能力开展生态文明建设。最后,从"优""调""节""保""建""转"等六方面对战略措施进行阐述。任俊霖等(2016)通过总结现有文献,提出中国水生态文明的研究尚处于起步阶段,且大多是定性研究,并由此得出,水生态文明的城市建设和评价指标体系的构建与量化是未来的研究趋势。随着中国特色社会主义进入新时代,赵建军等(2017)指出在新时代背景下,生态文明也被赋予了新的内涵与使命,俨然已成为习近平新时代中国特色社会主义的重要组成部分。张惠远等(2017)根据中共十九大报告的具体内容对习近平新时代中国特色社会主义生态文明建设的定位、要求、战略以及部署进行重点讲述,作为中华民族持续发展的千年大计,生态文明建设应依靠法制,遵循新指南、实施新战略、开展新作为。许黎等(2017)以乡村旅游发展为切入点,重点阐述乡村旅游开发与生态文明建设之间的互动关系,以此来推动美丽乡村建设,进而实现建设美丽中国的宏伟目标。卢风(2017)提出促进生态文明建设和绿色发展的关键在于技术创新,其根本是改变思想观念。绿色技术与思想观念相辅相成,不改变人们对科技万能论和物质主义的倡导,只有绿色技术,生态文明建设也不会得到大力发展与认可。因此应该从技术与思想两方面双管齐下,才能得到真正的绿色发展与生态文明建设。陆军等(2017)认为,首先,要从习近平总书记提出的生态文明建设的重要战略思想入手,深刻理解中国社会主要矛盾的转变,以及"两山论"的新观点,即保护环境就是保护生产力,改善环境就是发展生产力;其次,阐述应该如何从根本上解决中国环境容量超载的问题,提出全方位、全地域、全过程地开展生态环境保护建设、优化绿色发展空间、以人民为中心贯彻新发展理念、积极参与全球环境治理、加大生态系统保护力度以及推动生态文明体制改革等方面建议。丁宁(2018)首先从人与自然、生态文明建设与社会发展、生态文明与现代化文明等方面阐述生态文明建设的科学内涵,认为生态文明建设应从自然生态、社会结构、生产方式、生活方式以及文化价值观等五个角度进行推动发展。另外从生态恢复与保护,资源节约与保护,土地开发与保护,环境治理与保护四个方面阐述加强生态文明建设的基本路径。王俊帝等(2018)运用CiteSpace方法将国外关于城市绿地的研究进行梳理与总结,研究发现,"绿地维护城市生态环境""人与绿地的关系"以及"绿地管理"是热点研究领域,以期对中国城市绿地研究提供新的视角。

综上所述,国内外生态文明建设的相关研究已形成一定规模。国外学者大多集中于其内涵、重要性、生态与经济、城市生态等方面,构建指标体系多以定性为主,缺少相应的定量分析。国内学者运用CiteSpace方法对于旅游—气候、国外城市绿地等方面研究进行总结归纳,发现未来的研究方向,为中国绿地研究提供借鉴意义。此外国内学者以具体内容为切入点,研究水资源、山区建设、乡村旅游等如何建设生态文明。另外大多数学者基于新时代背景下,结合习近平新时代中国特色社会主义思想,研究生态文明建设的新内涵、新思想、新要求以及新部署;文献研究以定性居多,缺乏指标体系构建与量化研究。

第二节　研究数据分析

一、数据来源及研究方法

中共十九大报告强调以"绿色发展观"为核心建设生态文明新纪元。基于此,本章参考文献来源于中国知网(CNKI),采用主题词检索进行期刊文献高级检索,以确保期刊文献的适用性与准确性。检索主题词:新时代、生态文明建设。经检索得知2008~2017年共发表1380篇文章。为了提高研究的精准性,避免无效的文章,人工剔除会议通知、会议记录、征文通知、政策解读、活动总结、论坛侧记、报纸报道等无关文献,最终得到有效文章1119篇。

文献计量学是图书情报学的分支,运用数理统计学的方法进行定量描述和预测学术研究现状以及发展趋势,起源于1917年,直到1969年才终于命名为"文献计量学"。科学知识图以知识领域为对象,以图像的形式展示科学知识的发展过程和结构关系;可视化图形和序列化知识谱系均用于显示知识单元或知识群体之间隐藏的复杂关系。CiteSpace信息可视化软件工具于2004年由中国学者陈超美博士首先开发,是一款用于分析文献数据的信息可视化软件。领域发展的知识图谱可以通过其绘制,既可直观、全面地展示科学知识领域,它还可以识别某个科学知识领域的关键词、研究热点和前沿方向。

本章采取知网计量可视化分析对文献的题目进行统计分析,得出研究趋势和机构分布情况。利用关键词"网络""人际关系网络",探索生态文明建设领域的研究热点和高产作者数量。首先,在中国知网检索文献,以Refworks格式导出文本文件,记录内容为全记录,包括论文标题、作者、摘要、发表时间等,之后导入CiteSpace软件绘制科学知识图谱并以可视化的方式直观展现。

二、年度发文量分析

对生态文明建设文章数量与时间变化关系进行分析,由此探究生态文明建设领域的研究现状以及发展趋势。通过检索发现,相关研究起始于2008年,因此,时间限定为2008~2017年,共1119篇文献(见图8-1)。2008年,首次出现以"绿色发展"和"生态文明建设"为主题的文章。2008~2011年间相关研究较少,仅有29篇,研究对象多以具体省份为主,围绕理论依据、态势思考、经验启示、路径探析,尚处于萌芽阶段;2012年中共十八大提出生态文明建设的核心是保护生态环境、建设美丽中国、努力走向生态文明新时代。因此2012~2013年文献数量首次突破百篇。在此期间,相关文献研究有所增长,出现了关于思想政策、内涵地位以及发展方式的研究。2014年文献数量出现小幅度下降。2015~2017年间,相关政策意见出台,将生态文明建设上升到国家层面。由此学者们对生态文明建设研究的热情大大提高了文献产量的整体水平。中共十九大的召开再次强调生态文明建设与绿色发展,在此推动下,知网预测2018年相关文献产量将高达634篇。

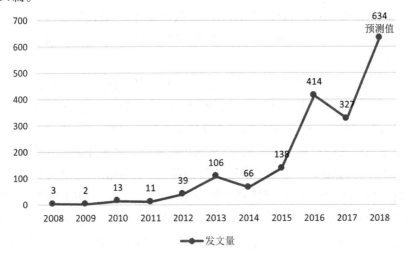

图8-1 年度文献数量分布图

三、研究力量分析

对文献的作者进行统计分析,可以了解不同学者写作的文献数量,了解不同的研究方向,为提出新的发展趋势提供依据。1119篇文献中有58名作者以及本刊编辑部和本刊评论员。由表8-1可知,58名作者中,发表7篇和6篇的各1人,均占作者总数的1.67%;发表4篇的3人,占作者总数的5%;发表3篇的5人,占作者总数的8.33%;发表2篇的48人,占作者总数的80%。

表8-1 作者数量与发文数量情况统计

发表文章数量	7篇	6篇	4篇	3篇	2篇
作者人数	1	1	3	5	48
百分比	1.67%	1.67%	5.00%	8.33%	80.00%

表8-2列举了发表文章数量前10位的作者情况。从表中得知,相对高产的作者在2015~2017年间均进行了相关研究。结合表8-2与知网关于2018年5月的发文情况,黄娟与秦书生两位作者在2018年均有文章发表,这说明该领域存在持续研究的作者,且有作者连续四年从事相关研究。

表8-2 高产作者分布情况表

序号	作者	单位	发表篇数	发表年份
1	黄娟	中国地质大学(武汉)	7	2013年、2016年、2017年
2	秦书生	东北大学	6	2015年、2016年、2017年
3	张勇	国家发展和改革委员会	4	2016年、2017年
4	董建中	中共浙江省常山县委	4	2010年
5	张治忠	中南林业科技大学	4	2014年、2015年
6	王连芳	山东大学	3	2016年
7	沈满洪	宁波大学	3	2015年、2016年
8	许津荣	江苏省人民政府	3	2016年
9	杜昌建	新乡医学院	3	2016年
10	郭秀清	南京政治学院	3	2015年、2016年

表8-3列举出发文量在前10位的研究机构,从表中可知,高产机构均存在两年及以上时间进行持续研究。结合表8-2,发现高产作者黄娟来自中国地质大学,秦书生来自东北大学,杜昌建来自新乡医学院。

表8-3 高产机构分布情况表

序号	机构分布	发表篇数	发表年份
1	环境保护部	13	2013年、2015年、2016年、2017年
2	中国人民大学	12	2015年、2016年、2017年
3	东北大学	8	2012年、2013年、2015年、2016年
4	中国地质大学	7	2013年、2016年、2017年
5	当代贵州杂志社	6	2016年、2017年
6	中国生态文明研究与促进会	6	2015年、2016年
7	兰州理工大学	4	2016年、2017年
8	中共常山县委	4	2012年、2013年、2015年、2016年
9	新乡医学院	3	2016年
10	中共中央党校	3	2013年、2014年、2016年、2017年

四、关键词分析

本章通过对1119篇文献进行关键词共现分析,旨在了解目前生态文明建设领域的热点话题与发展趋势。通过共现网络分析,共得到209个关键词节点。表8-4中出现频次在20次以上的高频词汇总表是图8-2的具体展现。由表8-4可知,"绿色发展"出现365次,频次最高是主题词;"生态文明建设"的中心度为0.44,最高是核心词;其次,"生态文明""美丽中国""习近平总书记"是高频词;绿色发展、绿水青山、美丽中国以及低碳发展是高关联度的词语。

表8-4 词频大于20的关键词汇总表

关键词	初始年份	频次	中心性	关键词	初始年份	频次	中心性
绿色发展	2010	365	0.24	绿水青山	2013	43	0.18
生态文明建设	2010	286	0.44	金山	2013	28	0.04
生态文明	2010	235	0.1	低碳发展	2012	27	0.13
美丽中国	2012	66	0.14	发展理念	2015	26	0.08
习近平总书记	2016	66	0.07	十八届五中全会	2015	24	0.03
绿色发展理念	2015	47	0.02	建设生态文明	2010	23	0.21
绿水青山	2013	43	0.18	绿色化	2015	22	0.03

图8-2　关键词Timeline图谱分析

　　分析图8-2可知,2010年学者开始将"生态文明建设""绿色发展""生态文明"以及"建设生态文明"作为文章关键词。其中"生态文明建设""绿色发展""生态文明"作为核心关键词一直贯穿始终,与2017年的研究都有所联系;从图中连线颜色得知,2013年以后的相关研究逐渐增多,研究重点围绕经济、绿色产业、生态保护、绿色消费等。

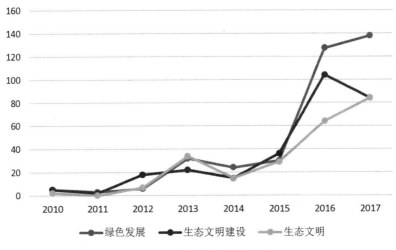

图 8-3 高频词数量历史变化

图 8-3 直观地展示了高频词数量年度变化。2010~2017 年间,"绿色发展"频次整体趋势是呈快速上升态势;"生态文明建设"在 2010~2016 年间整体呈现上升趋势,但在 2017 年出现较大幅度的下滑现象;"生态文明"在 2014 年以后整体呈现快速上升趋势。从整体角度分析,三者均在 2013 年形成波峰,2014 年出现波谷,结合图 8-1,文献总数从 2013 年 106 篇下降到 2014 年 66 篇,整体趋势成正比。

综上所述,2012 年至今关于生态文明建设的研究数量丰富,虽整体呈现快速上升趋势,但也有所波动,随着国家政策的大力推动,未来相关研究会持续增长。发表文章三篇以上的作者一共十人,彼此独立,没有形成作者共享网络。研究机构主要是高校,并且以马克思主义学院为主,大多是定性研究;对于经济、管理等方面的专业研究较少,关于构建评价指标体系以及定量化分析的研究较少。

基于此,建议应加强生态文明建设与经济、金融等具体专业的结合研究,扩大研究范围,增强定量数据分析方面的研究。研究人员应加强相互合作,推动不断研究。高校机构可以与政府部门、社会组织等进行合作,发挥各自优势,优化研究成果。

本章小结

本章通过对生态文明建设的现有研究进行总结分析,以期对生态文明建设领域的未来发展有所帮助。随着中国特色社会主义进入新时代,生态文明建设迎来了新天地。新时代生态文明建设,不仅仅是环境问题,更是中国经济从高速增长向高质量发展转型的必然要求。习近平总书记在2018年全国生态环境保护大会上为生态文明建设提出了时间表,即确保到2035年,生态环境实现根本好转,美丽中国目标基本实现;到21世纪中叶,生态文明提升新水平。

参考文献

一、英文文献

(1)Adamides E. D., Mouzakitisa Y, 2009: "Industrial ecosystems as technological niches", *Journal of Cleaner Production*, 17.

(2) Alan Hamilton, Shengji Pei, 2017: "Lixin Yang. Botanical aspects of eco-civilisation construction", *Plant Diversity*, 39.

(3)Allenby B. R., "Industrial Ecology, 1992: The Material Scientist in An Environmentally Constrained World", *Materials Research Society*, 17.

(4)Audra J., Potts C., "Choctaw Eco-Industrial Park, 1998: an ecological approach to industrial land-use planning and design", *Landscape and Urban Planning*, 42.

(5)Basua A. J., Dirk J.A. van Zylb, 2006: "Industrial ecology framework for achieving cleaner production in the mining and minerals industry", *Journal of Cleaner Production*, 14.

(6)Chen C., 2004: "Searching for intellectual turning points: Progressive knowledge domain visualization", *PNAS*, 101.

(7)Christian Wohlfart, Claudia Kuenzer, Cui Chen, eg, 2016: "Social-ecological challenges in theYellow River basin (China): a review", *Environmental Earth Sciences*, 75.

(8)Cote R. P., Hall J., "Industrial parks as ecosystems", 1995: *Journal of Cleaner Production*, 3.

(9) Cote R. P., Cohen-Rosenthal E., 1998: "Designing eco-industrial parks: a syn-thesis of some experiences", *Journal of Cleaner Production*, 3.

(10)Cote R.P., Hall J., 1995: "Industrial parks as ecosystems. Journal of Cleaner Production", 3.

(11)Cote R.P. Smolenaars T., 1997: "Supporting pillars for industrial ecosystems. Journal of Cleaner Production", 5.

(12)Driessen, Paul H., Bas Hillebrand, 2002: "Adoption and diffusion of green innovations", *Marketing for sustainability: towards transactional policy-making.*

(13)Ehrenfeld J., 1997: "Industrial ecology: A framework for product and process design", *Journal of Cleaner Production*, 5.

(14)Erkman S., 1997: "Industrial ecology: An historical view", *Journal of Cleaner Production*, 5.

(15)Ewa Liwarska-Bizukojca, Marcin Bizukojcb, Andrzej Marcinkowskic et al, 2009: "The conceptual model of an eco-industrial park based upon ecological relationships", *Journal of Cleaner Production*, 17.

(16) Fichtner W., Tietze-Stockinger I., Rentz O., 2004: "On industrial symbiosis networks and their classification", *Progress in Industrial Ecology, an International Journal*, 1.

(17)Fichtner W., I. Tietze-Sotockinger and O. Rentz, 2004: "On Industrial Symbiosis Networks and Their Classification", *Progress in Industrial Ecology*, 1.

(18) Gibbs D., Deutz P., 2005: "Implementing industrial ecology? Planning for eco-industrial parks in the USA", *Geoforum*, 6.

(19) Gibbs D., Deutzb P., 2007: "Reflections on implementing industrial ecology through eco-industrial park development", *Journal of Cleaner Production*, 15.

(20) Heeres R. R., 2004: "Eco-industrial park initiatives in the USA andthe Netherlands: First Lessons", *Journal of Cleaner Produc-tion*, 12.

(21)Jian Peng, Huijuan Zhao, Yanxu Liu, 2017: "Urban ecological corridors construction: A review", *Acta Ecologica Sinica*, 1.

(22)Jing Zhu, Chao Yu, Xihong Li, 2011: "Urban Ecological Assessment: Indicator System andModel Construction", *Education and Management*, 210.

(23)Juliet Bennett, 2016: "Reflections on Moving Toward Ecological Civilization and Positive Peace", *Regional Ecological Challenges for Peace in Africa, the Middle East, Latin America and Asia Pacific*, 5.

(24) KELLER, G. M., 1987: "Industry and the Environment: Toward a New Philosophy", *Vital Speeches*, 5.

(25) Kemp, Rene, and Peter Pearson, 2007: "Final report MEI project

about measuring eco-innovation." *UM Merit*, *Maastricht*, 10.

(26)Konrad A. Antczak, 2017: "Fishing: How the Sea Fed Civilization", *Historical Archaeology*.

(27)Lowe E. A., Evans L., 1995: "Industrial ecology and industrial eco-systems", *Journal of Cleaner Production*, 3.

(28)Lowe E. A., Warren, J.L., 2008: "The source of value: an executive briefing and source book on industrial ecology", *Northwest National Richland*, 2.

(29)Lowe E. A., 1997: "Creating by-product resource exchanges: Strategies for eco-industrial parks", *Journal of Cleaner Production*, 5.

(30)Lowe E. A., 2001: "Eco-Industrial Park Handbook for Asian Developing Countries", *Report to Asian Development Bank*, 10.

(31)Lowe E. A. Industrial Ecology: a context for design and decision. In Design for Environment (J. Fiksel, Ed) McGraw-Hill, New York, 1994

(32)Lowe E. A. Industrial Ecology: Implications for Corporate Strategy. J. Corporate Environ. Strategy, 1994, Summer, 61 ~ 65.

(33)Marian Chertow, Industrial Symbiosis, 2000: "Literature and Taxonomy", *Annual Review of Energy and Environment*, 25.

(34)Oltra, Vanessa, Maider Saint Jean, 2009: "Sectoral Systems of Environmental Innovation: an Application to the French Automotiveindustry.", *Technological Forecasting and Social Change*, 76.

(35)Peicheng Li, Qilei Li, Jinfeng Wang, eg, 2015: "Regional Ecological Construction", *Contemporary Ecology Research in China*.

(36) President's Council on Sustainable Development. Eco-Industrial Park Workshop Proceedings. Washington DC, 1996, (10).

(37) Rachel Louise Carson, *Silent Spring*, Houghton Mifflin Harcourt, 1962.

(38)Roberts B.2004: "The application of industrial ecology principles and planning guidelines for the development of eco-industrial parks: an Australian case study", *Journal of Cleaner Production*, 12.

(39)Roy D. Morrison, *Ecological Democracy*, South End Press, 1995.

(40)Shearer, J. W., 1990: "Business and the New Environmental Imperative", *Business Quarterly*, 54.

(41)UK Energy White Paper. Our Energy Future——Creating a Low Carbon Economy[R].2003.

（42）United Nations Development Program（UNDP）. Water Resources Management in North China. Research Center of North China Water Resources China Institute of Water Resources and Hydropower Research, 1994

（43）W.T.De Groot, 1989: "Environmental research in the environmental Policy cycle", *Environmental Management*, 13.

（44）Wolfgang Haber, 2007: "Energy, Food, and Land-The Ecological Traps of Humankind", *Environmental Science and Pollution Research-International*, 14.

（45）Xiaohong Zhang, Yanqing Wang, Yan Qi, eg, 2016: "Evaluating the trends of China's ecological civilization construction using a novel indicator system", *Journal of Cleaner Production*, 133.

（46）Zhang WeiLi, Hu lin, An Xuebing, 2011: "Ecological Civilization Construction is the Fundamental Way to Develop Low-carbon Economy", *Energy Procedia*, 5.

二、中文文献

（47）安娟、路振广、路金镶：《水资源优化配置研究进展》，《人民黄河》2007年第8期。

（48）北京丰台科技园"总部经济"助发展.中国广播网：http://www.cnr.cn, 2009.

（49）边馥苓：《地理信息系统原理和方法》，测绘出版社，1996年。

（50）曹伟、高军华、李自强：《城市建设中的土地污染和光污染的危害性与防治对策》，《四川建筑科学研究》2000年第1期。

（51）曾向阳、陈克安、李海英等：《环境信息系统》，科学出版社，2005年。

（52）陈定江、李有润、沈静珠、胡山鹰：《工业生态学的系统分析方法与实践》，《化学工程》2004年第4期。

（53）陈述彭、鲁学军、周成虎：《地理信息系统导论》，科学出版社，2000年。

（54）陈妍彦、张玲玲：《水资源约束下的区域产业结构优化研究》，《水资源与水工程学报》2014年第6期。

（55）陈仲：《航道地理信息数据库的设计与研究》，重庆交通大学，2009年。

（56）程新、张建强：《我国高新技术产业园区生态工业建设研究——以成都高新区西部园区为例》，《中国环境科学学会2004年学术年会》，2004年。

（57）程叶青、李同升、张平宇：《SD模型在区域可持续发展规划中的应用》，《系统工程理论与实践》2004年第12期。

（58）戴国新、孙淑英、贾小平：《区域产业与生态环境协同效应度量系统环境管理信息系统平台建设》，《河北化工》2008年第4期。

（59）戴铁军：《工业代谢分析方法在企业节能减排中的应用》，《资源科学》2009年第4期。

（60）邓金锋、黄占斌、王小文：《基于WEB的区域产业与生态环境协同效应度量系统信息集成研究》，《辽宁工程技术大学学报》2007年第1期。

（61）邓南圣，吴峰：《工业生态学——理论与应用》，化学工业出版社，2002年。

（62）丁宁：《探究生态文明建设的科学内涵与基本路径》，《经贸实践》2018年第1期。

（63）杜祥琬：《环境能源学与低碳能源战略》，第四届绿色财富（中国）论坛，2009年。

（64）冯之浚、金涌、牛文元、徐锭明：《关于推行低碳经济促进科学发展的若干思考》，《光明日报》2009年4月21日第10版。

（65）冯之浚、牛文元：《低碳经济与科学发展》，《中国软科学》2009年第8期。

（66）付允、马永欢、刘怡君、牛文元：《低碳经济的发展模式研究》，《中国人口资源与环境》2008年第3期。

（67）谷志军、谢颖慧：《习近平新时代中国特色社会主义思想的发展与创新——基于党的十八大和十九大报告的文献计量分析》，《甘肃行政学院学报》2017年第6期。

（68）郭素荣：《区域产业与生态环境协同效应度量系统建设的物质和能量集成》，同济大学，2006年。

（69）郭威：《城市区域产业与生态环境协同效应度量系统管理信息系统建设的探索》，《电力学报》2008年第2期。

（70）郭永龙：《高技术污染及其对策》，《环境科学与技术》2001年第3期。

（71）何强、井文涌、王翊亭：《环境学导论》，清华大学出版社，2004年。

（72）侯国林、黄震方、台运红等：《旅游与气候变化研究进展》，《生态学报》2015年第9期。

（73）胡继武：《信息科学与信息产业》，中山大学出版社，1995年。

（74）华贲：《中国低碳能源战略刍议》，http://www.china5e.com/show. php? contentid=496372009-09-18.

（75）《环境管理—生命周期评价生命周期影响评价》，中华人民共和国国家质量监督检验检疫总局，2002年。

（76）黄斌，刘练波，许世森：《二氧化碳的捕获和封存技术进展》，《中国电力》2007年第3期。

（77）黄德修：《信息科学导论》，中国电力出版社，2001年。

（78）黄杏元、汤勤：《地理信息系统概论》，高等教育出版社，2001年。

（79）黄玉源、钟晓青：《生态经济学》，中国水利水电出版社，2009年。

（80）回莹、戴宏伟：《河北省产业结构对雾霾天气影响的实证研究》，《经济与管理》2017年第3期。

（81）霍莉、包存宽、陆雍森：《生态化改造高新技术产业区与传统产业区的方法比较》，《环境保护科学》2006年第6期。

（82）霍莉、陆雍森、王娟：《高科技园区的生态化管理》，《四川环境》2004年第4期。

（83）蒋云钟、赵红莉、甘治国等：《基于蒸腾蒸发量指标的水资源合理配置方法》，《水利学报》2008年第6期。

（84）柯金虎：《生态工业园区规划及其案例分析》，《规划师》2002第18期。

（85）科新：《国家高新区正成为我国自主创新战略的重要载体》，《中国科技产业》2008年第3期。

（86）孔令斌：《实现高新技术产业和总部经济有机融合》，《中国城市经济》2009年第1期。

（87）冷如波：《产品生命周期3E+S评价与决策分析方法研究》，上海交通大学，2007年。

（88）李婵娟：《地理信息系统在环境质量管理中的应用》，《环境与职业医学》2007年第10期。

（89）李广志、李同昇、杨海梅、董敏：《科技园区生态化模式选择分析》，《科技管理研究》2008年第6期。

（90）李江帆：《总部经济牵引产业结构优化》，《中华工商时报》2003年4月20日。

（91）李玲：《苏州高新区区域产业与生态环境协同效应度量系统发展研究》，华东师范大学，2007年。

（92）李美慧、罗娜、卢毅：《山区绿色发展研究热点与前沿探讨——基于CiteSpace可视化分析》，《国土资源科技管理》2016第6期。

（93）李万庆：《天津市生态环境现状调查报告》，天津市环境影响评价中心，2002年。

（94）李雪静、乔明：《二氧化碳捕获与封存技术进展及存在的问题分析》，《中外能源》2008年5期。

（95）李有润：《工业生态学及生态工业的研究现状及展望》，《中国科学基金》2003年第4期。

（96）梁山、赵金龙、葛文光：《生态经济学》，中国物价出版社，2002年。

（97）林健、吴妍妍：《日本区域产业与生态环境协同效应度量系统探析——以北九州区域产业与生态环境协同效应度量系统为例》，《华东森林经理》2008年第1期。

（98）凌岚、周树明：《区域产业与生态环境协同效应度量系统副产品交换平台网络化的探讨》，《计算机与应用化学》2005年第8期。

（99）刘本盛：《从"硅谷"现象及其实质看我国高新区发展中存在的问题》，《生产力研究》2007第13期。

（100）刘嘉、李永、刘德顺：《碳封存技术的现状及在中国应用的研究意义》，《环境与可持续发展》2009年第2期。

（101）刘培桐：《环境学概论》，高等教育出版社，1985年。

（102）刘远彬、左玉辉：《循环经济与工业可持续发展》，《生态经济》2003年第3期。

（103）卢风：《绿色发展与生态文明建设的关键和根本》，《中国地质大学学报（社会科学版）》2017年第1期。

（104）鲁学仁：《华北暨胶东地区水资源研究》，中国科学技术出版社，1992年。

（105）陆军、秦昌波、万军：《加强新时代中国特色社会主义生态文明建设的建议》，《环境保护》2017年第22期。

（106）吕明元、陈磊、王洪刚：《产业结构生态化演进对能源消费结构影响的区域比较——基于京津冀地区与长三角地区的实证研究》，《天津商业大学学报》2018年第3期。

（107）马丽贤：《天津市城市分质供水管理模式研究》，天津大学，2005年。

（108）毛汉英：《人地系统与区域持续发展研究》，中国科学技术出版社，1995年。

（109）莫丽丽：《基于GIS的集装箱装卸设备管理信息系统》，武汉理工大学，2005年。

（110）南昌市科技局：《我国高新技术产业发展的现状和对策》，http：//www.ncinfo.asp?gov.cn/readnews.newsid=2392&BigClassID=1&SmallClassid=21&Specialid=0.

（111）聂华林、高新才、杨建国：《发展生态经济学导论》，中国社会科学出版社，2006年。

（112）欧国良、吴刚：《我国城镇化与工业化进程中的土地污染问题》，《社会科学家》2015年第2期。

（113）彭科峰：《沈国舫院士：生态文明是人类第四次文明》，《资源与人居环境》2013年第5期。

（114）乔琦、万年青、欧阳朝斌、李源：《工业代谢分析在区域产业与生态环境协同效应度量系统规划中的应用》，《中国环境科学学会学术年会研究集》，2009年。

（115）秦伟伟、王卓琳、任文隆：《生态城市评价指标体系设计》，《工业技术经济》2007年第5期。

（116）秦颖、武春友、武春光：《生态工业共生网络运作中存在的问题及其柔性化研究》，《软科学》2004年第2期。

（117）清洁生产促进法编委会：《清洁生产促进法问答》，学苑出版社，2003年。

（118）任冠华、魏宏、刘碧松、詹俊峰：《标准适用性评价指标体系研究》，《世界标准化与质量管理》2005年第3期。

（119）任俊霖、李浩：《国内水生态文明研究论文可视化综述——基于CiteSpace文献分析工具》，《中国水利》2016第5期。

（120）芮延先：《信息科学概论》，上海财经大学出版社，2000年。

（121）上海张江高科技园区网站：http://www.zjpark.com/

（122）沈满洪：《生态经济学》，中国环境科学出版社，2008年。

（123）盛学良、彭补拙、王华等：《生态城市指标体系研究》，《环境导报》2000年第5期。

（124）史宝娟、郑祖婷：《京津冀生态产业链共生耦合机制构建研究》，《现代财经（天津财经大学学报）》2017年第11期。

（125）史忠良、沈红兵：《中国总部经济的形成及其发展研究》，《中国工业经济》2005年第5期。

（126）[日]寺野寿郎：《系统工程学导论》，杨罕、沈振闻编译，电子工业出版社,1988年。

(127)宋来敏、周国清:《区域可持续发展系统辨识模型研究》,《生产力研究》2004年第5期。

(128)宋永昌、戚仁海、由文辉:《生态城市的指标体系与评价方法》,《城市环境与城市生态》1999年第5期。

(129)苏静:《我国高新区的现状及存在的问题分析》,《技术与市场》2007年第3期。

(130)孙芳、韩江雪、王馨玮,王怡然:《京津冀生态涵养区生态与产业协调发展影响因素分析》,《中国农业资源与区划》2018年第5期。

(131)[瑞士]苏伦·埃尔克曼:《工业生态学》,徐兴元译,经济日报出版社,1999年。

(132)孙晓宁、闫励、张强:《科学知识图谱在学科可视化研究中的应用》,《图书馆》2014年第5期。

(133)田亚峥:《运用生命周期评价方法实现清洁生产》,重庆大学,2003年。

(134)屠凤娜:《产业创新生态系统的发展瓶颈和优化建议——以京津冀为例》,《产业创新研究》2017年第1期。

(135)汪应洛:《系统工程学》,高等教育出版社,2007年。

(136)王浩、陈敏建、秦大庸:《西北地区水资源合理配置和承载能力研究》,黄河水利出版社,2003年。

(137)王浩、秦大庸、王建华等:《黄淮海流域水资源合理配置》,科学出版社,2003年。

(138)王浩、游进军:《水资源合理配置研究历程与进展》,《水利学报》2008年第10期。

(139)王俊帝、刘志强、邵大伟等:《基于CiteSpace的国外城市绿地研究进展的知识图谱分析》,《中国园林》2018年第4期。

(140)王其藩:《高级系统动力学》,清华大学出版社,1995年。

(141)王其藩:《系统动力学》,清华大学出版社,1988年。

(142)王如松:《资源、环境与产业转型的复合生态管理》,《系统工程理论与实践》2003年第2期。

(143)王若成:《生态工业园区地理信息系统的研究与实现》,《电脑知识与技术》2009年第12期。

(144)王珊珊、王宏起:《高新技术企业集群生态化发展模式与策略》,《科技管理研究》2008年第2期。

（145）王寿兵、吴峰、刘晶茹：《产业生态学》，化学工业出版社，2006年。

（146）王寿兵、杨建新、胡聘：《生命周期评价方法及其进展》，《上海环境科学》1998年第11期。

（147）王顺久、张欣莉、倪长键、丁晶：《水资源优化配置原理及方法》，中国水利水电出版社，2007年。

（148）王松霈：《生态经济学》，陕西人民教育出版社，2000年。

（149）王伟：《论高新技术产业开发区的生态化发展》，《中国人口、资源与环境》2003年第6期。

（150）王文彤：《我国生态城市建设探索》，《城市规划汇刊》1993年第5期。

（151）王雪松、周新东：《关于应对能源危机相关策略的讨论》，《科技咨询》2008年第33期。

（152）王艳丽、周美华：《生态工业园系统柔性模型的建立及评价》，《东华大学学报（自然科学版）》2006年第6期。

（153）王银平：《天津市水资源系统动力学模型的研究》，天津大学，2007年。

（154）王莹：《总部经济发展与中国FDI引进》，上海社会科学院，2007年。

（155）王兆华：《区域产业与生态环境协同效应度量系统工业共生网络研究》，大连理工大学，2002年。

（156）王祖伟：《区域可持续发展系统研究》，《天津师范大学学报（自然科学版）》2004年第1期。

（157）邬伦、刘瑜、张晶等：《地理信息系统——原理、方法和应用》，科学出版社，2001年。

（158）吴峰、徐栋、邓南圣：《生态工业园规划设计与实施》，《环境科学学报》2002年第6期。

（159）吴丽、田俊峰：《区域产业结构与用水协调的优化模型及评价》，《南水北调与水利科技》2011年第4期。

（160）吴晓江：《戒除嗜好》，《文汇报》2008年6月5日。

（161）吴晓江：《转向低碳经济的生活方式》，《社会观察》2008年第6期。

（162）吴振信、闫洪举、张雪峰：《基于SpSVAR模型的区域产业结构与大气污染互动研究》，《商业研究》2016年第3期。

（163）伍新木、任俊霖、孙博文等：《基于文献分析工具的国内水资源管理研究论文的可视化综述》,《长江流域资源与环境》2015年第3期。

（164）武春友、张承兵、耿勇:《生态工业园的一体化水资源网络模型研究》,《中国环境管理》2003年第1期。

（165）夏海钧:《中国高新技术产业开发区发展研究》,暨南大学,2001年。

（166）夏太寿、倪杰、张玉赋:《发达国家高新技术产业环境污染基本情况研究》,《科学学与科学技术管理》2005年第4期。

（167）谢辉:《能源生态系统建设问题探讨》,《辽宁工程技术大学学报》2004年第4期。

（168）谢群:《我国国家级高新技术产业开发区的发展状况分析》,《中国高新技术企业》2009年第6期。

（169）徐海:《生态工业园模式与规划研究》,上海大学,2007年。

（170）许黎、曹诗图、柳德才:《乡村旅游开发与生态文明建设融合发展探讨》,《地理与地理信息科学》2017年第6期。

（171）许卫、何静:《区域产业结构与水资源的互动演化机制:理论和实证》,《忻州师范学院学报》2016年第2期。

（172）许新宜、王浩、甘泓等:《华北地区宏观经济水资源规划理论与方法》,黄河水利出版社,1997年。

（173）闫小静:《基于SD的区域循环经济系统演化及动力研究》,西安理工大学,2008年。

（174）杨持:《生态学》,高等教育出版社,2008年。

（175）杨根辉:《南昌市生态城市评价指标体系的研究》,新疆农业大学,2007年。

（176）杨建新、王如松:《生命周期评价的回顾与展望》,《环境科学进展》1998年第2期。

（177）杨煜:《京津冀产业协同创新的发展路径研究——基于产业创新生态系统理论视角》,《天津经济》2018年第3期。

（178）杨振宇、赵剑锋、王书保:《合同能源管理在中国的发展及待解决的问题》,《电力需求侧管理》2004年第6期。

（179）尹立峰:《火电厂区域产业与生态环境协同效应度量系统方案设计与评价指标体系研究》,河北工业大学,2005年。

（180）游江南:《基于GIS的环境状况与环境质量管理信息系统的开发》,太原理工大学,2005年。

（181）余钟夫:《总部经济大有所为》,中国工业地产网:http://www.industrycome.com,2005.

（182）袁旭梅、刘新建、万杰：《系统工程学导论》，机械工业出版社，2006年。

（183）袁增伟、毕军：《产业生态学最新研究进展及趋势展望》，《生态学报》2006年第8期。

（184）袁增伟、毕军：《生态产业共生网络形成机理及其系统解析框架》，《生态学报》2007年第8期。

（185）袁增伟、毕军：《生态产业共生网络运营成本及其优化模型开发研究》，《系统工程理论与实践》2006年第7期。

（186）中华人民共和国环境保护总局：《HJ/T，273-2006，行业类生态工业园区标准》，国家环境保护总局，2006年。

（187）中华人民共和国环境保护总局：《HJ/T，274-2006，综合类生态工业园区标准（试行）》，国家环境保护总局，2006年。

（188）中华人民共和国环境保护总局：《HJ/T，275-2006，静脉产业类生态工业园区标准（试行）》，国家环境保护总局，2006年。

（189）张海燕：《基于文献计量学的洛特卡定律研究综述》，《中华医学图书情报杂志》2013年第8期。

（190）张辉：《天津市水资源优化配置的研究》，天津大学，2007年。

（191）张惠远、张强、刘淑芳：《新时代生态文明建设要点与战略架构解析》，《环境保护》2017年第22期。

（192）张健：《产学研互动与区域协同发展》，中国人民大学出版社，2017年。

（193）张军、李桂菊：《二氧化碳封存技术及研究现状》，《能源与环境》2007年第2期。

（194）张攀、耿涌、姜艳玲：《高新技术产业园生态建设模式研究》，《科技进步与对策》2008年第8期。

（195）张文宇、张铭华：《地理信息系统及其在环境管理中的应用研究》，《西安邮电学院学报》2002年第7期。

（196）张峡丰：《基于生态位理论的全生命周期节能标准厂房设计策略》，《工业建筑》2008年第6期。

（197）张向荣、薛科社：《属性识别理论模型在区域产业与生态环境协同效应度量系统综合评价中的应用》，《环境科学与管理》2008年第11期。

（198）张亚明、陈宝珍：《京津冀生态环境支撑区产业生态化效率研究》，《现代城市研究》2016年第12期。

（199）张延欣、吴涛、王明涛、孙在东：《系统工程学》，气象出版社，1997年。

（200）张玉卓：《从高碳能源到低碳能源——煤炭清洁转化的前景》，《中国能源》2008年第4期。

（201）赵冰：《高新区与腹地区域互动效应测度研究》，河北工业大学，2014年。

（202）赵峰、王巍：《GIS技术在环境管理中的应用》，《甘肃环境研究与监测》2001年第2期。

（203）赵弘：《总部经济》，中国经济出版社，2004年。

（204）赵建军、杨永浦：《新时代我国生态文明建设的内涵解析》，《环境保护》2017年第22期。

（205）赵玲玲、罗涛、刘伟娜：《中外区域产业与生态环境协同效应度量系统管理模式比较研究》，《区域经济》2007年第2期。

（206）赵其国、黄国勤、马艳芹：《中国生态环境状况与生态文明建设》，《生态学报》2016年第19期。

（207）赵勇、裴源生、王建华：《水资源合理配置研究进展》，《水利水电科技进展》2009年第3期。

（208）郑东晖、胡山鹰、李有润、沈静珠、王剑婷：《区域产业与生态环境协同效应度量系统的物质集成》，《计算机与应用化学》2004年第1期。

（209）《中国的高新技术产业》，《科技日报》2003年9月16日。

（210）中国工程院"西北水资源"项目组：《西北地区水资源配置生态环境建设和可持续发展战略研究》，《中国工程科学》2003年第4期。

（211）中国科学院能源战略研究组：《中国能源可持续发展战略专题研究》，科学出版社，2006年。

（212）中国水利水电科学研究院：《黑河流域水资源调配管理信息系统研究》，2004年。

（213）中华人民共和国环境保护部：《HJ 274-2009，综合类生态工业园区标准》，国家环境保护总局，2009年。

（214）中华人民共和国科学技术部：《2006年国家高新区发展态势》，http://www.most.gov.cn/gxjscykfq/gxjstjbg/200706/t20070628_55334.htm.

（215）钟义信：《信息科学原理（第三版）》，北京邮电大学出版社，2002年。

（216）周宏春：《中国低碳经济的发展重心》，《绿叶》2009年第1期。